의사 약사 모녀의 남북 story

엄마의
노래

엄마의 노래
의사 약사 모녀의 남북 story

초판 1쇄 발행 2025년 4월 19일

지은이 김찬숙, 이하나
펴낸이 장길수
펴낸곳 지식과감성#
출판등록 제2012-000081호

교정 정은솔
디자인 강샛별, 김희영
편집 강샛별
검수 이주희, 이현
마케팅 김윤길

주소 서울시 금천구 벚꽃로298 대륭포스트타워6차 1212호
전화 070-4651-3730~4
팩스 070-4325-7006
이메일 ksbookup@naver.com
홈페이지 www.knsbookup.com

ISBN 979-11-392-2546-4(03810)
값 18,000원

- 이 책의 판권은 지은이에게 있습니다.
- 이 책 내용의 전부 또는 일부를 재사용하려면 반드시 지은이의 서면 동의를 받아야 합니다.
- 잘못된 책은 구입하신 곳에서 바꾸어 드립니다.

지식과감성#
홈페이지 바로가기

의사 약사 모녀의 남북 story

엄마의 노래

김찬숙 · 이하나 지음

추천사

『엄마의 노래』라는 제목은 보편적이다 못해 진부해 보일 수도 있다. 하지만 목차를 보면 매우 낯선 이야기로 가득 차 있음을 독자는 알 수 있다. "낙하산 부대", "자강도 만포계선", "평양의과대학"…. '엄마의 노래'에 어울리지 않는 이상한 단어들이다. 하지만 한국의 독자들은 이 이야기를 낯설게 읽을 수만은 없다. 초반부에 일제강점기와 6.25 한국전쟁의 이야기가 배경으로 펼쳐지기 때문이다. 그 뒤로는 늘 알고 싶지만 잘 알 수 없었던 북한의 현대사가 펼쳐진다. 1부에는 어머니가 2부에는 딸이 대를 이어 써 내려가는 구성은 대하드라마의 분위기를 자아낸다. 이 책의 이야기들은 어느 순간 영화적 이미지로 떠오른다.

나는 이 책의 원고를 읽었을 때 거대한 큰 물줄기가 흐르고 그 물줄기에 가녀린 한 여성이 힘차게 조각배를 저어 나아가는 느낌을 받았다. 우리 한국 사회가 역동적으로 겪어 온 지난 100년간의 변화가 거대한 물줄기라면, 그 물줄기를 타기도 하고 극복하기도 하며 나아가는 여성은 바로 1부의 주인공이다. 그리고 그 노를 이어받아 다른 여성, 즉 2부의 주인공이 또 물줄기를 탄다.

5천 년 역사에서 한 번도 타국의 속국인 적 없었다가 처음 속국으로 전락한 나라, 그 나라가 기쁨의 해방을 맞이한 것도 큰 사건인데 그 나라가 곧바로 이념으로 두 동강이 나서 전쟁까지 하게 된다. 남쪽은 근대화와 민주화를 이뤄 세계 선진국 반열에 이르고 북쪽은 전 세계 사람들과 심지어 같은 민족인 남쪽 사람들이 잘 알 수 없는 폐쇄적인 땅이 되고 만다.

무언가 큰 격랑의 물줄기를 함께 겪어 나갔음에 틀림없는데 남쪽 사람과 북쪽 사람은 서로의 삶의 물줄기를 알지 못한 채 75년을 보냈다. 그런데 이 책 1부의 주인공은 남쪽 태생으로서 남쪽 역사의 물줄기를 타고 유년 시절을 보내다가 어쩐 일인지 북으로 가는 물줄기를 타서 북쪽의 서사를 속속들이 겪는다. 이것이 끝이었다면 서사의 물줄기는 남에서 북으로 가는 일방향이었을 것이다. 하지만 그녀가 탄 물줄기는 다시 남쪽으로 돌아온다. 나는 우리나라 역사를 배경으로 한 서사, 그것도 남과 북의 배경을 가진 것 중에 이런 서사를 읽어 본 적이 없다. 이 서사는 남과 북이라는 시대와 장소를 오가는 복합성뿐 아니라 똑같은 상황을 각자 바라보는 두 여성의 관점이 1부와 2부에 각각 펼쳐지는 관점의 복합성을 가진다.

이 책은 개인적인 인생사로만 읽힐 수 없다. 우리나라 일제강점기 이후 한국 현대사가 빼곡히 담겨 있기 때문이다. 게다가 남과 북 한쪽만 있는 것이 아니라 모두 담겨 있다.

이 책 1부의 주인공이 북한의 의사였고 그녀의 딸인 2부의 주인공이 북한의 약사였다는 점에서 1950년-1990년대까지의 북한 의료체제와 그 배경이 되는 북한의 정치체제를 매우 상세하게 알려 주는 사료로서도 의미 깊다. 1부 주인공의 딸인 2부 주인공은 어머니와 탈북 이후 연로한 어머니의 놀라운 기억력이 전하는 이야기와 객관적 데이터를 종합하여 북한의 보건의료체제에 관한 연구로 북한학 박사를 취득하였다. 그녀는 북한의 의료체제의 역사를 실제로 겪은 독보적인 전문가이면서, 남한에서 다시 약사면허를 취득한 후 현직 약사로도 활동하고 있다. 어머니인 1부 주인공은 북한 의료체제 수립의 1세대 시절을 겪은 의료인이었기에 그녀가 전하는 데이터는 다른 곳에서 얻기 힘든 귀한 자료이다. 그래서 이 책의 의미는 개인 인생사를 넘어선다. 또한 이 책은 북한의 체제 전반을 그려 낼 때 북한을 마냥 부정적인 사회로 그리기보다 새로운 사회 건설의 기운이 있었던 시절, 북한 사회가 차츰 곤경에 빠지게 되는 시절 모두를 치우침 없이 있는 그대로 전한다는 점에서도 개인적 이야기를 넘어선다.

나는 이 책으로부터 희한하게 두 가지의 정반대 느낌을 동시에 받았다. 섬세하면서도 장대한 느낌, 복잡하면서도 매우 심플한 느낌이다. 우선 독자는 이 책 1부의 주인공이 이 원고를 썼을 당시 90세 나이의 사람이 가진 기억력, 그리고 그 기억이 풀어낸 이야기의 섬세함에 놀랄 것이다. 하지만 그 섬세함과 더불어 이야기가 휘젓고 다니는 굴곡의 지점들은 한국 현대사와 체제 변화의 굵직한 장면들이라는 점에서 장대함을 준다. 한편 그녀가 그 역사적 굴곡을 겪는 에피소드는 복잡하기 그지없다. 하지만 또 한편 그녀의 삶의 태도는 심플하다. 그것은 바로 당시 자기를 실현하기 위해 낯선 상황에 끊임없이 자신을 던져 보는 용기와 실험정신이다. 그리고 그 삶의 태도를 고스란히 딸에게 남긴 모성애다.

이 책은 여성의 이야기를 담고 있다. 동서고금을 막론하고 장대한 서사의 주인공은 대체로 남자였다. 예외라면 펄벅의 『대지』와 박경리의 『토지』 정도인데 그 작품들은 모두 소설이다. 그에 비해 이 책의 주인공들은 모두 실제 역사와 삶을 살아온 실제 인물이며 1부와 2부 모두 여성이다. 여성은 마음껏 대학 공부를 할 수도 없었고 자기실현을 위해 사회의 제약으로부터 쉽게 벗어날 수도 없었던 시절, 어느 날 "학교 다녀오겠습니다."란 말 한마디로 시작된 10대 소녀의 이야기가 이 서사의 시작이다. 그 이야기의 주인공인 여성은 대를 이어 휘몰아치듯 도전의 유전자를 남기고 남과 북을 오가는 격랑의 물줄기를 타기도 하고 거스르기도 하며 삶을 표출해 낸다. 그래서 이 책의 제목도 여성을 표현하고 있다. 『엄마의 노래』. 이 노래는 자기 서사를 만들어 간 한 여성이 다음 세대 여성에게 들려주는 아름다운 이야기다.

이 책에서 또 한 가지 인상적인 것은 1부 주인공인 1부 저자의 필력이다. 그녀는 척박한 낯선 땅에서 홀로 의학 공부와 의사 경력을 이뤄냈을 정도의 재능을 지닌 인물이기는 하지만 문학적 소질과 필력까지 갖추기란 분명 쉽지 않은 일이다. 내가 처음에 이 원고를 큰 기대 없이 집어 들었다가 눈을 뗄 수 없이 몰입하게 된 데에는 그녀의 필력이 큰 역할을 했다. 그녀는 자신의 엄청난 이야기들을 대필에 맡기지 않고 직접 한 문장 한 문장 써서 남겼다. 다소 예스럽게 느껴질 수도 있는 시조 문어체로 펼쳐진 그녀의 글은 구식이라는 느낌보다는 오히려 표현들의 섬세함과 문학성이 더해져 현대 문학작품에서는 잘 보이지 않는 독특한 개성을 드러낸다. 편집 과정이 다소 있었겠지만 그녀의 고풍스러운 필체는 그대로 담겨 있다. 항상 자녀들에게 이야기를 들려주길 즐기신 부친의 영향을 받아 문학책을 탐독하고 친구들에게 이야기를 들려주곤 했던 학생 시절의 자산이 그녀의 영혼에 인문적 소양을 불어넣은 것임에 틀림없다.

이처럼 이 책은 여러 면에서 놀랍다. 날카로운 안목을 가진 누군가가 이 책의 의미심장함을 알아본다면, 그는 한국의 복잡다단한 현대사, 남한과 북한 각각의 역동적 변화에 관심 있는 세계의 지적인 독자들에게도 충분히 매력적인 작품으로 이 책을 소개하게 될 것이다. 이 책이 어떤 파장을 일으킬지 상상할 수 없지만 앞으로 연달아 이어질 추천의 첫 물꼬를 내가 시작했다고 생각하니 기쁘기 그지없다. 이 책은 분명히 또 다른 형태로 이 세상에 퍼질 것 같다.

　마지막으로 이 서사의 두 주인공 여성에게 깊은 존경을 보낸다.

2025년 3월
경인교육대학교 윤리교육과 교수 김은희

목차

추천사   4
프롤로그   16

제1부
어머니의 일기

제1장 내 고향 서울

1. 누하동 51번지   24
2. 여고 시절   29
3. 미소공동위원회   35
4. 한국전쟁   45

제2장 고향을 떠나다

1. 학생구호대 환자후송   53
2. 미군의 인천 상륙과 3.8선   55
3. 나이팅게일처럼   60
4. 낙하산 부대를 만나다   66
5. 북행길의 서울 사람들   78

제3장 조선인민군 입대

1. 작전참모 — 체스코 유학생	85
2. 모스크바 종합대학 생물학 박사	88
3. 자강도 만포계선에서	92
4. 이제야 군 입대	97
5. 7.27 정전협정	106
6. 나는 대학공부 시켜 준다 해서 왔어요	115
7. 오아시스 — 김경석 군사위원	118

제4장 꿈을 향한 도전

1. 꿈의 나래 펴다	123
2. 의과대학 입학의 환희	128
3. 북한의 용광로, 대학 생활	133
4. 평양의학대학의 서울대 교수들	147
5. 소련의학원 — 오르지나또르(Ординатор)	158
6. 평양의학대학병원 내과 전문의사가 되다	162
7. 3.8선을 누빈 디아스포라	172

제5장 운명의 진펄 길 — 삶의 몸부림

1. 무슨 죄를 지었기에   179
2. 토끼잡이 백정   189
3. 화이트칼라에서 블랙칼라로   192
4. 탄광 추락 사고   199
5. 쥐구멍에 든 볕   205
6. 북한의 남한 출신들   209
7. 딸애의 진로를 위하여   216

제2부

딸이 이어 가는 엄마 이야기

제1장 나서부터 우상숭배

1. 부모보다 더 친근한 김일성 원수님   226
2. 상신인민학교와 만수대언덕   229
3. 공포의 사인(死因)토론회   234
4. 평양 학생소년궁전   237
5. 토막 난 평양의 행복   245

제2장 한반도 최북단에

1. 지겨운 기차 여행(2박 3일)   251
2. 양치, 양치 평양에서 쫓겨 왔지?   255
3. 평양에 갈 수 없는 1등생들   258
4. 소년단원의 날과 1번 바이올린수   260
5. 국가 정무원 시험과 졸업반의 고배   272
6. 캬공부 — 탄광   277

제3장 어머니의 염원

1. 약학도의 출발	283
2. 새 가정	292
3. 엄마의 무게	297
4. 어버이 조의기간	304
5. 엄마의 돌격대동원	311
6. 빈 월급봉투와 피부이식술	315

제4장 기아와 위기 그리고 갈등

1. 주사제제실과 가토시험	321
2. 파란 눈의 유엔사찰단	328
3. 한국 드라마 — 만수대TV 상영	332
4. 남한 외갓집 소식	337
5. 진정한 사랑	340
6. 개구리의 바깥세상	353

제5장 다니엘의 사자 굴
― 자식을 위해서라면 죽어도 좋다

1. 두고 온 막내 구하려 다시 북한(사자 굴)으로   357
2. 인간 생지옥, 북한 구류장   366
3. 엄동설한의 감방 생활   371
4. 6.15 특사   384
5. 잊을 수 없는 훔쳐본 자유   391
6. 공안의 습격, 그리고 대한민국   404

에필로그   414

프롤로그

"학교 다녀오겠습니다!"

열여덟 단발머리 여학생의 아침 인사는 평범했다.

명랑하게 집을 나선 하루 아침 인사!

그 평범했던 아침 인사가 파란만장의 기나긴 50년 시간이 될 줄을 누가 알았으랴.

50여 년의 세월을 건너뛰어 엄마 품에 안겼을 때, 늙은 두 여인은 아무 말도 없었다. 아니, 70세 딸(엄마)의 통곡만이 무심한 세월의 적막을 깨뜨렸다.

그 무엇으로 수난의 긴 세월을 다독이랴.

대리석 같은 차가운 가슴에 굳게 다져졌던 그리움과 서러움이다.

10대 소녀의 못다 한 응석이 뜨거운 눈물로 엉켜 하염없이 흐른다.

6.25 전쟁을 비롯한 수많은 인생의 전쟁을 이겨 낸 여인들의 만남은 아무 조건 없이 고요히 이루어졌다. 각기 다른 곳에서 흘러온 물결이 바다에서 하나가 되었다.

고요와 정적이 깃든 밤.

하지만 그 과정들은 치열한 수난의 소용돌이였다. 북과 남에 있었던 두 여인에게는 분단이 낳은 6.25 전쟁의 커다란 상흔이 자리한다.

6.25 전쟁으로 인해 외할머니는 식구 5명을 잃는 크나큰 슬픔을 인내해야 하였다. 종갓집 맏며느리로 시부모님을 모시고 5명의 시동생

과 아들딸 6명, 대가족 15명을 보살핀 여인이셨다. 그 대가정의 주부가 6.25 전쟁 3년간에 시동생 3명과 자녀 2명(장녀와 둘째 아들)을 잃고 헤맨 그 나날들….

분단이 안겨 준 수난의 50년간이었다.

죽었다고, 이 세상에 더는 없다고 포기했던 큰딸이 상상치도 못한 북한서 불쑥 나타났다.

꿈인가, 생시인가.

다른 DNA 검사가 필요 없다. 분명한 모녀이다.

그 기쁨을 어이 표현하랴.

50년이 걸린 모녀간의 만남은 아픔과 슬픔의 시간으로 점철된 것이었다. 그러나 그 만남의 강은 오히려 유수(流水)처럼 고요했다. 종갓집 맏며느리(외할머니)와 맏딸(엄마)의 이야기는 끝없이 이어졌다.

놀라운 건 90세와 70세 두 노인의 50년 전 기억이 생생하다는 것이었다. 그때의 할아버지 할머니에 대한 추억들, 외갓집 누구누구 이야기와 한집에 살던 다섯 익살꾼 삼촌들의 각각의 에피소드 등…….

기억력 테스트를 방불케 했던 두 분의 대화는 아귀가 맞아떨어졌다. 외할머니는 어머니와 8개월을 한방에서 지냈다.

그 8개월이 잃어버린 50년의 한 끝자락으로 충분했을까.

50년의 한을 풀기에는 짧은 시간이었지만 많이도 행복해했다.

93세로 일주일 곡기를 끊으신 할머니는

"나는 이젠 원이 없다, 나는 이제 원이 없다…."

를 연발하시며 편히 하늘나라로 가셨다. 어머니는 할머니의 손을 놓지 못하며 울음을 삼켰다.

50년을 잃고 8개월을 함께한 할머니를 보내 드리고 슬퍼하는 어머니의 손을 잡은 건 나였다. 두 분의 이야기를 들으며 생각했다. 어둠에 갇혀 있는 어머니의 지난 삶을 밝은 곳으로 끌어내고 싶었다. 내가 모르는 종로구 누하동의 생가 ― 서울 생활에서부터 북한에서의 삶들을 적어 주십사 어머니께 부탁드렸다. 완성하는 건 내 몫이라 여겼다.

어머니는 놀라운 기억력과 문필력을 보여 주었고 써 내린 이야기는 수정, 보완이 필요 없는 완벽한 논픽션(nonfiction)이었다. 그 고귀한 글을 어떤 계기 없이 세상에 내놓기가 아까워 차일피일 미루는 동안 어머니는 90세의 일기(2021.05.26.)로 생을 마감하셨다.

파란만장한 그녀의 역사적 전기(일제강점기, 한국전쟁, 현대)를 회고해 내는 작업 ― 이는 아마도 지나간 고난의 시간들이 트라우마로 되살아나 잊으려고 한 그 고통이 재현되셨으리라.

아니나 다를까 이 글을 쓰시는 내내 너무도 힘들어하셨다. 곁에서 지켜보는 필자의 마음이 더 아파 여기까지 이젠 그만 쓰시고 내가 이어가기로 마음먹었다.

왜 그러지 않았겠는가.

이를 녹여 내 어머니와 나의 삶을 1부와 2부로 나눴다. 1부는 어머니의 스토리다. 소싯적 서울 생활과 전쟁으로 인한 무모한 철부지의 북행길, 평양의학대학 공부와 의사 생활, 그리고 청천벽력 오지로의 추방과 추방지의 탄광 생활과 회복 등을 어머니께서 직접 쓰신 글이다.

2부에서는 1부의 어머니의 인생의 아쉬웠던 부분들을 딸인 나의 생활을 통해 보완하였다.

정녕 어머니는 90세에 이르기까지 병으로 인한 사소한 고통을 호소한 적이 없으셨다. 숨을 거두는 순간까지도 사랑이 무한하셨다. 운명하시던 날 아침도 당신께서 손수 밥을 지으셨고, 고통 없이 조용하게 10

분의 심장마비로 생을 마치셨다.

먹구름 같은 철추가 가슴을 때리는 듯 황망했다.

…이 세상 모든 자식은 부모에게 죄인임을 새삼 실감한다.

평소에 근심거리와 애물단지로 아프게만 해 드리고 그토록 어려운 가운데에서도 공부! 공부! 를 게을리하지 않으시고 학업만이 성숙한 인간의 완성이라고 자신을 닦달하던 어머니셨다.

북한이라는 그 어둡고 험한 세상에서 일가친척 하나 없었지만 꿋꿋이 살아남을 수 있었던 것도 오직 공부가 끈이 되어 주었기 때문이다. 공부는 곧 어머니의 철학이고 신조였고 노래였다.

아름다움의 내면세계와 외적인 지성과 미모를 중요하게 여긴 어머니이기에 그토록 즐기시던 꽃밭에서 아리따운 여인의 자태를 뽐내시며 지성인의 정갈한 모습으로 평안하고 고요하게 하늘나라로 가셨다.

부디 그곳에서는,
이 생에서의 불행은 천 리에,
행복과 기쁨은 가까이에,
꽃향기와 꽃밭의 향기만에,
아름답게 담겨 계시기를 간절히 소망한다.

아울러 성분 불량 가족임에도 '내 그늘로 오빠가 되고 아빠가 되어 주고 싶다'고 겁도 없이 결혼했다가 그 여독을 실감케 한 데 이어 가족(처자)의 도둑 탈북으로 졸지에 외톨이로 이산가족의 쓴 고배를 감내하다가 끝내 지병으로 운명을 달리한 나의 사랑하는 남편이며 애들의 아빠인 가여운 그이께도 조용히 이 글을 빌어 사죄드린다.

    더불어 저희 가족을 고스란히 암흑의 북한서 구해 내 한국의 요람에 깃들게 하사 무려 13번이나 중국을 드나들며 헌신을 아끼지 않으신 존경하는 첫째 삼촌의 영전과 고마운 외갓집 식솔들께도 심심한 경의와 감사를 드린다.
    엄마를 하늘나라에 보내 드린 3주기에 즈음하여 부디 영면하시라!

                              6.25 전쟁 발발 75주년.
                먼저 간 영혼들께 삼가 이 글을 드립니다.

                                    이하나 2025년 4월 19일

제1부

어머니의 일기

제1장 내 고향 서울

1. 누하동 51번지

　일제강점으로 온 나라가 변화된 1931년,
　우리 집에서는 7대 장손에게서 첫딸이 태어났다. 아버지로부터 여섯째까지 모두 남자여서 여자가 귀한 집안이었다. 그랬으니 나에 대한 집념 오죽했으랴. 할아버지, 할머니, 삼촌들의 사랑을 독차지하며 손에 손에 받들려 나는 자라났다.
　나의 생가는 서울시 종로구 누하동 51번지.
　이곳은 인왕산 기슭에서 좀 내려온 종로구의 위쪽으로 올망졸망한 초가와 기와집들이 빼곡했다. 쌀, 과일, 채소, 반찬 가게들이 골목마다 있어 소시민 계층의 품팔이 생활에는 불편한 게 없었다.
　쌀가게가 있는 옆집에 북향으로 된 대문을 들어서면 추녀 끝에 양철 차양이 달려 있어 비가 오면 낙수 소리가 요란했다. 그 밑으로 안방 건넛방 사이에 대청마루가 있었다. 반질반질 윤기가 흐르는 게 알뜰한 아낙네의 바지런함을 연상케 했다.
　창문 곁에는 아담한 찬장, 그리고 홍두깨와 다리미들이 놓여 있었다. 마루 밑 토방을 내려서면 한쪽에 안방이, 다른 편에 부엌이 자리했다. 부엌에는 정갈한 찬마루가 여자들의 성품을 말해 주었다. 깨끗한 부뚜

막에는 기름기 좔좔 흐르는 가마솥과 불고기판, 풍로가 놓여 있었다. 알른알른한 부엌세간들과 가지런한 집안 살림들이 여인의 부지런함과 알뜰함, 그리고 정성과 사랑을 말해 주었다. 부엌을 마주한 건너편 양지바른 곳에는 장독대가 빛을 발했다.

할머니의 장 관리는 유난하셨다. 때 없이 오르내리시며 간장과 된장이 상할세라 해 뜰 때와 질 때 열어 놓고 덮기를 반복하셨다. 여러 가지 밑반찬을 장만하거나 세간살이 챙기는 일로 다망하셨다.

그중에도 깨끗하고 예쁜 걸 남달리 즐기셨다. 울타리 나무판자 밑에는 달리아 꽃, 봉선화에 분꽃, 채송화가 만발했다. 생선 요리를 할 때면 대가리와 내장을 그 밑에 거름으로 묻었다. 덕분에 검푸른 잎새가 무성했고 탐스러운 달리아는 울타리 넘어 키를 세웠다. 길가 지나는 동네 사람들이 코를 킁킁대며 냄새를 맡곤 했다. 집안사람들 역시 대청마루에 앉아 흐뭇한 얼굴로 꽃을 바라보았다.

한여름 더운 낮에는 마당에 돗자리를 폈다. 그 위에는 잘 여문 옥수수가 놓여 있기 마련이었다. 식구들이 모두 돌아오면 돗자리에서는 웃음꽃이 만발했다. 칼국수에서 올라오던 구수한 내음이 담을 넘어갔고 그럴 때면 우리 할아버지 부채질 소리는 더욱 요란했다.

어린 시절, 우리 집에는 식구들이 많았다. 열댓 명이 넘을 때도 있었다. 그러니 우리 어머니의 아침저녁 땟거리 준비가 만만치 않았다. 거기에 시골서 나들이 오는 친척들까지 날마다 명절인 양 북적거렸다. 연약한 우리 엄마의 고생이 이만저만 아니었다.

가을이면 풍덕골 아저씨가 밤을 지고 놀러 와서 묵어갔다. 여름이면 옥수수, 감자, 참외 등을 가져오셨다. 겨울에는 사돈집에서 상주 곶감을 보내셨고 개성집 아저씨는 쌀을 팔러 올라왔다. 미꾸라지를 잡으면 추어탕 끓이느라 마당이 분주했다. 대가족에 번화한 우리 집은 사철 손님이 끊이질 않았다.

정 많은 아버지는 사람이 끓는 집안은 흥할 징조라 기뻐하셨다. 여자가 적었던 탓에 힘든 건 어머니셨다. 종가 맏며느리 역할에 시동생이 다섯이나 되니 시중도 만만치 않았다. 막냇삼촌이 어머니를 도와 집안일을 거들곤 했다.

아버지는 다정다감한 분이셨다. 가난한 소작인 아들로 태어나 엄격한 부친에 부지런하고 정 많은 모친의 성품을 쏙 빼닮았다. 딸 없이 남동생 다섯 명의 맏형 노릇을 하느라 항상 어깨가 무거웠다. 부엌일이며 바깥일까지 어른들의 일손을 부지런히 도우셨다. 맏이 역할로 바쁜 속에서도 "사람의 새끼는 서울로 보내고 송아지 새끼는 촌으로 보내라."라는 말뜻을 새겨 나이 스물이 되기 전 고향을 떠나 서울에서 자리를 잡았다.

당시 아버지의 근면함과 순박함을 곱게 보았던 지인의 소개로 서울 시내에서 실내장식 제조업(의자 커버, 자동차 커버, 커튼, 테이블보 등)을 배웠다.

아버지는 가정을 이룬 후에 자립하셨다.

자그마한 가게를 차려 놓고 큰 관청이나 재벌집에서 주문이 들어오면 재봉기를 돌려 제품을 완성했다. 한창 번성기일 때는 촌에 사는 친척 아저씨들까지 데려다가 직공으로 양성했다. 짜장면, 냉면, 국수, 만둣집 음식을 시켜 먹으며 온 집안이 밤 가는 줄 모르고 일할 때도 많았다.

환절기, 명절 때는 주문이 많았다. 일손을 보태고자 삼촌들의 손을 빌렸고 그들에게는 야간 중학 공부를 시켰다. 수입이 좋을 땐 삼촌들에게 상금과 선물은 물론이고 우리 형제에게도 선물이 있었다. 나에게는 빨간 장갑, 꽃 목도리, 구슬 지갑 등을 주셨는데 이불 속에 안고 잠이 들 정도로 소중히 여겼다.

한창 경기가 좋아 집안에 훈기가 돌던 날은 창경원, 덕수궁에 꽃구경도 다녔다. 온 식구가 차려입고 나서면 동네 사람들의 시선이 쏠렸다. 집안에 아들이 많으니 사람 사는 집 같다며 할머니가 복 받았다고 동네에선 우러러보았다. 웃음 많은 셋째 삼촌, 권투 좋아하던 넷째 삼촌, 장난꾸러기에 미남인 다섯째 삼촌, 익살꾼 여섯째 삼촌까지 동생들을 한결같이 보살펴 주는 아버지는 든든한 맏형이었다.

놀이터 한 자리가 떠들썩해지도록 온정이 깊었던 나의 스위트 홈(Sweet home)이었다.

우리 가족은 야유회 삼아 자주 인왕산에 빨래하러 가곤 했다. 인왕산 골짜기 따라 올라가면 평평한 곳에 큰 바위 사이로 맑은 물이 폭포처럼 흘렀다. 빨래하기 좋은 곳이었다. 그 넓은 빨래터에 앉으면 시간 가는 줄 몰랐다. 깨끗해진 옷을 넉넉한 햇볕에 널어 말렸다.

막냇삼촌은 자전거로 점심밥을 날랐고 빨랫감까지 가뿐하게 실었다. 인왕산은 내게 아름다운 추억을 만들어 준 곳이었다.

노는 날이면 더위도 식힐 겸 능금밭에 올랐다. 셋째 삼촌이 여름 한때 쓰기 위해 지은 자그마한 집이 하나 있었는데 거기에서 더운 날들을 보내기도 했다.

적선동의 우리 집은 남향 디귿(ㄷ) 자 형태로 안방과 건넛방 사이에 세 칸 대청마루가 있었다. 앞채는 갓 장가든 넷째 삼촌이 차지했고 대문 옆에는 가게를 차리고 '김해상점 ― 실내장식제조업 ―'이라고 덧글씨로 새겼다.

서울의 종로구에서 살면서 우리 집안은 모두 달라붙어 나 혼자만 학교 공부시키기에 극성이었다.

　내가 처음 다닌 학교는 청운국민학교이다. 학교를 지나 쭉 올라가면 자하문 밖에 능금밭이 있었다. 초등학교 시절의 나의 학교생활은 정녕 꿈에 부푼 낭만의 시기였다. 처음 내가 학교 가는 시간은 온 집안이 들썩이고 환영했다. 내 자부는 하늘을 치솟았다.

　집안의 맏딸로 혼자서 공부하러 학교에 가는 긍지와 자랑, 그리고 온 집안이 경사로 떠받드는 자만감이 양식돼 부러움을 모르고 나는 성장했다.

청운초등학교 시절 학교 앞마당에서 찍은 졸업 사진.
나는 맨 뒷줄 우측 첫 번째이다.

2. 여고 시절

어느덧 국민학교를 졸업하고 성신여고에 입학하였다. 우리 집은 8.15 해방 무렵 군정청 앞 적선동에 있는 큰 기와집으로 이사했다.

널찍한 앞마당 한편에는 수돗가에 콘크리트 물탱크까지 있고, 현대식 부엌과 그 맞은편에 지하실이 있으며 그 위는 장독대가 자리했다. 번창하던 시절 우리 집 전경이다. 거기서 나는 군정청 앞을 지나 안국정을 거쳐 혜화동 여의대 앞에서 전차를 탔다. 그리고 돈암정 종점에서 내려 산턱에 있는 성신여고로 다녔다.

그 당시 우리 학교는 일제강점기 때부터 '가정화 학교'로 해방 후에는 상업학교 성신여고(중, 고 6년제)가 되었다. 교장, 학감 모두 옛날부터 이름 있는 저명한 분들이었고, 가사과 전문교육에서는 전통 있는 학교였다.

교원 진영 또한 일본 동경 가사과 대학 출신으로 구성돼 명성이 드높았다. 돈암정 전차 종점 위로 산 중턱에 자리 잡아 교문에서 돈암정 일대가 한눈에 보였다. 뒤로는 산이 펼쳐졌다.

담임선생님은 음악 시간이 되면

"아름다운 꽃봉오리들 모여 앉아 속삭이는 게 부러워서 붕어 같은 늙은 것이 몰래 가서 엿들으려고 하면 어느새 알고 포르르~ 날아가 버린다."

라며 익살스러운 말씀을 곧잘 하셨다.

겨울철 학교 뒤 창문으로 내다보면 깎아지른 산으로 낙숫물이 얼어 마치 수정처럼 보인다며 우리 담임인 음악 선생님은 교가를 지으셨다.

등 뒤엔 수정이요

발아랜 구름이요

문 들어설 땐

벌써 바람이 높다

그윽한 바람

솔솔 불 때면…

  넓은 운동장에서 아침 조회를 마치고 돌계단을 오르면 1층에 교장실과 교무실이 나란했다. 2~3층에는 교실과 음악실, 미술실, 예법실이 자리했다.

  지금 생각하면 40년대 그 시절에 교육에 대한 관심과 투자가 놀라웠다. 기본 과목은 물론 미술, 음악, 예법실 등의 특기적성 교과목들까지, 어떻게 그런 관심과 섬세함을 채워 갔는가에 감탄이 난다.

  4층에는 대강당이 있었는데 어떻게 옮겼는지 그 큰 그랜드 피아노가 있고 층마다 구석진 곳에는 피아노가 차지했다. 재봉실에는 30여 대의 재봉기가 있었고 미술실에는 옛 그리스의 명작과 명조각품들, 비너스, 아그리파 전신상, 반신상들이 장식장 안에 진열되어 있었다.

  예법실에는 세계 여러 나라 식탁 예절, 사교 예절에 필요한 실내장식과 그 외 장비들이 즐비했다. 일본 예법실에는 다다미 방석 수예품들이 진열되었고 가사 실습실에는 각국 요리 전문 설비, 음식 향료들과 비품들이 구비되어 있었다.

  수예 실습실에는 우아한 수예작품들이 있었는데 우리나라 풍경의 병풍들은 아주 가는 실을 사용한 듯했다. 거기에는 중국 수예품들과 프랑스 자수들도 있었다.

염색실에는 무지개처럼 고운 염색에 흐트러지고 주름진 문양이 특이했다. 그 당시 미국에서 우리 학교 원호품을 보내왔다는 '운나 사절단'이 견학차로 방문할 때면 학생들이 수업을 중지하고 직접 만든 수예품을 선물하기도 했다.

성신여고 음악부

당시 우리 학교 음악부는 명성이 높았다. 물론 후에 종말이 좋지 않았지만,

한때 서울 시내에서 이름을 날릴 만큼 유명했다. 그때 음악 선생님은 동경대 음악대학 출신으로 훤칠한 키의 젊은 청년이었다. 당시 음악부 학생들은 공부도 잘하고 용모도 빼어났다. 음악부에서 나는 합창단이었는데 우리 합창단은 중학생 콩쿠르 대회에서 이름을 날릴 만큼 유명했다.

합창단에 이어 연극단 공연도 유명하였다. 학생들 속에서 선발된 미인들로 〈콩쥐팥쥐〉 뮤지컬도 공연하였는데, 1년에 걸친 연습 끝에 서울 국제극장 무대에서 연일 3일간 공연하였다.

당시에 〈콩쥐팥쥐〉 뮤지컬은 사회적으로 유명해졌고 재청공연까지도 받았으며 공연하는 날 극장 입장권은 초만원으로 늘 매진이었다.

음악부에도 인재가 많았다.

김삼화는 2학년에 벌써 사회무용전문가들과 그 기교를 견주었고 자체 무용연구소를 가졌다. 이는 최승희 무용연구소와 경쟁 관계이기도 했다. 그 외에도 독창이나 피아노 치는 언니들은 체육에서도 뛰어났으나, 운동하면 목소리 거칠어진다고 운동 금지를 당했다. 이에 체육부에

서는 키퍼들을 내놓으라는 체육선생, 농구 코치들의 항의가 빗발쳤다.

체육부와 음악부 간에 분쟁이 생기고 서로 반목질시했다. 이런 갈등과 질투 속에서 좋지 않은 여론이 떠돌기 시작했다. 외부로부터 교내에 이르는 쑥덕공론이 벌어지더니 기자들의 기삿거리가 되어 교내 분위기는 살벌해졌다.

그러던 어느 날 "성신 음악부 내에서"라는 신문기사가 크게 나붙었다. 그 기사로 인해 한창 꿈에 부풀어 기세 떨치며 큰 꿈을 펼치던 우리 학교 음악부가 납작해졌다.

이에 음악부는 치욕을 만회하려 대강당에서 학우회를 열었다.

여기서 토의된 내용인즉,

- 방과 후 늦게까지 피아노 연습을 하다가 가려는데 음악 선생님이 와서 수고했다고 손을 꼭 잡아 주었다.
- 성악 연습에서 하이 소프라노에게 고운 목소리로 훌륭하게 노래 잘 불렀다고 등을 두드려 주었다.
- 일요일 학생들을 집에 불러 놓고 개별지도를 해 주었다.

등의 내용이었다. 그 외에 특이한 것은 없었다.

우리는 이런 지극히 정상적인 내용을 이상하게 확대해석 하고 창작해 사람들의 이목을 끌 욕심으로 신선하고 아리따운 여학생들의 순결한 화폭을 더럽힌 신문사에 항의했다.

그러자 다음 날은 더 큰 기사가 나붙었다. 알려진 외에도 10여 명의 학생이 성희롱당한 걸 실토하였다는 기사가 도배되었다. 그 일로 음악 선생님은 억울하게 해임 철칙 되었다.

방학을 맞으며 애들과 시내에서 한 장 찰칵.
2002년 『조선일보』 기사("한국은 이념전쟁 중")를 여고 동창생이 읽고
50여 년 만에 감격적으로 만나 받은 사진이다.
나는 가운뎃줄 왼쪽 첫 번째이다.

그 후에도 학교는 음악 선생님을 되찾기 위하여 여러모로 노력했으나 실패했고, 더욱 엄중하게는 우리 학교 음악부를 모델로 「여학생의

정조」라는 소설로 출간돼 책방에서 판매되었다.

진흙탕에서 빠져나오려고 버둥질하면 할수록 더 깊이 빠져드는 격이 되었다.

결국에는 음악 선생님만이 사회에서 매장되고 말았다.

사람 매장되는 건 순간이었다. 나쁜 인간들이었다.

그리도 예쁘고 순진한 여학생들의 아름다움을 만신창이로 밟아 버리고 말다니, 억울했다. 그리고 음악 선생님이 불쌍했다.

이를 통해 어린 나이에 벌써 언론인들은 자기들이 솟아나려고 타인을 죽이는 것 따위는 아랑곳하지 않는다는 걸 실감했다.

그 후 한동안은 소낙비 온 뒤처럼 조용했고 음악실도 한산했다.

새로 온 음악 선생님은 한동안 피아노를 치지 않았다. 음악 시간은 재미없었다.

세상에는 나쁜 놈들이 많으며 그런데도 그냥 넘어가는 일이 더 흔하다는 걸 어린 나이에 체험했다.

사춘기의 항거 – 운동권

1940년대 후반기, 한창 사춘기인 데다 교내에서는 이런 일들을 겪고 있을 때 한편 사회적으로도 혼란스러웠다.

해방 후 어느 정도 서울이 안정되었다고 하나 사람들의 정신세계는 복잡했다. 좌파, 우파학생(中·高·大)들에서 동맹파업이 드물게 있었다. 한번 시작하면 파업은 3~6개월까지 이어졌다.

그런가 하면 어른들은 당시 파쟁으로 테러, 암살행위도 살벌하였다. 여운영 선생과 김구 선생의 암살 시도 사건도 있었다. 서울 시내 대학생들에 의해 지하조직들이 생기고 각 학교에 지시가 하달되었다.

'친일교장 숙청하라!', '며느리 교육에서 해방하라!' 등 구호를 들고 교내에서, 시내에서 데모들이 잦았다. 이에 대응하여 전국학생들을 학도호국으로 통제했다.

이때에는 아마도 물인지 불인지 모르고 여기다! 저쪽이다! 하면 부르는 대로 목소리 큰 애들 따라 몰려다닌 듯싶었다.

교내에는 배석 장교가 있고 그 밑에 학도호국대 간부들이 있었다. 말하자면 학생들 속에 밀정을 박아 넣었다. 이들의 활동으로 소위 '불온분자'를 색출하게 하였는바 이들이 적색 사상(공산 사상?)을 가진 학생들을 밀고했다.

한편 거리에 나가면 미군 병사들이 껌을 씹으면서 돌아치고 아이들이 모여드는 곳에 껌이나 초콜릿을 던졌다.

철부지 아이들은 정신없이 주워 먹었다. 이럴 때면 철들은 학생들은 민족적 수치감을 느껴 양키들을 미워했다. 좁은 골목으로 미군 장갑차가 지나면서 처녀들을 희롱했고 지프차를 타고 가다가 조롱할 때면 철든 학생들은 가래침을 뱉어 주곤 하였다.

그 속에서도 나의 공부에 대한 열망은 낭중지추(囊中之錐)처럼 속일 수 없는 지향이었고 낭만의 꿈이었다.

3. 미소공동위원회

1947년 5월 21일 서울에서는 '미소 공동위원회'가 열렸다. 여기서 미국과 소련이 조선(한반도)을 5년간 신탁통치 한다는 결정이 내려졌다. 그때 남산공원에서는 서울 시내 중·고등학생, 대학생들의 반탁시위운동이 대대적으로 조직되었다. 급기야 서울운동장에서는 반탁시위가 있었다.

그날은 일요일이었다.

서울 중앙방송국 윤형노 아나운서의 열기 띤 목소리가 울렸다.

"전체 학생들은 남산공원 시위에 참여하라!"

학생들은 교복 차림으로 남산공원으로 몰려갔다. 나도 친구들과 함께 남산공원에 올랐다. 공원 주변에는 경찰과 기마경찰까지 즐비했다.

입구에 들어서니 아침 8시인데도 벌써 시위대열이 꽉 찼고 일대 산등성이까지도 학생들로 뒤덮였다.

북한의 간호영웅 안영애

각 학교 대표가 플래카드를 들고 정렬해 있었다. 첫눈에 띈 건 우리 학교에서 적색 운동을 하다가 퇴학당한 안영애였는데 이는 훗날 의용군으로 북행하여 공을 세워 북한의 혁명가극 〈당의 참된 딸〉의 실제 인물로, 전시영웅으로 각색되었다.

북한의 5대 혁명가극의 하나인 〈당의 참된 딸〉은 간호원 안영애가 전쟁 시에 자기의 피를 뽑아 사경기 중상자들을 소생시키는 등의 환자 치료 사업에 헌신하였다는 내용이다.

혁명가극 〈당의 참된 딸〉은 북한의 5대 혁명가극으로 전시간호원의 환자 치료에서
보여 준 투쟁 정신과 당성을 치하하고 따라 배우는 모델로 삼았다.
모델의 실제 인물인 안영애는 성신여고 출신으로 나의 선배였다.

전사하는 최후의 순간에도 자기 수중에 남은 돈 2원을 당비로 바쳐 달라고 하는 높은 당성과 혁명성의 귀감으로 그를 따라 배우기를 독려했다. 그는 전사한 후에도 오래도록 북한에 길고 큰 여운을 남겼다.

그 실존 인물과 언니들이 경기사범학교 대열 선두에서 '며느리 교육에서 해방하라'라고 쓴 플래카드를 높이 치켜들고 있었다.

언니들은 우리 학교 교장의 총애를 받던 상급반 회장들이었다. 당시 물리과 대학에 조직지도부가 있어 각 중학교 서클을 지도했다는 소문도 돌았다.

각 학교에서는 특색 있는 깃발과 플래카드를 들고 구호를 외치면서 기세를 올렸다. 대학 교복을 입은 학생들이 깍지를 끼고 꽹과리를 울리며 목청껏 노래를 불렀다. 점차 시간이 지나면서 무슨 일이 터질 것처럼 무시무시한 전운이 감돌았다. 나는 함께 갔던 친구들과 밖으로 빠져나오고 있는데 갑자기 소나기가 쏟아졌다. 정렬했던 대열이 조금씩 흩어졌다.

그날 오후부터 학생들을 체포하기 시작했다. 많은 학생이 검거되었다. 배화여고 학생들은 파업을 일으키고 교장실로 쳐들어가 체포된 학생들을 석방하라고 외쳤다. 다른 학교에서도 별반 다르지 않았다고 한다.

낭만의 학교 시절

그 후에도 동맹파업은 계속되었다.

그때 동생이 다니던 한양중학교에서도 약 6개월에 걸쳐 파업이 진행되었다. 오랜 파업으로 공부에 지장을 주었다. 시국이 복잡한 속에서 나는 중학 시절을 보냈다.

청소년들의 사상 체계는 여러 갈래로 흘러갔다. 거기에 이북에서 내려온 청년들, 서북청년단, 대동청년단 조직들이 몰려다녔고, 밤이면 빨갱이를 잡는다고 야단들이었다. 한편 남로당이니, 북로당이니 하는 자들이 거리에 전단을 붙이고 부산을 피웠다.

아버지는 다섯 형제들과 식구까지 먹여 살리느라 바빴고 어린 삼촌들도 바쁘긴 마찬가지였다.

공부하랴, 일하랴, 선배와 동료들 따라다니랴 정신세계는 착잡했고 논쟁이 붙으면 언성이 높아지곤 했다. 계급 간의 모순과 투쟁 속에서 각자 살아남기 위해 안간힘을 썼다.

가진 자는 잃지 않기 위해, 잃을 게 없는 자는 무시당하지 않으려고 억울한 처사에 대응하며 발 벗고 나섰다. 그런 판이니 세상은 날이 갈수록 험악해졌다.

그 무렵 충실한 기독교 신자로 사시던 할아버지가 중풍에 걸려 오랜 지병 끝에 돌아가셨다. 그 후 집안에 생긴 복잡한 일로 할머니는 눈물로 세월을 보내셨다.

아버지와 큰 삼촌들은 의논 끝에 서대문형무소에 수감돼 있던 넷째 삼촌을 빼내려고 적선동 집을 팔았다. 나머지 돈으로 노량진 근처 상도정에 주력양탄집을 사서 이사했다.

그리하여 우리 집과 삼촌 집은 나란히 조용한 마을에서 살게 되었다.

뒷마당에 채소밭을 가꾸고 닭도 길렀다. 집터도 넓었고 집 안에는 목욕탕과 넓은 다다미방도 있었다. 뒷담은 산이었다. 그 밑에는 일제강점기 때 뚫어 놓은 방공호가 있었다. 그 안에 있던 박우물에서는 돌짬으로 샘물이 흘렀다. 뒷마당 양지쪽에 닭장도 지어 놓고 달걀도 받아먹었다.

그러나 그것도 한때,

학교가 모두 시내에 있어 어머니 근심이 컸다. 그래서 다시 문안(4대문)으로 이사하지 않으면 안 되었다.

청량리역 건너편에 있는 제기동이 새로운 보금자리였다. 이곳에서 우리 형제들은 학교에 다녔고 삼촌도 이사하여 셋째 집 가까이에 자리 잡았다.

당시 셋째 집은 장인이 운영하는 양말공장 근처였다. 덕분에 처가의 도움으로 집안 살림살이가 넉넉했다.

그곳이 바로 황금정 4가(지금의 을지로 4가)에 있는 큰 이층집이다.

그 집 뒤채는 살림방이었고 앞채에는 '건문사' 건물, 그 밑에는 큰 지하실이 있었다.

건문사는 셋째 삼촌의 숙모님네가 자금을 대고 다섯째와 여섯째 삼촌이 같이 운영하는 출판사였다.

당시에 문교부 승인을 받아 『4,000 영어단어집』과 작은 기술서적이나 소책자들의 번역과 교정, 출판과 판매도 했다. 그 외에도 『문리학 본론』, 『무기화학』 등을 원문으로 출판 판매하였다.

다섯째 삼촌은 제국대학 이공학부 기계과 실험실 조수로 있으면서 수재로 이름을 날렸다.

여섯째 삼촌 역시 한양공대 기계공학부 재학 중으로 모두 재간둥이라 간단한 경공업 제품들을 고안 제작하여 상점들에 넘기기도 하였다.

제기동 집 가까이에는 경치 좋은 홍릉(사적지), 그리고 그 너머에 고려대학이 위치했다. 우리 집에는 예쁜 개 한 마리가 있었는데 이름은 '럭키'였다. 할머니께서 잘 기른 덕분에 튼실하고 영리했다. 대청마루 밑기둥에 매어 길렀고 내 동생이 아침저녁으로 홍릉에 데리고 나가 훈련시켰다. 동생은 개와 함께 한강을 헤엄쳐 건너기도 했다. 럭키는 우리 집의 훌륭한 파수꾼이었다.

나는 청량리에서 전차로 성신여고에 다녔고 바로 아래 동생은 한양중학에 다니면서 서울운동장 육상선수로 활약했다. 둘째 동생은 어려서부터 몸이 약했으나 수재였다. 용산중학교 전기과에 합격하여 집안을 드높였다.

그런데 그 귀한 수재를 우리 집안은 6.25 전쟁으로 인해 나와 함께 행방불명으로 만들어 지금은 어딘가에서 무주고혼이 되었을 것이다.

셋째와 넷째 남동생은 집 근처에서 초등학교에 다녔다. 막내 여동생은 노랑머리에 형제들의 사랑을 독차지했다. 말 잘 듣고 애교가 많아 부모님들의 특별한 사랑을 받았다. 막내는 바느질 놀이를 하다가 손끝을 찔려 새빨간 피를 흘린 적이 있는데

"언니야! 어떡해? 내 오가다 피가 똑! 똑! 떨어진다."

하며 엄살을 떨었다. 그런 동생이 귀여워 꼭 안아 주곤 했다.

부모님은 나의 등굣길이 멀다고 걱정이 많으셨다. 하지만 나는 지름길을 찾아 40분이면 학교까지 갈 수 있었다. 그 길은 돈암정에 사는 부자 도련님들이 주로 이용하는 등굣길이었다. 홍릉을 거쳐 고려대학과 연결되어 있었고 성신여고, 경동중학, 한성여고 학생들이 서로 스치는 미묘한 통학길이기도 했다. 갈림길에서는 에피소드들이 끝없이 생겨났다.

산길을 지나려면 무한한 벌판이 펼쳐졌다.

그곳은 바로 대학생들이 자주 찾는 기마(騎馬) 훈련장이었다. 주변 야산에는 개나리, 진달래가 한창이었다가 노랑 장미, 줄장미가 만발하기도 했다. 철쭉이 한창인가 하면 어느새 들국화 향기가 넘실거리는 가을이 왔다. 제기동 골목길에서 벗어나면 포도밭 오솔길을 에돌아가게 된다. 포도밭 집 처녀가 미인이라는 소문은 학생 총각들의 호기심을 부채질했다.

나는 친구들과 함께 산길을 오가면서 소설 이야기에 여념이 없었다. 길이 감상적인 데다 소설까지 곁들이면 아이들은 매일같이 내 팔에 매달렸다. 덕분에 힘든 줄 모르고 걷던 길이다.

고교 시절 친구들과 한 장, 나는 앞줄 왼쪽 첫 번째이다.

낭만의 좌절 - 등록금지

당시 시내 중산층들의 생활 형편은 여의치 않았다. 우리 집도 힘겨웠다. 아버지는 종손이라 할머니를 비롯해 삼촌들까지 가족들을 돌봐야 했다. 게다가 우리 형제가 여섯이나 되었으니 오죽했으랴. 학비며 등록금, 기부금까지 아버지의 하루는 버겁기만 했다.

1950년대 들어서면서 고·중들의 학제 변경이 있었다. 원래 9월 진학에서 3월로 앞당겨져 나는 3월에 고중 5학년으로 진급했다. 하지만 월사금과 기부금을 내지 못해 등교 금지 당했다. 당시 어머니가 병원에 입원하셔 병원비를 내느라 내 등록금을 내지 못하였던 것이다.

그때의 상실감이란.

나는 집에서 이불을 푹 뒤집어쓰고 아무하고도 말 안 하고 두문분출

(杜門奔出)하며 힘든 나날을 집에서 구류하여 인내하였다.

등록금을 내지 못하여 입학 금지 당한 내 심정 어떠했으랴.

학교 친구들과 철없이 좋아라 뛰놀며 지지배배 하던 학교 다닐 때가 얼마나 좋았는데….

학교에 못 가자 풀이 푹 죽어 나는 집 안에 꼭 틀어박혀 닥치는 대로 소설을 읽었다. 10대 후반의 꿈 많던 시절이었으나 절망의 고통 속에서 헤맸다. 종일 이불 속에서 소설만 읽은 적도 있다.

그런 나를 보는 부모님들의 마음은 더 편치 않았을 것이다.

막냇삼촌까지 대가족의 온 가족이 학비 마련에 달라붙었다.

힘든 노력 끝에 드디어 밀린 등록금을 모두 해결하고 다시금 복교(復校)하였다.

그때의 기쁨 하늘을 날 듯하였다.

그새 봄빛도 화창해지고 낯익은 얼굴들을 다시 대할 수 있었다. 서로 말없이 지나쳐도 반가웠고 속절없이 웃음이 흘러나왔다.

남학생들과도 자주 만나면서 사춘기 감성도 찾아왔다. 이는 누구에게나 청소년기에 있을 법한 낭만이었다. 그중에서도 특별한 에피소드들은 가슴을 두근거리게 했지만, 그것 역시 한때의 바람이었다.

정녕 바람처럼 순간에 지나지 않아 아쉬움을 남겼다. 봄이 후딱 지나고 여름이 곧 찾아왔다.

여기서 소설책에 대한 이야기, 아버지에 대한 아련한 추억을 하지 않을 수 없다. 아버지는 유난히 나를 예뻐하셨고 자나 깨나 독서를 권유했다. 이는 아버지의 '여자는 남의 집 가는 인물이기에 잘해서 내놓아야 천대 안 받는다'는 독특한 지론에서였다. 하여 내게는 누구에게보다 더 높은 요구성을 강요했을 뿐 아니라 아버지는 자신도 책을 함께 읽었다.

그 때문에 나는 아버지에게 지지 않으려 악착을 부렸다. 덕분에 세계문학전집을 비롯하여 닥치는 대로 책을 읽었다. 이는 친구들에게 이야기꾼이 되는 계기가 되었고 책 이야기로 인해 나를 가까이하려는 친구들이 많게 하는 동인이 되기도 하였다.

아버지의 유난스러운 맏딸 사랑은 남동생들의 시기 질투를 낳아 용돈도 나에게만 주셨다. 그 용돈으로 나만 간식을 사 먹기도 하는 호화로움으로 집안의 사랑을 독차지하여 이는 되레 외톨이 사랑둥이가 되었다. 심지어는 사탕이 생겨 내 동생이 먼저 입에 넣을세라 아버지는

"야 임아, 남의 집에 시집갈 애가 먼저 먹어야 돼…."

라며 뺏기곤 하였다.

공부도 남의 집에 가서 업신여김 받지 말아야 한다고 독서도 남달리 고집하시고 유난히 나에 대한 채찍을 엄히 하셔 잔인한 사랑으로 나를 채워 주시려고 애쓰셨다.

그랬던 잔인하고도 지독한 아버지의 사랑!

하지만 어느 순간에, 이런 소중한 사람들과의 이별이 도둑처럼 다가올 줄 어찌 짐작이나 했겠는가.

아버지께서 나를 지적 교양과 수준 있는 세련미를 갖춘 품위 있는 인격체로, 고귀한 여성으로 완성시키려 했던 고매한 사랑을 지금도 생각하면 가슴이 아려 온다.

화기애애한 대가정의 모든 사랑을 독차지하며 세상 무서운 줄 모르는 나의 자존감, 순진한 천성적 자만감을 겁 없이 차 버린 철부지 투정을 어찌 말과 글로 표현하랴!

그 사랑과 행복이 영원한 것으로 생각하였던 나의 순수한 착각은 어마어마한 큰일을 저질렀다.

4. 한국전쟁

 계절은 어김없이 찾아와 먼 산에 아지랑이 피어오르고 강변에 버들개지에도 물이 올랐다. 새초롬하던 새싹이 쑥쑥 자라 초록으로 퍼져 나갔다. 신록이 우거진다. 거기에 팡팡 터지는 봄꽃의 열기는 세상을 환하게 수놓았다. 초원과 화원들에 꽃들이 만발하고…….
 6월은 장미의 계절, 신록의 아름다운 계절이었다.

그리고 **6월 25일**,
이날은 일요일이었다.
북한은 동족상잔의 난(亂)을 터트리고야 말았다.
평화롭던 서울은 공포 속에 휩싸였다.
사람들의 발걸음 소리가 부산스러운 가운데 25일 하루를 지냈다.
각박한 집안 사정으로 여지없이 끊겼다가 어렵게 이어진 등굣길!
나의 정상은 또다시 시무룩하였다.
등록금 해결로 겨우 학굣길이 이어졌는데 6.25 전쟁으로 다시 끊기고 말다니….
사춘기의 심한 우울증 담긴 인내를 어떻게 이겨 내고 이어진 등굣길인데…….
6월 27일 아침,
우리 집 앞마당에 국군 병사 두 명이 들어와 숨을 곳을 찾았다.
"왜 그래요?"
그들이 말없이 산봉우리를 가리켰다. 그곳에는 마치 바가지를 엎어 놓은 듯 철갑모를 쓴 북한 병사들이 쭉 깔려 있었다. 우리 집 앞 골목으로 순식간에 인파가 밀려들었다. 그 와중에는 업은 아이가 떨어져 나가는 줄 모르고 헤매는 여자, 앉아 뭉개는 할머니, 넘어져 밟히며 일어날 줄 모르는 사람……．

그야말로 아비규환(阿鼻叫喚)이었다.

북한군의 서울군정

서울은 산으로 둘러싸인 아담한 도시였는데 이러한 지정학적 특성을 잘 이용한 듯 북한 군대에 포위되고 말았다. 서울 시민들은 한복판으로 몰렸다.

우리 식구는 을지로 4가에 있는 작은아버지 댁 지하실에 숨었다.

6월 28일 새벽 3~4시경이었다.

총소리, 대포 소리, 탱크 소리가 머리 위에서 요란했다.

우리는 지하실에서 이불을 쓴 채 땀 흘리며 엎드려 있었다.

그 북새통에 스피커에서는 이승만 대통령의 발언이 방송에 흘러나왔다.

"북한 괴뢰군들은 북쪽으로 쫓겨 가고 있습니다."

머리 위에서 북한군의 총소리가 요란한데 쫓기고 있다니, 희극이었다. 한강 다리는 끊기고 남쪽으로 갈 수도 없었다.

날이 밝자 총소리는 멎었고 큰길로 탱크 행렬이 남산을 향해 올라가고 있었다. 한낮이 되어도 거리는 복잡했다. 교통정리원은 없고 무질서가 판을 쳤다.

무장한 북한 군대들이 집에 뛰어들어 사람을 잡아가는가 하면 어떤 집에는 북한 병사들을 보초로 세웠다.

그들은 빡빡 깎은 머리에 얼굴이 창백했다. 감옥에서 갓 나온 사람들이라 했다.

상점들은 모두 문을 닫았다. 다만 아낙네들이 먹고살기 위해 삶은 고구마나 옷가지들을 길에 내다 팔곤 했다. 여자들의 생활력이란 어디 가나 현지 정황에 대한 임기응변이 탁월했다. 어디 가나 어떤 환경에서든 먹고살 걱정의 전사들이다.

7월 중순쯤 되었을까.

여기저기 인민위원회 간판이 생기고 완장 낀 사람들이 거리를 활보했다. 종당에 북한은 서울을 완전 점령하고 북한군의 군정이 펼쳐졌다. 거리에는 김일성 사진과 북한 홍보물이, 학교에는 벽보와 광고가 나붙었다. 학교 기숙사는 군대가 차지했고 청사 위층에는 북한 군대가 주둔하여 (사무실을 전개하고) 통제했다. 북한은 재빨리도 서울을 점령하였고, 바로 북한군의 서울군정이 펼쳐졌다.

그러던 8월경,

그래도 내 사랑 내 공부 내 학교 사정이 궁금하여 슬그머니 학교에 나가 보았다. 그런데 웬일인가. 학교에는 이미 학교위원회가 구성되고 학생들이 모여드는데 선생들은 한 명도 없었다. 선배 학생들로 조직된 학교위원회는 행정위원회 지시에 따라 학교를 지키고 있었다.

초코파이의 달콤한 유혹

모처럼 열린 학교길이 아쉬워 학생들의 존재를 알고는 다시금 계속 학교에 등교했다. 나같이 학교가 궁금해 또 학교 공부가 그리워 학교에 오는 애들이 꽤 있어 외롭진 않았다.

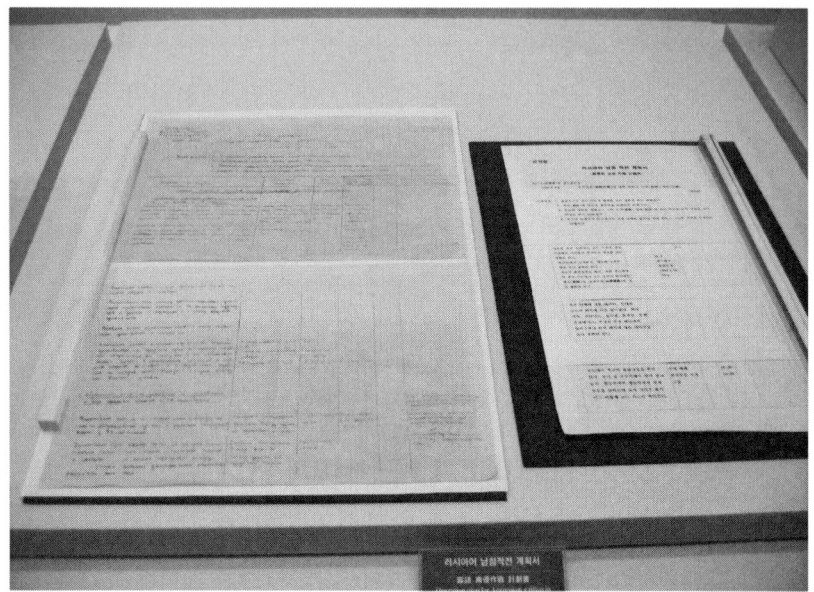

러시아어로 된 남침작전 계획서[1]

그런 와중에 북한의 김일성종합대학 학생들이 전시공작대라며 게시판에 사진을 붙이고 선전사업을 하고 있었다.

그들의 선동사업은 참 인상 깊었다.

"…조선에서는 초등학교부터 무료로 공부한다. 특히 대학공부는 장학금을 주면서 무료로 공부하게 한다. 게다가 최우등생(성적 우수자)에게는 명승지 관광을 시킨다. 나는 1학년에 최우등생으로 국내관광을 갔고 3학년인 지금엔 또 최우등생으로 모스크바 관광이 허락되었지

---

1) 출처: https://commons.wikimedia.org/wiki/ - WaffenSS

만, 조국 전쟁으로 가지 못하고 공작 임무를 맡아 서울에 왔다. 전쟁이 승리한 후 학생들도 우리 일을 잠깐 도와 동행한다면 자기가 원하는 조선의 대학들에서 공부하게 될 것이다."

나는 부러웠다….
부유하지 못한 우리 집안 사정으로 고등학교나 원만히 졸업하면 안심이고 다행이라고 생각했는데, 꿈에도 생각할 수 없었던 대학공부가 무료라니?….
가고 싶었다!
나에게 다가온 크나큰 유혹이었다.
옆의 친구들에게 말했다.
"…난 따라갈 거야. 전쟁이 3개월이면 끝난다니 북한서 무료로 의과대학 입학하여 병원에 입원한 우리 엄마 병 내가 고쳐 드리고 싶어. … 집에 가서 이야기하면 뻔히 못 가게 할 거니까 인사 없이 갈 거야……."
진정 어린아이의 유희와 변덕의 탈출이었던가.
아니, 얼마나 순진무구한 생각이었던가.
그들은 이렇게 모은 무의식의 순진한 여학생들을 종로에 있는 간호간부훈련소에 집결시켰다.
서울 여자외과대 학생들이 나와서 위생 강의를 했다. 그들은 초보적이고 상식적인 해부생리학, 구급 처치법, 붕대법 등을 가르쳤다. 그리고 일부는 의용(義勇)군을 조직하여 출전시켰다.
당시 서울 시민들은 식량난으로 살길을 찾아 하는 수 없이 북한 의용군에 들어가기도 했다는 전언도 있었다. 우리에게는 한강 건너에 있는 영등포 육군병원 상병자들을 한강 건너 용산병원으로 후송시킬 임무가 주어져 상병자 한 명에 학생 여섯 명씩 배치되어 들것으로 운반했다.

주변 곳곳에서 아우성이고 중도에 털썩 주저앉아 "난 못 가겠다."라고 내동댕이치고 도망가는 애들도 생겼다.

지금 생각하면 그네들이 더 현명하고 지혜 있는 애들이었기도 하였다. 이때의 상병자 운반은 너무 힘들어서 졸도하는 학생들도 있었다. 그 힘든 환자후송이 끝나고 훈련소에 집결했다.

이번에는 여자 군인 두 사람이 나와서 세 명씩 조를 편성했다. 그러고는 비상미와 돈 300원을 주고 목적지를 정해 주었다.

첫 목적지는 의정부,

다음 목적지는 동두천이고,

그다음은 철원이며,

최종 목적지가 평양 보건성이라고 하였다.

설렘 반, 공포 반, 기대 반!

일단은 어린아이의 소꿉놀이 같은 철부지 모험에 발을 디딘 셈이다.

나의 환자후송을 빌미로 한 북행길은 이처럼 어이없게도 순간의 착각에 의해 초고속으로 아무런 걸림돌 없이 너무나도 쉬이 이루어졌다.

유유히 흐르는 냇물을 따라 악마의 검은 유혹이 부른 모험의 세계 ― 시커먼 깊은 진펄 길에 속수무책으로 사정없이 빨려 들어갔다.

이런 6.25 전쟁 발발의 전후 사연을 뻔히 잘 아는 내가 북한에서의 6.25 전쟁에 대한 기만선전을 50년 동안 벙어리로 참고 인내하는 것이 참 많이도 힘들었음을 여기서 특별히 고백하고 싶다.

북한은 6.25 전쟁에 대하여 기록영화(다큐멘터리) 〈조국해방전쟁〉 1, 2, 3부를 제작해 방영하였다. 여기서 6.25 전쟁은 철두철미하게 미제와 남조선 괴뢰도당이 일으킨 침략전쟁이라고 왜곡선전 하였다.

다시 말하여 저들의 남침을 북침으로, 말하자면 한국이 북한을 침략한 침략전쟁으로 진실을 뒤집은 다큐멘터리(北-기록영화)를 제작하여 방영하여 선전물로 이용하였다.

버려진 북한 공산국의 소련제 T-34 탱크를 살펴보는 미군

"우리가 전쟁일을 6월 25일로 잡은 이유는
6월 25일은 안식일이다.
안식일에 전쟁을 일으키리라고
그 누구도 상상하지 못할 것이다.
그 때문에 우리는 6월 25일을 전쟁일로 삼았다."
— 투르먼 —

기록영화 1부 시작에서는 "당시 미국 대통령 투르먼은 이렇게 지껄였다."라는 한글 자막과 내레이션으로 영화의 전 과정을 미국과 남조선 괴뢰도당이 일으킨 침략전쟁으로 일관한다.

이것이 바로 북한이 우상화 교육과 체제 수호에서 가장 중요한 무기로 삼는다. 여기에 6.25 전쟁이 김일성의 현명한 령도와 탁월한 전술에 의하여 승리를 이룬 조국해방전쟁이라고 세뇌시킨다.

하기에 한국에서 '전쟁기념관'이 북한에는 '전쟁승리기념관'으로 명명하고 평양시 서성구역 비파거리에 자리 잡고 있다.

여고 생활 중 맞은 전쟁은 북한이 6월 25일 일요일. 고요한 주말 새벽에 탱크를 앞세우고 쳐들어온 전쟁임을 너무나 잘 아는 나로서는 견디기 어려운 진실에 대한 잔인하고 모진 함구(緘口)였다.

혹여 가까운 사람들, 심지어는 딸애에게라도 자칫 말하였다간 그 자리에서 순간의 바람이 될 수도 있는 어마어마한 발언이었다. 그 나라에선 벽에도 문에도 바닥에도 천정에도 귀가 있고 눈이 달렸었다. 나는 말할 수 없는 벙어리로, 귀머거리로, 또 맹인으로 살아가는 게 삶의 지혜였다.

북한에서의 50년 기간은 부모 형제와의 잔인한 물리적인 단절을 넘어 그 사상과 이념의 전유물이 되어 그들의 통치 도구와 수단으로 길들여지는 훈련이 더 힘들었음을 지금에 와서 또 이 글을 쓰면서 이제야 힘 있게, 큰 소리로 외쳐 보고 싶다.

이제야, 이제는 말할 수 있다.
아주 편하고, 아주 거짓 없는, 아주 진실된 목소리로 양심의 호소로…….

제2장 고향을 떠나다

1. 학생구호대 환자후송

우리 조에 속한 3명은 의견을 모았다.
"어떻게 할까? 집으로 갈까?"
물론 집에 가면 어른들은 우리가 떠나는 걸 찬성할 리 없다. 그러나 이 기회를 놓칠 수도 없다. 세계 전쟁사상 국내 전쟁이 3년 이상 지속한 적은 없다더라. 그러니 전쟁이 끝나면 대학에 입학하고 첫 방학 때 고향에 오기로 하자.

10대 철부지들의 그럴싸한 시나리오였다.

의견이 합치되자 우리는 결심을 굳히고 고난의 첫발자국을 내딛게 되었다. 어찌 보면 어린 철부지 아이의 유희와 낭만의 소꿉놀이로 간주된 아주 가벼움으로 시작된 거대한 모험이었음을 알고나 있었을까?

그때 누가 알았으랴.

철부지 소녀들이 순수한 학구열에 불타 공부에 대한 집념만으로 거대한 암흑의 터널에 들어섰다는 걸….

온실의 화초처럼 세상이 뭔지도 모르던 순진무구한 여학생들이었다.

악마의 달콤한 유혹에, 자석에 끌리는 철가루인 양 지옥의 나락으로 소리 없이 이끌리어 떨어졌다.

달콤한 유혹의 석 달이면 끝난다던 전쟁은 3년이 걸렸다.

3년에 걸친 6.25 전쟁은 동족상잔의 비극인 동시에 철부지 소녀들과 열혈 청년들의 꿈과 희망에 무참한 희생을 만들어 낸 불행의 역사였다.

전쟁 난리판에 무슨 오로지 대학공부를 하겠다는 열망이 과연 무엇이기에…….

부모 형제를 버리고 멋모르고 덤덤하게 떠났지만, 그 결과는 잔인하고도 참혹했다.

학구욕에만 젖어 있는 10대의 철부지 소녀들에게 다가온 초코파이 같은 달콤한 유혹의 북행길이 고난의 인생길이 될 줄 그 누가 알았으랴.

멋모르고 대열에 들어서 무작정 따라왔던 몇몇 이들은 투덜거리며 이탈하며 도망간다. 여기서 나는 도망가 봤자 우리 집은 가난하여 대학공부는 꿈도 못 꾸는데…. 요만한 고생쯤을 못 이기면 대학공부는 영원히 내 인생에 없을 수도 있을 거야.

이겨 내야 할 것이다.

나름의 비장한 각오였다.

엄마의 병을 오롯이 내 손으로 고쳐 드리려면 나는 이겨 내야 한다.

그 길은 서로가 죽이고 죽는 서바이벌 게임의 인간 대 인간의 대전쟁판이었다. 남북을 가로지른 3.8선을 경계로 한 생명 대 생명 간의 전투장이었고 그 나날들은 간고한 격전장과 생명들의 인고(忍苦)의 현장이었다.

2. 미군의 인천 상륙과 3.8선

9월 20일 미군의 인천상륙작전으로 서울시는 시가전을 준비했다.

우리는 '전방구호대'라는 별 모양 배지를 가슴에 달고 지휘관들의 지시를 기다렸다. 밤이 되자 인천 방향에서 날아오는 함포사격으로 서울 시내는 섬광이 번쩍였다. 그때마다 본정통 거리의 백화점이나 고층건물이 환하게 모습을 드러냈다.

유엔군 인천상륙[2]

우리는 의정부로 행군했다. 그곳에 있는 집들이 모두 비어 있어 후퇴하는 군대들과 함께 유숙했다.

미군 비행기 기총사격 소리에 잠시도 가만있을 수가 없어 군대를 따라 밖으로 나갔다. 엎드렸다가 다시 조용해지면 북쪽을 향해 또 뛰었

---

[2] 출처: 국회사진전, 『김일성이 일으킨 6.25 전쟁』, (2024, 국회의원 정경희의원실), 33p.

다. 달빛은 대낮같이 밝았다. 얼마간 갔더니 말라 버린 강 위에 굵은 외나무다리가 있었다. 모두 다리를 건너느라고 야단법석이었다.

  나도 그 다리를 건넜다.

  그런데 어이하랴!

3.8선!

  아뿔싸!

  무심코 건넌 그 외나무다리가 바로 3.8선이었다고 한다.

  그 말을 듣자 가슴이 섬뜩했다.

  뭔가 아득한 곳에 홀로 버려진 느낌이었다.

  넘지 말아야 할 곳을 너무도 무심결에 넘었다는 두려움에 등골이 오싹했다. 그럼 이제 다시 내 집에 갈 수 없단 말인가?

  사랑하는 내 아버지, 어머니, 내 동생들….

  어인 일로 이토록 무서운 일을 이다지도 가볍게, 이렇게 쉽게도, 겁도 없이 저질렀을까….

  철부지 단발머리의 단순한 생각이 일으킨 대형 사고였다. 그 큰 사고의 파문이 인생의 고행길을 향한 관문이었다는 걸 그때는 미처 다 알지 못했다.

  또한, 그 길이 생사를 넘나드는 격전장이라는 걸 미처 몰랐다. 서로를 향해 총구를 겨눈 전쟁의 비열함이 펼쳐지는 경계의 땅 3.8선!

  그곳에는 생명과 생명의 죽고 죽임이 난무했다.

  이 학교에서 저 학교로 전학 가는 단순한 학구 지향의 전학길이 아니었다. 살아남기 위해 비인간적인 삶의 바닥까지 떨어져야 했던 인생행로의 험난한 고난의 길이었다.

이젠 정말 집에 못 가는 것인가?

가족들과 동생들과의 이별이라니 믿기지 않았다. 이제 정녕 내 엄마, 아빠, 동생들을 못 본단 말인가, 7대 장녀라고 할아버지, 할머니가 불면 날세라 만지면 터질세라 나를 얼마나 애지중지했는데……. 내 아버지, 내 어머니 그리고 동생들 속에 나는 신비의 부잣집 귀공주나 다름없었는데…….

그런데 그 요람을 내가 박차고 어디로? 거기엔 무엇이 기다리고 있는데 안온한 잔칫상을 걷어차 버리고 무지의 암흑세계에 몸을 던진 18세 단발머리 여고생의 모험!

과연 나는 어떤 세계에서 야생적인 들개가 되어야 하는가? 그 누구도 상상하지 못한 미지의 세계에 던져진 가여운, 아니 가혹한 내 신세이다.

어쩔 수 없이 그들과 밤새 걷다 보니 어느 한 마을에 도착했다. 그곳이 바로 철원이란다.

전방구호대 학생

다음 날 낮,

거리에 나섰는데 다음 목적지까지 까마득하다. 발에 물집이 생겨 쉬었다가 걸으려면 몹시 아팠다. 그때 상병자들을 실은 트럭이 서너 대 도착했다. 우르르 몰려가 우리 학생구호대 일행은 약속이나 한 듯이 태워 달라고 졸랐다.

그 차들은 17호 병원(세브란스) 환자후송 중인데 왠지 흔쾌히 타라고 했다. 그런데 웬일인가 했더니 환자가 있는 트럭 한 대에 한 명씩만 탈

수 있단다. 우리가 흠칫 놀라 물러서자 군관이 내려왔다.

"전방구호대 학생들은 상병자 간호를 담당해야지. 어차피 목적지는 같을 텐데…."

…하는 수 없이 우리는 차에 분산해 올랐다.

참으로 순진무구한 여학생들을 꾀이는 나쁜 아저씨들!

이들이 나쁜 아저씨들(?)임을 어이 몰랐을까?

나는 2호차에 올라탔다.

2호차에는 움직이기 힘든 중환자들이 14명이나 되었다. 그들은 환자복 차림에 배낭을 옆에 끼고 있었다. 낯도 익히지 못한 채 차는 산골 신작로를 달렸다.

'신계골'에서 일단 멎었다.

마을은 불타고 잿더미 속에서 역한 냄새를 풍기며 연기가 피어올랐다. 사람들은 없었고 가끔 완장 낀 항공감시원이 나타나곤 했다. 낮에는 나무숲 속에 숨었다가 어두워지면 다시 차는 달렸다.

다음 도착한 곳이 '시별리'였다.

뒤따라오던 차들은 보이지 않았다. 이때 인솔하는 군관이 휘발유가 떨어졌으니 기름을 가져오겠다고 했다. 일주일이면 돌아올 테니 그동안 환자를 부탁한다며 그곳 면(面)위원회 간부들에게 나를 소개했다. 그는 환자 간호에 전념하라며 단단히 이르고는 어디론가 사라져 버렸다.

상병자들을 '평양여관'이란 곳으로 데려갔다. 처음 며칠 간은 그곳 간부들의 도움을 극진히 받았다.

5일째 되는 날이었다.

정세는 급변하여 후퇴 준비를 시작했다. 그곳 민족보위후원회 위원장이 나더러 따라나서란다.

부상병들을 어떻게 두고 가나요?

환자들을 어떻게 하느냐고 물었더니 할 수 없다는 것이다. 움직일 수 있는 환자들만이라도 떠나야 한다고 잡아끌었다.

하지만 나는 그럴 수 없었다. 내 양심은 그걸 허락지 않았다.

고개를 가로저으며 거절하였다.

먹을 것을 갖다주고 우리를 도와주던 그들과 마을 주민들이 떠나 버리자 마을은 텅 비었다.

나는 무섭기도 하고 앞일이 막막했다.

그제야,

집에 가고 싶었다.

유달리 나를 예뻐하시던 아버지가 몹시도 보고 싶었다. 나의 실종을 놓고 괴로워하는 온 집안 식솔들 모습이 눈에 선했다. 할머니와 아버지 어머니, 화기애애한 집안이 시름에 잠겼을 걸 생각하니 철부지 나의 행동이 사무치게 후회되었다.

이제야 죄스러웠다.

행복하였던 지난날이 사무치게 그리웠다.

그리고 안온하였던 집안의 풍경과 살뜰한 보금자리가 몹시도 생각났다.

그런데 되돌리기엔 이미 너무 멀리까지 와 버렸다. 집에 갈 의지와 용기도, 그리고 갈 줄도, 가는 길도 몰랐다.

게다가 우환단지가 된 부상병들은 어찌한단 말인가.

이들을 나 혼자 어떻게 데려가야 하나. 호미난방(虎尾亂邦)이란 이럴 때 쓰는 표현이런가? 범의 꼬리를 쥐고 있는 셈이었다.

놓자니 무섭고 쥐고 있자고 해도 더 무섭고 과연 어이해야 한단 말인가?

견장 달고 다니는 군관들도 나 몰라라 하는 판에 나 혼자 큰 짐을 맡았으니 어찌할지 알 수 없었다.

참 야속한 내 인생의 숨바꼭질이었다.

왜 나는 군관들이 나 몰라라 함께 떠나자고 할 때 따라나서지 못하고 불쌍한 부상자들을 어떻게 버리고 떠나냐고 고집 부리며 혼자 남아 저들과 함께하기를 자처했을까?

사무치게 보고 싶은 내 어머니, 내 아버지, 내 동생들이여~!

3. 나이팅게일처럼

당시 나는 그 병원 직원도, 군(軍) 소속도 아니었다.

발이 아파서 차를 좀 얻어 타자 한 것뿐인데 일이 꼬여 버렸다.

어떻게 할 것인가?

그들을 버리고 떠날 것인가?

나 혼자라면 어디든 갈 수 있을 텐데….

아니야!

그들은 움직일 수 없는 환자다.

그들이 눈앞에 어른거렸다. 상처를 누가 건드릴세라 미리 소리를 지르는 꼬맹이, 깁스한 다리가 무거워 고통스러워하는 이들, 눈만 멀뚱거린 채 나만 바라보는 그들을 차마 외면할 수 없었다.

아무리 힘들어도 해야 한다.

이것은 바로 내 양심이다.

그들을 위해 그들에겐 지금 내가 꼭 필요해.

그때 나는 힘없고 나약한 여학생에 불과했다.

그러니 신의 힘을 빌려서라도 강해져야 했다.

그래야 그들을 도울 수 있었다.

'나이팅게일'의 희생정신으로

누가 시키지 않았지만 나도 그렇게 살아야 한다고 생각했다.

인간에 대한 사랑의 고결한 힘이 나를 도와줄 것이라 믿었다.

나는 강아지조차 무서워하고 자그마한 병아리도 무서워 못 만지던 나약한 소녀였다. 그러나 상병자들을 위험한 장소에서 구출해야 한다는 마음이 앞섰다.

마음은 곧 용기로, 용기는 결심으로 굳어졌다.

모두 버리고 도망간 빈집들을 돌아다니며 먹을 것을 구하였다.

마을에는 주인 없는 돼지와 닭들이 몰려다녔다.

온기가 남아 있는 가마에서 먹을 걸 찾아 환자들에게 가져다주었다.

그러던 중에도 갑자기 들이닥치는 비행기 폭격을 피해 한참씩 숨었다가 환자들이 있는 곳으로 찾아서 달려갔다.

전쟁, 포탄 난리에 앉은뱅이 없다고, 운신 못 하던 환자들이 자기 스스로 지하실에 들어가 있는 걸 보았다. 생사기로에서 죽을힘을 다해 뛰었을 걸 생각하니 환자들이 가엾고 대견했고 고마웠다.

그런데 중환자 한 명이 보이지 않았다. 뛰어가 보니 그는 그 자리에 혼자 그대로 누워 있었다. 그를 발견한 순간 눈시울이 화끈 달아올랐다. 평소에는 대꾸도 없고 먹을 걸 주어도 받지 않던 부상병이었다.

그런 그가 "간호원 동무!"라고 눈물 섞인 목소리로 나를 불렀다.

너무 반가워서 그의 손을 잡았다.

"간호원 동무, 나는 알고 있어. 나를 특별히 봐 준다는 것을. 나를 꼭 데려가 줘요."

그가 눈물이 글썽했다.

"알았어요. 걱정 말아요."

그의 손을 꽉 잡아 주고는 밖에 나와 실컷 울었다.

어떻게 하면 이들을 모두 데려갈 수 있을까?

거리에는 많은 이들이 쉴 새 없이 북으로 향하고 있었다. 누구에게 도움을 청할까? 고민을 거듭하는데 소좌 견장(대대장급)을 단 군관과 몇 명의 대원들이 길가로 지나갔다. 그들에게 달려갔다.

"저 좀 도와주세요. 나는 어찌하면 좋을까요?"

설움에 못 이겨 그만 울음을 터트렸다. 내 말을 듣고 있던 그는 측은한 표정으로 잠시 생각을 더듬더니,

"참 딱하군!"

하고는 큰 신작로 길을 가리키며 친절히 알려 주었다.

"저기 나가면 경무관 완장을 한 군관을 만나게 될 거야. 거기서 이제처럼 그렇게 울어라."

그러더니 다시 내게로 다가왔다.

"너는 어떻게 할 거야? 우리 병원으로 가자."

그가 말했다.

"아니에요, 저는 저 환자들을 실어 보내고 우리 조직을 찾아가야 해요."

그때도 역시 거절했다. 나의 완고한 고집으로….

나는 상병자들이 있는 곳으로 뛰었다. 환자들에게 사정 이야기를 했다. 그리고 나서 큰길에 나가니 정말 경무관이 있었다. 아까 시켜 준 대로 그에게 다시 호소하며 울었다. 그러자 경무관이 나의 눈물에 진심으로 반응하여 말했다.

"날이 어두워지기 시작할 때 이 길에 상병자들을 끌어내다 길을 막아라."

"저녁이면 숨어 있던 차들이 큰길로 나올 텐데 전우를 깔고 넘어갈 수는 없을 것이다."

그 말이 떨어지기 무섭게 나는 마을을 돌며 먹을 것을 한 아름 걷어다가 상병자들에게 안겼다. 그리고 거리에 나가 행인들에게 호소했다.

"도와주세요! 도와주세요!"

나의 간절한 외침에 몇 사람이 따라왔다. 제일 중환자부터 들것에 실었다.

"저 큰길까지만 함께 들어 주세요!"

그러는 동안 상병자들은 정신을 바싹 차렸는지 어두워지기 전에 깁스 다리를 목에 걸고 거리로 나서기 시작했다. 환자들이 저마다 안간힘을 쓰면서 벌벌 기듯이 나왔다.

한 환자를 데려다 놓고 뛰어가 또 다음 환자를 데려왔다. 내 어깨에 날개라도 달린 양 뛰고 또 뛰었다. 온몸이 땀으로 젖었다. 사람들이 나를 돕기 시작했다. 어떤 환자는 자기 몸에 감았던 붕대를 풀고 배낭에 있는 내복들을 찢어 바를 엮었다. 그것으로 깁스 다리를 목에 걸고 양

손을 대고 헤엄치듯 기어 왔다.
 "가엾어라. 나의 환자들."
 내 얼굴은 땀과 눈물에 젖었다. 그래도 쉴 새 없이 뛰었다. 그런 속에서도 자기 먼저 데려가 주지 않는다고 볼이 부은 부상자도 있었다.
 이렇게 하여 어두워질 때까지 환자들을 다 옮겼다. 아니나 다를까 신통히도 여기저기 숲속에 숨어 있던 차들은 어두워지자 큰길로 나오기 시작했다. 맥 놓고 걱정 가득했던 내 마음에 날개가 돋쳤다.
 그때 경무관이 소리쳤다.
 "움직일 수 없는 환자들을 모두 차에 태워라."
 환자들은 아픈 팔다리에 아랑곳없이 안간힘을 쓰면서 차에 올랐다. 나는 울며 감격해 기뻐 소리치면서 뛰어다녔다.
 "저 다리를 조심해서 올려 주세요."
 "여기 좀 도와주세요."
 오르는 사람마다 따라다니면서 소리치며 당부했다.

"간호원 동무, 내 차에…"

 그때 누군가 말했다.
 "학생 배낭을 내가 가지고 있으니 내 차에 올라요."
 "간호원 동무, 내 차에 올라요."
 "간호원 동무, 우리와 함께 가요."
 부상병들 서로가 자기 차에 같이 가자고 소리소리 지르며 내 소지품들을 제각기 챙겼다.
 한편 어디서 나타났는지 난데없이 갑자기 사람들이 모여들며 북적였다.

서울서 함께 떠난 친구들이 뛰어와 반갑다고 때리며 소리치고 난리치고 야단이 났다.

"야, 어디 갔댔니? 이젠 헤어지지 말자……."

대열 인솔자는 소리쳤다.

차들은 떠나갔다.

그러나 내 귓가에는

"간호원 동무! 우리 차에 소지품 실었어요…."

하던 외침들이 메아리가 되어 뇌리에 맴돈다.

'그들은 모두 안전하게 목적지에 갔을까…?'

그렇게 보낸 환자들이 그 후 어떻게 됐는지… 알 길이 없었다.

그러다 보니 그 와중에 나는 소지품을 깡그리 뺏겨 버리고 말았다.

그 속에는 추억이 담긴 몇 장의 사진 앨범과 일기장, 그리고 대학에 갈 염원을 안고 고이 간직했던 학생증도 들어 있었다.

또 거기에는 아버지가 내 생일 때 선물로 준 금촉 만년필도 있었다.

그날의 자칭 나이팅게일이었던 나는 한시름을 놓은 셈이다.

행군은 다시 시작되어 평양을 향했다.

몸도 마음도 고난을 겪으며 한층 성장했다.

내 마음도, 내 자세도, 내 의지도…….

난생 겪어 보지 못한 일들을 부지불식간(不知不識間)에 경험하며 평양에 도착한 것은 그해 10월 어느 날 밤이었다. 반(反)항공 대책이 철저한 평양 시내는 캄캄했다. 기적 소리, 전차 지나가는 소리가 간간이 들렸다.

우리 일행은 모란봉 기슭 깨끗한 기와집에 유숙했다.

날이 밝자 인솔자는 우리를 보건국으로 데려갔다. 평양에 며칠 묵으면서 시내도 돌아다니고 후방물자들을 공급받기도 했다.

시내는 스산했다.

후퇴 준비로 각처마다 어수선했다.

월동용 동복(冬服)과 군대 내복을 공급받았다. 약품 창고에서 약품을 마음대로 가져갈 수 있도록 허락이 떨어졌다. '다이야징'을 제일 좋은 약으로 생각했기 때문에 나는 알약 다이야징을 특별히 주문하여 한 통 챙겼다.

10월 20일경

대오는 다시 편성되었다.

과장, 부과장, 치료 의사, 수간호원(책임 간호원) 그리고 학생들이 두세 명씩 속한 편대였다. 김일성대학 뒷산을 따라 대오는 다시 후퇴 길에 올랐다.

다음 목적지는 숙천이란다.

4. 낙하산 부대를 만나다

정세가 더 나빠지는 것 같았다.

밤새 야간행군으로 다음 목적지를 향했다. 행군 도중 숙천에 낙하산 부대가 내렸으니 그곳으로 향하라는 지시가 내렸다.

밤이 깊어지자 비가 오기 시작하더니 점점 더 퍼부었다. 새로 탄 동복(冬服)이 비에 흠뻑 젖었다.

새벽녘,

숙천 시내는 위험하니 주변 농가에서 식사조직을 하라는 연락이 왔다. 우리는 큰 집에 들어가서 젖은 옷을 다 벗어 버리고 지쳐 쓰러졌다. 한참 단잠에 빠져 인사불성인데 누군가가 두들겨 깨웠다.

"벌써 식사 준비가 다 됐어요?"

그런데 웬일인지 집주인이 젖은 동복들을 들고 와서 빨리 나가라고 호통쳤다. 놀라서 왜 그러느냐고 묻자 바깥을 가리켰다.

"저것 좀 보시오."

가리키는 쪽 멀지 않은 곳에 낙하산이 수없이 내리고 있었다. 집주인은 또 소리쳤다.

"빨리 이것들을 가지고 나가란 말이오."

정신이 번쩍 들어 주위를 둘러보았다. 대열 책임자인 과장 이하 수간호원들은 벌써 가 버리고 우리 학생 간호병 셋만이 남아 있었다.

나는 개성에서 온 옥자라는 아이와 함께 쌀자루를 짊어지고 밖으로 뛰쳐나갔다. 동서남북을 구분할 수 없는 낯선 마을이라 갈 곳을 찾을 수 없었다. 난감했다.

우리가 평양을 떠날 때 그곳 간부들은 말했다. 3일만 있으면 우리 비행기가 뜰 것이라고….

그러면 다시 나갈 수 있다고 했는데… 무슨 꼴이람.

우리는 다시 그 집 문을 두드렸다. 집주인은 빨리 저 멀리로 떨어지라며 또 호령하며 쫓아냈다.

"…우린 군대도 아닌데 우릴 좀 숨겨 주세요."

사정했으나 소용없었다.

끝없는 북행길

하는 수 없이 주위를 돌아보았다. 맞은편 산언덕에 사람들의 무리가 언뜻 보였다. 우리는 정신없이 쌀자루만 쥐고 뛰었다. 그때 뒤에서 누군가 소리친다.

"쌀자루는 버리고 뛰시오~~!"

시키는 대로 쌀자루를 버렸다. 쌕쌕이 비행기가 기총 사격을 가하기 시작했다. 허허벌판에 가설 변소 하나가 있었다. 그곳에 옥자와 나는 바짝 엎드렸다. 군대 소대쯤 되는 부대가 우리 곁으로 다가왔다.

"동무들! 뭐 하는 거야? 빨리 뛰어."

그들이 소리쳤다.

"비행기 사격이 무서워서 좀 멎으면 갈래요."

내가 대답했다.

"무슨 소리냐? 비행기보다도 적군이 거의 따라붙었는데…."

대열 책임자인 듯한 사람이 우리의 소속을 물었다.

"나는 전방구호대 학생이에요."

그러자 그가 약이 있으면 달라고 했다. 나는 다이야징을 그에게 건넸다.

"좋소!"

하며 그가 우리를 대열 선두에 서라고 했다. 얼결에 앞장서서 뛰었다. 겁에 질려 미친 듯 뛰었다. 뒤에 따라오는 군대가 우리를 미처 따라오지 못하고 힘들어하는 모습이 보였다.

그들은 비상미, 기타 소지품과 함께 총과 예비탄창을 멘 상태였다. 대열 선두에 선 군대는 서류 가방까지 짊어지고 있었다. 우리더러 천천히 뛰라고 했다.

"여(女)동무들이 저렇게 뛰는데 뭐 해? 빨리 뛰어!"

대열 책임 특무장이 고함을 질렀다. 짐도 없이 놀라 뛰는 우리가 원망스러웠던지 대오 앞에 있던 사람이 작은 소리로 말했다.

"좀 천천히~~"

우리는 좀 더 가서 쉬겠다며 계속 뛰었다.

그 부대는 사령부 직속 정찰 대대였다. 대호(隊号)는 591대대 '독로강'이라고 했다. 나하고 옥자는 한참 뛰다가 대오가 오지 않기에 무서운 생각이 들어 멈췄다. 쉬는데 발바닥은 물집이 잡혀 쓰리고 아팠다. 발을 딛고 일어설 수가 없었다. 잠시 후 부대가 도착했다.

"가기요!"

그들이 소리쳤으나 아픈 발을 질질 끌었다. 도무지 일어나기가 힘들었다.

"좀 더 쉬다가 따라갈래요…."

특무장은 가름길에 표시해 놓겠으니 따라오라고 했다. 잠시 후 우리만 남겨지자 무서운 생각이 들어 걸음을 재촉했다. 한참 만에 화살 표시를 발견했다. 그 길을 따라가자 식사조직을 하고 있었다.

당시 후퇴하는 군대들은 소속 부대명과 인솔자 사인을 남기면 아무 집이든 무조건 밥을 해 주게 되어 있었다.

이틀을 굶어서인지 밥이 꿀맛이어서 실컷 먹었다. 동복은 이미 다 젖었고 교복 바짓가랑이는 너덜거렸다. 엉덩이 쪽이 해져 천 조각을 밥풀로 붙여 구멍 난 곳을 막았다. 그것을 보고 특무장이 군복 하나 입겠느냐고 물었다.

"그걸 어떻게 입겠시까?"

옥자가 웃었다.

"…나 주세요. 내가 입겠어요."

나는 그걸 받아 입었다. 군복은 새것이었다. 한결 맘이 놓였다. 동복도 주었는데 좀 둔해서 걷기 어려웠으나 탓할 형편은 아니었다. 따뜻한 곳에서 하룻밤이라도 더 쉬었으면 싶었으나 현실은 가혹했다.

아랫마을에서 올라온 사람이 국군이 그 마을에 도착했다고 전한다. 10리도 못 되는 곳에서 이런 소식을 접해 당황했다. 특무장은 권총을 빼 들고 소리쳤다.

"만일 거짓이면 죽을 줄 알라! 591부대 날 따라 앞으롯!"

그가 뛰어갔다. 우리도 정신없이 뛰었다.

한참 가는데 갑자기 '쩌쩌!' 하는 소리가 들렸다. 한 군인이 당나귀를 몰고 오는 소리에 놀라 지른 비명이었다.

이런 공포 속에서 청천강 변에 이르렀다.

이번에는 앞서가던 후퇴 군인들이 전진하지 못하고 우왕좌왕했다. 포탄 실은 화물차가 폭격을 맞아 포탄이 어느 방향으로 튈지 모르니 조심하라는 주의를 받은 것이었다. 591부대 특무장은 "전시에 포탄을 무서워하면 어떻게 해?" 하면서 맞받아 나갔다. 바로 앞에 청천강이 나타났다.

그리 깊지 않아 모두 물속으로 뛰어들었다.

나도 앞서가는 그들 따라 들어가 서로 붙잡고 강을 건넜다. 혼자가 아닌 비록 모르는 대열이었으나 대오와 함께이니 강물도 엉겁결에 건너는 듯싶다. 또 혼자 떨어지는 게 무서웠다. 바로 집단의 견인력이랄까.

비록 물인지 불인지 모르고 임진강도 건넜고, 또 적군 포사격을 피하여 청천강도 그렇게 건넜다. 모든 것은 훈련과 예행 없는 참 실전이었다.

강을 다 건너자 우리는 '독로강'을 외치며 그들을 찾았다.

그들도 잊지 않고 우리를 찾아 주었다. 모두 지쳤으므로 다음 부락에서 식사조직을 하고 잠시 쉬었다.

갑자기 '딸콩, 딸콩' 하는 총소리가 멀리서 들려왔다. 특무장이 앞으로 뛰어왔다.

"적이다. 591부대 날 따라 앞으롯!"

우리는 그들을 따라 뛰기 시작하였다. 물집 잡힌 발을 억지로 내디디면서 결사적으로 뛰었다. 이번에는 내가 제일 뒤에 떨어졌다. 공포에 떨면서 그들이 달려간 뒤를 따라 기어올랐다.

한참 가다 보니 한 여인이 엎드려 있는데 엉덩이가 온통 피범벅이다. 흠칫 놀라 얼굴을 쳐다보니 죽은 게 아니었다. 소리도 못 지르고 커다란 눈만 멀뚱멀뚱 뜬 채 엎드려 있었다.

말 붙일 새도 없이 나는 겁에 질려 벌벌 떨면서 산등성이까지 올라갔다. 내려다보니 앞서간 사람들은 벌써 그 맞은편 산에 다시 올라붙는 중이었다. 나는 털썩 주저앉았다. 더 갈 수가 없었다. 앞서간 사람들과의 거리가 너무 멀어지자 용기가 사라졌다.

아까 그 여인이 생각났다.

나도 언젠간 그 꼴이 될지도 모른다. 앞으로 얼마나 더 걸어야 할지 모르는 길에서 애써 허덕이는 것보다 죽는 게 낫겠다 싶었다. 혹시 지름길이 없을까? 일말의 희망을 품고 높은 곳에서 일대를 내려다보았다. 여러 갈래의 길이 있었다. 신작로 길을 따라 잇단 곳에 청천강 철교가 보였다.

'철다리를 건너 그들과 만나야겠다.'

하는 생각이 떠올라 무작정 철교를 향해 냅다 뛰었다.

철교는 인도교가 아니고 기차 철로여서 철길 아래 아득한 아래서 강물이 출렁거렸다.

무시무시했으나 죽을 것을 각오한지라 겁날 게 없었다. 아찔한 철교를 침착하게 뛰어넘으면서 달렸다. 다리가 끝날 때까지 신경을 곤두세워 초인적인 힘을 발휘했다. 그때였다.

갑자기 누군가 목덜미를 잡아 땅에 엎어뜨렸다. 순간 쌕쌕이 한 대가 철교를 스쳐 지나면서 포를 쏘아 댔다. 위기일발의 순간 그 사나이가 내 손을 잡아끌고 산속으로 뛰어 들어갔다.

산허리까지 넋 잃고 뛰어오르고 보니 거기에는 수많은 후퇴 군인들이 모여 있었다. 나를 잡아 끌어온 사람은 항공감시원이었다. 그는 큰길은 위험하니 산으로 가라고 일러 주었다. 온몸은 땀으로 범벅이고 목이 타듯 갈증이 났다.

10월 말경이라 풀은 다 마른 상태였다. 마른 풀에 얼어붙은 이슬을 마구 뜯어 먹었다.

누군가가 머루알 이삭을 던져 주었다. 나는 그것이 무엇인지도 모른 채 묻지도 않고 씹어 삼켰다. 그야말로 오아시스였다.

짓밟힌 청년학도의 꿈

항공감시원이 말했다.

"이 사람들을 따라가시오."

그러고는 그는 다시 초소로 돌아갔다. 그들이 좀 쉬었다 함께 가자고 했다.

어렸을 때 읽었던 『엉클 톰스 캐빈(Uncle Tom's Cabin: '톰 아저씨의 오두막')』이 생각났다.

소설에서 혼혈 흑인 여성 안나는 자기 자식을 팔겠다는 소리를 듣고 뒷문으로 살며시 빠져나와 미시시피강의 얼음 위를 아이를 업고 정신없이 뛰어서 강기슭까지 도망쳤다는 스토리다. 사람이 극도에 달하면 강력한 힘이 솟구친다는 내용이다.

그런 체험을 나 또한 실제로 한 것이었다.

그곳에서 휴식을 취하는 군인들은 학도병인 것 같았다.

한 병사가 배낭에서 책을 몇 권 꺼내 놓았다가 다시 또 두 권은 배낭에 넣었다가 또 한 권은 내놓는다. 또다시 집어넣는다. 수학책으로 보였다.

얼마나 힘들까.

전쟁이 청년 학도들의 꿈을 짓밟고 있다고 생각하자 분노가 치밀었다. 우리 민족만큼 배움에 대한 열의가 높은 민족이 또 있을까.

마찬가지로 나 또한 배움의 욕구로 떠난 길이었기에,

산중에서 갈 곳 잃은 나 자신도 처량했다.

과연 나의 앞길은 어떻게 될까, 대학이 꿈인 현재의 사생결단(死生決斷)이 과연 이루어질까,

멍하니 앉아 있는데… 어디선가,

"출발!"

하는 소리가 들려왔다.

그 무리 속에 끼어 깊고 깊은 산중으로 따라 올라갔다.

한 시간 정도 올랐는데도 산마루는 나타나지 않고 휴식명령이 내렸다.

나는 좀 더 걸었다. 앞서려고 계속 올라갔다. 점점 멀어지는데도 그들은 아직도 쉬고 있었다. 홀로 되는 게 두려워 주저앉아 그들을 기다렸다.

잠이 몰려왔다.

환청인지, 착각인지 알 수 없으나 개 짖는 소리가 들렸다.

깜짝 놀라 주위를 둘러보았으나 아무도 없었다. 그러는 사이에 일행이 돌아왔다.

"자, 이제 가자."

그런데 몸이 천근만근이라 일어날 수가 없었다.

'에이, 모르겠다.'

나는 그 자리에서 잠들어 버렸다. 집에 들어가 이불을 덮고 자는 꿈을 꾸었는데 바람이 불어 한기를 느꼈다. 내 손에는 이불자락이 잡혔다. 그런데 그때 내 손에 잡힌 것은 이불이 아니라 풀잎 가랑잎이 손에 잡힌 것이었다.

나는 그때야 정신없이 잠들어 버린 게 생각나 소스라쳐 일어났다.

깊은 산중에 나 홀로였다.

팔팔 뛰어도 시원치 않을 노릇이었다.

어떻게 할까?

문득 생각난 건 아까 들었던 개 짖는 소리였다. 그곳을 향해 뛰었다. 거기에 분명 마을이 있을 것이다.

할머니, 할아버지가 사는 집을 찾아 들어가 사정을 이야기하고 묵으면 될 것이다. 우리 비행기가 3일이면 나온다고 했으니까 기다리다가 나는 군대를 따라 고향으로 갈 것이다. 이런 생각을 하면서 산 아래를 향해 걸었다.

그러나 길은 없었다.

순진한 내게는 절망과 좌절만이 함께했다. 가시덤불 길이 가로막힌 험한 준령!

앞으로 나갈 수 없었다.

몸을 마구 던져도 넘어지지 않고 덤불 위로 펑펑 떴다.

가시덤불을 휘어잡아 나뭇가지를 힘껏 꺾으며 산 아래로 내려가려 애썼다. 연약한 손이 찢기고 아팠다.

달도 없는 야밤이었으나 주위는 환했다. 암(暗)순응이었다.

어둠 속에서 계속 있다 보니 모든 물체가 훤하게 보였다. 그곳을 향해 덤불을 헤치고 살폈다. 여전히 인기척은 없었다.

한참 허우적대며 앞을 보니 바로 5m 앞에 자그마한 초가집이 보였다. 그곳을 향해 또 정신없이 뛰어가 더듬어 보았다. 아니 글쎄 초가집이 아니라 둥실하게 생긴 바위였다. 바위를 집으로 착각하기가 몇 번짼가. 초가집처럼 생긴 물체, 기와집처럼 생긴 바위…….

그 언젠가 본 탐험가의 소설 내용이 생각났다. 어두운 산중에서 헤매던 글이었는데 지금 내 눈에서도 형광빛이 나는 건 아닐까.

신기한 건 그 험한 산중에 짐승도 없었을까. 아니면 내 눈에 보이질 않았던 것일까. 공포 속에서 안간힘으로 몸부림치는 나를 누군가가 이끌어 주는 것 같았다.

그런 생각을 하며 산 아래를 향해 오래오래 내려온 것 같다. 그런데 사람 사는 곳이라면 물소리가 들릴 텐데 고요했다.

여기는 민가가 없구나. 무서워도 힘들어도 멈출 수 없었다. 별수 없이 생명이 붙어 있는 한, 사람 사는 곳을 찾아야 한다.

야생의 힘으로 바위에 속으며 내려오다 실신하다시피 헤매고 보니 멀리 성냥갑만 한 불빛이 보였다.

저곳에 사람이 있을까?

하는 생각과 동시에 물 흐르는 소리가 들려왔다.

빛과 물!

환희였다.

이젠 살았구나.

마구 몸을 던져 내리꽂히듯이 물소리를 향해 갔다. 개울이었다. 자세히 보니 건널 수 있도록 작은 돌이 놓여 있었다. 돌다리가 있다는 건 사람들이 산다는 흔적이다. 나는 그곳에 엎드려 미친 듯 물을 들이삼켰다. 내 생각에 한 대야(10L)는 족히 먹었으리라.

일어나 앉으니 아득하게 보이던 불빛이 지척이었다.

그곳을 향해 걸어갔다.

작은 오막살이집이 나졌다.

내가 서 있는 곳은 그 집 뒤 울안이었다. 집 뜨락의 자그마한 밭에 얼어 빠진 배추 포기들이 널려 있었다. 부엌문에서 불빛이 새어 나왔다. 그건 바로 생명의 빛이었다. 너무나도 반가웠고 정겹기까지 했다.

집 안은 다들 잠들었는지 조용했고 생배춧국 끓는 냄새가 물씬 풍겼다. 작은 문은 열려 있었고 안에는 나이 지긋한 아저씨 두 명이 서성거리고 있었다.

무턱대고 부엌에 들어가 털썩 주저앉았다.

그들이 바라보았다.

아닌 밤중에 무슨 일인가 싶은 눈빛이었다.

몸에도 맞지 않는 커다란 군복 상의와 동복 바지를 껴입고 목에는 누렇게 땀에 절은 수건을 질끈 동여맨 처녀 애가 뛰어들어 왔으니 말이다. 하지만 큰 눈에 눈물을 글썽이며 녹초가 되어 말없이 앉아 있는 꼴에 무슨 설명이 필요하랴!

그들은 측은한 눈으로 나를 바라보더니 말없이 김이 물물 나는 생배춧국 한 사발을 떠서 불쑥 내 앞에 내밀어 준다.

"저 산 너머에서 딸콩, 딸콩 하는 총소리에 넋이 나가 뛰다가 일행을 다 잃어버렸어요. 지쳐서 뒤에서 떨어져 홀로 남아 여태 산에서 헤매다가 불빛을 보고 이곳까지 찾아왔어요. 나를 좀 함께 데려가 주세요!"

애원하는 내 얼굴에 뜨거운 눈물이 흘러내렸다.

배춧국을 받아 들고 먹으려고 했으나 썩 당기지 않았다. 좀 전에 개울물을 양껏 퍼마신 탓일까, 그러고 앉아 있는데 한 아저씨가 방에 들어가 눈을 좀 붙이라고 한다. 서울서 온 아이 엄마도 있단다.

방문을 열어 보니 한 칸짜리 방에 콩나물시루처럼 사람들이 빼곡히 있었다. 그 온돌방에 나도 비비고 들어가 정신없이 잠들어 버렸다.

새벽 한기에 정신이 들어 눈을 떴다. 방문은 열려 있는데 그 빼곡하던 사람들이 하나도 없어졌다. 소름이 오싹 돋았다.

이게 웬일인가?

내가 또 혼자가 되었다.

팔짝 뛰어도 시원치 않았다.

5. 북행길의 서울 사람들

　겨우 찾은 움막집, 그리고 사람들,
　이들과도 헤어져야 한다면 나는 어떻게 할까. 두려움이 밀물같이 엄습했다. 밖에 나와 보니 길바닥이 너저분했다. 떠난 지 얼마 되지 않았다는 증거였다. 두 주먹을 불끈 쥐고 정신없이 뛰기 시작했다.
　한 5리쯤 되는 곳에서 그들과 만났다. 그들은 거기서 간단한 요기를 하고 떠날 모양이었다.
　나는 울면서 말했다.
　"날 좀 데리고 갈 것이지 어쩌면 그렇게 버리고들 가세요?"
　나야 야속해서 터트린 한탄이었지만, 실상 그들로서는 내 존재를 알 리 없었다. 게다가 그럴 의무도 없는 사람들이었다.
　내 꼴이 딱했던지 어제 국을 퍼 주던 아저씨가 감자 하나와 다 긁어 먹고 밑에 조금 남은 고추장 병 하나를 건네주었다.
　"고맙습니다!"

우리 학교 정종려 미술 선생님!

　그제야 일행의 주위를 둘러보았다. 그러다가 화들짝 놀랐다. 아는 얼굴을 발견했기 때문이다
　우리 학교에서 미술을 가르치던 정종려 선생님(『북한을 움직이는 100人』, 월간경향, 1989)이었다.
　"너 어떻게 여기까지 왔니?"
　선생님도 놀랐는지 한참을 바라보더니 반겨 주었다. 서로 그간의 이

야기를 나누었다. 든든한 일행이 생긴 것에 안도했고 내심 기뻤다.

후에 안 일이지만 정종려 선생은 동경미술대학 졸업생으로 30년대 대표적인 서양화가였다. 전쟁이 끝난 후 평양에서 미술대학 동양화강좌장을 비롯해 미술가 동맹 위원장까지 하며 미술계의 거물로 한때 명성이 높았다. 그는 서울에서 열렸던 미술 전람회 동양 7인전에 작품을 출품한 유명한 분이기도 했다.

잠시 후 우리 일행은 다시 길을 떠났다.

"자! 이것을 가지고 가자."

정종려 선생님은 미술 화구와 유화구를 나에게 건넸다. 그런 난리 속에서도 미술 도구들을 들고 다니다니 대단했다.

나는 그것을 받아 들었다. 그리고 그들을 따라 이름 모를 험산 준령을 수없이 넘고 넘었다.

깊고 깊은 산중에도 혼자 움막을 짓고 부대기 농사를 지으며 홀로 사는 영감님도 있었다. 어떻게 이런 산에서 사느냐고 물으니 임진왜란 때 조상이 보따리 풀어 놓은 곳이라 답했다. 반토굴집 온돌 방바닥에 강냉이 알을 깔고 그 위에서 잔단다. 앞에는 감자 움도 있고 호박 굴도 있었는데 우리는 그걸 얻어서 삶아 먹었다.

사갓령에 이르니 집이 몇 채 있었다.

항공습격을 피하려고 지은 집이라 했다.

낮이고 밤이고 계속 걸었다.

어떤 날에는 밤새껏 산을 헤매다가 모닥불을 피웠다. 날이 밝기를 기다려 주위를 둘러보면 어젯밤 머물렀던 자리에 다시 돌아와 있기도 했다. 드물게 나타나는 집에 들어가 길을 묻고 지도를 그려 가며 산길을 걸었다. 목적 지향성 없는 길을 발길 닿는 대로 지치도록 지나치고 다시 되돌아오기를 여러 차례였다.

그렇게 묘향산을 넘었고, 험산준령을 넘고 넘어 자강도의 개고개에 도착했다.

이름 모를 수많은 고개를 넘었다.

어디라 할 것 없이 눈만 뜨면 걸었다.

다리는 팍팍해지고 몸도 마음도 힘겨웠다.

그러나 멈출 수 없었다.

남은 삶을 위해 가야만 했다. 또 이 길이 대학으로 가는 길이고, 또 이렇게 가는 길이 사랑하는 부모님께 마중 가는 길이라고 생각하며 나는 그 길을 재촉했다.

전쟁 끝날 날을 기다리면서 걷고 또 걸었다. 마치 쉬지 않고 걷고 걷는 길 끝에 내 길이 있듯이 나는 정처 없이 계속 걸었다.

아, 야속한 길!

어느 날은 후퇴하는 군인들을 만났다. 깊은 산중이었으나 많은 사람이 몰려 있었다.

그들의 말에 의하면 적은 이미 앞섰고, 평지에 나가면 국방군과 미군을 만나게 된다고 했다. 군인들은 견장을 떼 버리고 군복을 뒤집어 입고는 권총은 몸속에 감췄다. 겉에는 보총을 지고 있었다. 군인이건 사민이건 대오는 헝클어져 있었고 일정한 인솔자도 없었다. 일부는 빨리 적들의 포위망을 뚫고 안전지대로 나가야 한다고 주장했다. 점점 무서운 소리만 들려왔다.

이런 때에 정종려 선생님이 나서며 소리쳤다.

"여러분! 우리 이렇게 북적거리지만 말고 선발대, 후발대를 만듭시다. 비전투원들은 가운데 끼워서 포위망을 뚫고 안전지대로 나가야 하지 않겠습니까. 대오 책임자가 없으면 내가 책임을 맡겠소!"

그럴싸한 학교 선생의 자태였다.

그러나 전장은 달랐다.

위장된 군대지만 살아 있는 전장의 군인들이었다. 그러자 군관인 듯한 사람이 소리쳤다.

"저기, 저건 무슨 놈이야?"

"저거 간첩 아니야?"

"저놈 잡아서 조사해 보라!"

한편에서는 대오를 만들고 있었다.

나도 그 대열에 들어서면서 선생님을 끌어당겼다.

"선생님, 그냥 여기로 들어오세요."

미술 선생님은 같이 온 친구와 함께 형편을 살피고 있었다. 그때 대오에서 나를 툭툭 치며 한 사람이 물었다.

"동무 누구요? 저 사람 동무 선생이오?"

"나는 서울서 온 전방구호대 학생이에요. 저분은 우리 학교 선생님이고요. 항공이 무서워 밤이면 산을 헤맸는데 다시 되돌아오기를 몇 번이나 반복했어요."

나는 이야기를 계속했다.

먹을 게 없어서 굶주리다가 짐승의 창자를 밥통에 끓여 먹은 이야기는 생각만으로도 기가 막혔다. 강변을 걸어오는데 누군가 짐승을 잡아 먹고 남긴 창자(밸)를 발견했다. 그걸 먹으라고 권하기에 밥통에 넣고 끓여 먹은 것이었다.

'언제가 돼야 우리 소속을 만나게 될지……?'

답답하다는 이야기 등을 재잘재잘 털어놓았다.

나의 재잘거림을 주의 깊게 다 들어 주던 그 사람이
"그럼 구급 처치법이랑 붕대법, 지혈법 같은 것도 아는가?"
내가 잘 안다고 답하자 그는 반색했다.

"그럼 우리 부대에 속해서 같이 가자."

그 사람은 4사단 참모부 작전과 지도수였다. 그는 덧붙였다.
"이렇게 깊은 산중에는 비행기에 발견되지 않기 때문에 낮에 행군하고 밤이면 민가에 들어가서 잠을 자도 된다. 너희처럼 무작정 그렇게 다니다간 굶어 죽을 수 있다. 우리와 함께 가자……. 나도 너만 한 누이가 하나 있다."
라며 친절하게 대해 주었다.
"그럼 우리 선생님도 함께 갈 수 있어요?"
라고 간청했으나 안 된다고 했다.
어떻게 선생님을 버리고 가야 하나 마음이 뒤숭숭한데 그 군관이 우리 선생님에게 다가가 말했다.
"이 아이 내가 데리고 가겠소?"
"너 가겠니?"
미술 선생님의 물음에 나는 유화 도구를 말없이 풀어 선생님께 드렸다.
지형 판단이나 행군 경험에서나 전문훈련을 받지 못한 미술 선생님을 따라가기보다는 군사 경험이 있는 이들을 따르는 게 유리하다고 생각한 때문이었다.
참, 생사 앞에서 인간은 간사해질 수밖에 없었다. 나도 마찬가지였다.

선생님과 함께 갈 수 있다면 얼마나 좋을까 하는 아쉬움이 내내 남았다.

시무룩한 표정을 감추지 못하며 나를 필요로 하는 그 일행을 따라가게 되었다.

결국에는 작전과 친구들과 동행하게 된 셈이다. 군복을 뒤집어 입어서 그들의 계급 등급은 알 수 없었으나 서로가 과장 동지, 참모 동지 하며 예의를 차렸다.

그들과 한 식구가 되어 앞서거니 뒤서거니 걸었다. 도중에 다른 부서 사람들도 만났다. 그들의 대화 중 알게 된 대열과 문화부서 사람들도 만났다. 거기에는 여자들이 하나, 둘 보이곤 했다. 그들과 함께 이름 모를 험한 산들을 연이어 넘었으나 힘든 줄 몰랐다. 지형지물 판단에 전문훈련을 받은 사람들의 집단이라 뭔가 달랐다.

어느 날 그들 속에서 좀 직위가 높아 보이는 군관이 나를 시험해 보겠다며 물음을 던졌다.

"무엇을 할 줄 아는가, 밥을 할 줄 아나?"

나는 그런 건 못한다고 대답했다.

그러자 다른 질문을 했다.

"구급 처치법에 대해 아느냐? 만약 다리를 다쳐 피가 철철 흐르면 어떻게 할까?"

"그럴 때는 우선 지혈을 위해 상처의 상단부를 구혈대로 동여맵니다. 그리고 개인 붕대포로 상처를 단단히 묶어 줍니다. 그다음 2시간에 한 번씩 지혈대를 풀어 혈액순환을 시켜 주고, 지혈시간을 기록하여 상처에 붙여 줍니다.

골절환자는 부목으로 고정합니다. 머리를 다친 부상자는 상처가 심하지 않아도 들것으로 후송하고, 흉부 창상은 기흉 방지대책을 위해 압박

붕대를 합니다."

거침없이 대답하는 내 대답에 모두 손뼉을 치며 칭찬했다.

"좋소. 간호장 감이야!"

이런 과정을 거치며 그들의 사랑을 받았다.

그 사랑 속에 나의 공포와 설음과 그리움은 차츰 안정을 찾아 가며 그들과의 동고동락 속에 동화되어 적응하여 갔다.

어느덧 우리의 대오는 조선의 국경선, 자강도 만포까지 후퇴하게 되었다.

제3장 조선인민군 입대

1. 작전참모 - 체스코 유학생

 북행길의 고난 속에서 만난 작전참모 서재석은 잊을 수 없다.
 그의 세심한 보살핌으로 나의 행군길은 외롭지 않았다. 그는 함경남도 함흥에서 외국어대학에 다니다가 군대에 들어왔다고 했다. 다정다감하고 예능과 재주가 있는 외국풍의 청년이었다. 그는 나를 친누이처럼 관심과 배려를 아끼지 않았다.
 대열 속에서 누가 나를 힘들게 하지나 않는지 늘 신경 쓰며 보살폈다. 가끔은 내게 대학 시절 부르던 '토이키 노래'를 불러 주기도 했다. 자기에게도 나와 같은 또래의 누이가 있다고 했다. 그의 동생은 중·고 시절 피아니스트였단다. 우리는 피아노곡 '음파'의 선율을 함께 콧노래로 흥얼거리기도 하였다.
 나도 학창 시절 이야기를 했고 우리는 클래식 명곡들을 불렀다. 그럴 때마다 서로 감정이 통함을 느꼈다.
 지루한 행군 길,
 눈 오는 산길을 걸으면서 소련예술영화 〈씨비리대지의 곡〉에 관한 이야기를 나누었다. 우리는 지적으로나 정서적으로 서로가 교감이 잘 되는 친한 벗이었고, 오누이처럼 점점 친숙해졌다.

가열한 후퇴 길에서 만난 나에게 혈육과도 같은 친근한 벗이며 오빠였다. 그는 후에도 가끔 중대부에 찾아와 내 생활을 살펴 주기도 했다. 고마움에 보답할 길이 없어 안타까웠다. 내가 할 수 있는 건 고작 샘물터까지 배웅하는 게 전부였다.

정전 후 그는 체스코 유학을 마치고 우연인지 필연인지 내가 사는 동네인 중신동과 하신동에 이웃하고 있었다.

정녕 그와의 인연이 필연이었을까.

약속이나 한 듯, 어떻게 주거지역이 나와 5분 거리에 자리하다니……. 참 신기한 인연이었다.

한편 나는 그간 평양의학대학을 졸업하고 슬하에 딸애 하나가 있었다.

그와의 지속되는 인연의 완성으로, 원하는 바의 결혼 상대로는 거리감을 느꼈다. 내게는 그저 소중한 전우이자 오빠였다.

그의 어머니는 하신동의 빨랫집(세탁소) 책임자로 내게 친엄마 같은 사랑을 아끼지 않았다. 나는 주말이면 한 손에 딸애를, 한 손에는 빨래 보따리를 쥐고 하신동으로 향했다. 그러면 이미 맡긴 빨랫감들이 깨끗하게 손질돼 있었다. 손질된 깨끗한 옷을 받아 안는 기쁨으로 주말마다 하신동의 빨랫집 어머니를 찾아뵈었다.

작전참모 서재석도 중신동 우리 집에 딸애의 고운 옷가지들과 간식을 사 들고 가끔 들러 주었다. 그의 방문은 메마른 나의 집에 활력을 불어넣었다. 딸애는 그가 우리 집에 오기를 손꼽아 기다리곤 했다.

유일한 우리 집안의 손님으로 생기였고 향기가 되었다.

"오늘은 하신동 아저씨 안 오나? 빨리 왔으면 좋겠다…"

이렇게 우리는 인근 동네에서 자주 오가며 격전전야에서 쌓은 전우의 우정을 이어 갔다.

한편 그는 체스코 유학 생활 마친 후 귀국하여 결혼을 안 한다는 이유로 당 생활지도위원회로부터 호된 추궁을 받으며 정신적으로 매우 힘들어했다.

전후 북한은 대부분의 청년들을 모집하여 체코, 루마니아, 독일 등 동구라파 사회주의 나라들에 대한 유학공부를 시켰다. 4~5년간의 유학 생활을 마치고 귀국한 유럽(동구권) 유학생들에 대한 대대적인 검열 통제사업이 심화돼 숙청사업도 없지 않았다. 대부분이 배우자 문제로 당 조직의 혹독한 비판을 감내해야 하였다.

이 시기에 적지 않았던 유학생들이 유학시기 '숨겨 둔 서양 여자'로 인해 '조국 여자를 무시'한다는 당 조직의 수회의 따가운 비판도 감수해야 했다. 당에서 택해 주는 여자와의 '무조건 결혼' 강요로 괴로운 나날들을 인내하는 과정 속의 안 좋은 여러 사례들이 비일비재(非一非再)하였다.

급조된 조선청년들의 유럽사회주의권들의 유학 생활은 지식의 향유만이 아닌 문화정서적이고 풍요로운 사회현상 등 다방면인 면들에서의 학습이 빨랐다. 거기서 배양된 그 자본주의 향기와 사회주의에 대한 물리적 배제는 어느 누구든 상관없이 힘든 전쟁이었다.

당 조직의 매서운 권유에 청백함을 인정받기라도 할 자세로 소개받은 당원인 여자로 당성이 강한 여자와 강압적인 결혼 생활을 유지해야 하였다. 결혼한 여자들은 강한 당성으로 황색물이 든 남편들에 대한 개조도 함께 당성훈련을 받아야 하였다.

결국에는 기계적인 결혼 생활로 두 아들의 아버지가 되었다. 빨랫집(세탁소) 책임자인 어머니를 모신 당원여자와의 불만족한 가정생활은 과음여독의 간경변(화병의 일종) 환자 생활로 유인됐다.

내가 구역병원 내과 의사로 있을 때 그의 지병인 간경변(肝硬變)의 주치의로 내과병동에서 오랜 기간 진료했다.

내과 부과장의 권한으로 독방을 쓰게 하여 아침저녁으로 회진하여 꼭 들러 보고 건강 체크해 주고 담소 나누는 등 그의 메마른 가슴을 적셔 주고 다독거려 주는 일종의 회복제, 유화제가 되기도 하였다. 우리는 전시에도, 전후에도 오랍누이로 늘 전우의 정을 끈끈하게 이어 갔다.

마침내는 치료 일수 초과 ─ 북한에서 동일 진단명으로 6개월 한계 ─ 로 '석왕사 요양소(약수, 온천치료)'에 보내졌다. 그는 끝내 요양소에서 숨을 거두었다.

그의 사망 소식은 내가 평양에서 추방돼 함경도 오지에 짐을 풀고 난 며칠 뒤 전해 들었다.

슬픔이 복받쳤다.

그의 죽음이 나의 추방과 무관하지 않다는 생각으로 한동안 견디기 힘들었다.

여기서 그의 어머니와 여동생에 관한 이야기도 곁들여 서술하고 싶어진다.

그의 누이(동생) 또한 만만찮은 삶을 살았다.

2. 모스크바 종합대학 생물학 박사

작전참모와 그의 어머니가 자나 깨나 입에 달고 살았던 동생 서석희는 6.25 전쟁 때 지원 나온 소련군과 사랑에 빠졌다. 부정하고 반대를 일삼는 완고한 어머니에 맞서 약물중독 사고까지에 이르며 결국, 그는 사랑을 택하여 어머니와 조국을 등지고 소련으로 출국하였다.

사랑은 국경을 넘어

필사적으로 이루어 낸 사랑 따라 도착한 시댁은 째지게 가난한 시골 출신 총각이었단다.

가난한 시댁의 시골 생활을 뒤로하고 혈연단신으로 모스크바에 올라와 대리운전과 각종 알바 등 온갖 고학(苦學)으로 끈질긴 학업을 유지하였다.

결국에는 모스크바 종합대학 생물학 박사가 되었다. 과학계를 주름잡는 소련의 재원(才媛)으로 성장한 흔치 않은 조선 여성이다.

우리가 평양에서 추방되어 10여 년 만에 내 딸은 평양에 가서 하신동의 세탁소 어머니를 만났다. 그 어머니는 반가워하며 말하셨다.

"느그 마이(나에 대한 애칭) 잘 있느냐, 느그 마이한테 가서 난 여생을 살고 싶다."

81세의 그 노인은 슬하에 아들딸은 하나도 없이 평양서 외로운 생활을 부지하고 있었다.

적극적으로 하신동 어머니를 모셔 오는 작전에 응하였다. 여행증명서를 발급받아 우리가 사는 시골에 와서 함께 살기로 계획하고 전보(電報)로 시작할 것을 약속하였다.

귀가한 딸의 그 소식을 듣고 급히 '○○잔치급래'라는 전보를 보내고 기다렸다.

그런데 무소식이다가 석 달 후 난데없이 소련의 알마타(Almahata)

에서 낯선 편지가 날아왔다. 겉봉에 빨랫집 어머니 이름이 적혀 있기에 긴가민가 개봉했더니 서재석의 어머니가 맞았다.

경위는 이러했다.

내 전보를 받고 평양을 떠나려고 준비하던 차에 소련서 딸이 온다는 전갈을 정부로부터 받은 것이다.

그 어머니의 소련행으로 말하면 처음이 아니었다. 이미 70년대에 소련서 딸의 초청을 받고 만나기 위해 비행기 탑승 수속을 하는데 정부측에서 '조선노동당원증'을 내놓고 가라고 했단다. 그러자 어머니는 "이거 내놓고 내가 가기는 어딜? 난 안 갈 테요."

하고는 그만둔 적이 있었던 것이다.

그런데 여든이 돼 아들 먼저 떠나보내고 혼자 되고 보니 딸이 너무나 보고 싶어 당증이고 뭐고 버리고 소련으로 떠났노라고 했다.

자초지종을 알게 된 후에 우리는 쉬지 않고 계속 편지를 주고받았다.

조국이 그리워

매달마다 오가는 편지에는 고향에 대한 그리움이 절절히 담겨 있었다. 조선된장과 들깨장이 먹고 싶다고 했다.

그의 편지의 구절구절들에서 풍요로운 그곳 생활과 이곳에 대한 그리움이 여과 없이 담겨 있었다.

끝없이 펼쳐진 무연한 실습정원에 배가 떨어져 물러 썩어도 줍는 사람 하나 없단다.

한번은 이런 시구도 적어 보내기도 하였다.

오늘은 1월 1일 설날

조선이나 여기나 어김없이

함박눈이 펑펑 내리고

길가에 수많은 사람들

지나가고 지나오고…

하오나,

내가 아는 사람,

나를 반기는 사람은

하나도 없네.

아, 그리운 조국이여~!

편지마다에 외로움과 그리움을 애절하게 담은 절절한 글들이었다.

바쁜 딸은 얼굴 보기도 힘들고 말이 통하지 않는 사위와 손녀와의 메마른 생활도 답답하다고 했다.

부족한 것이 없지만, 정신적 피폐함을 극복할 수는 없는 모양이었다. 푸념들을 시와 글로 엮어서 풀어놓은 편지가 매달마다 도착하였다.

왜 안 그러시랴.

수십 년간 세탁소장으로 그 동네의 어머니로 모르는 사람 없이 길가에 나서면 모두 반기는 고장의 유지였는데, 그게 유일한 낙으로 연명하던 어머니가 낯설고 물설은 말 안 통하는 그곳에서의 각박하고 메마른 생활이 아려 와 야속하였다.

그렇게 2년여 동안 편지를 주고받았는데 어느 날은 눈물에 젖어 다

쭈그러진 편지가 날아왔다.

　내용인즉,

　딸 석희가 교통사고로 사망하였다는 가슴 먹먹한 비보였다.

　딸이 어느 날 모스크바에 학회차 갔다가 싸늘한 시신으로 자기 앞에 왔노라 했다. 슬픈 마음을 달랠 길 없다는 하소연이 애처로워 눈물을 펑펑 쏟았다.

　다시 조선에 가게 해 달라는 애원이 담긴 간절한 편지였다.

　나는 군(郡) 외사과에 이런 경우의 수속 과정을 조목조목 문의했다.

　그리고 평양의 손주들에게 내용을 전달하여 어머니를 모셔 오는 데 힘을 쏟았다. 그런데 얼마 안 가 연락이 두절되었다. 아마도 딸 잃은 충격으로 세상을 등진 게 아닌가 하는 추측만을 할 뿐이었다.

　내 인생에 고귀한 분들의 가슴 아린 소식을 잊을까 하면 전해 듣는 체험을 할 때마다 나는 많이도 아프고 슬펐다.

　한없이 고맙고 고귀한 분들이 곁에서 하나둘 사라지는 슬픔, 내 인생이 아마도 그 연속의 현장이었던 듯싶다.

　나도 어느 때인가는 고향의 부모 형제를 만나기도 전에 저렇게 이슬로 사라져 버리리라….

　마음속으로 소리 없이…….

　참 많이도 슬프고 아파 한동안은 거의 폐인이 되기도 하였다.

3. 자강도 만포계선에서

　후퇴의 길은 멀고도 멀어 北-中 국경지대인 만포까지 왔다. 국경이라니, 그럼 다음엔 중국으로 가는 건가.

아니야, 그럴 순 없어.

여가가 생기면 무작정 떠나온 엄마 품, 내 보금자리에 대한 아련했던 생각들이다. 마음이 복잡했다.

고향 생각을 하면 차라리 죽는 게 나을 것 같았다. 좌절감에 휩싸여 있는데 중국 지원군이 어깨에 큰 가마솥을 메고 "씽~ 쿠~~ 라" 하고 외치면서 대열을 지어 몰려나왔다. '항미원조 보가위국'의 구호를 들고 6.25 전쟁 — 조선 전쟁에 참전했단다.

남한에는 미군이, 북한에는 중국과 소련군이, 이게 바로 1950년대 조선이었다. 그 속에서 우리나라의 아들딸들은 뜨거운 피를 흘리며 우왕좌왕 헤매고 있었다.

중공군의 6.25 전쟁 참전으로 압록강 건너 진입하다.

자강도 만포!

여기서 우리의 후퇴는 일단 멈추었다.

각처에서 모여든 사람들이 다시 대열을 편성하여 남쪽으로 배치되어 갔다. 우리 일행이 들어간 곳은 인민군 4사단 대열과였다. 거기에는 먼저 온 처녀 아이들이 있었다.

그때부터 조직적인 집단생활이 시작되었다.

작전과 인원들은 대오를 정비하고 일정한 곳으로 떠났다. 나는 처녀 아이들이 모인 곳으로 갔다. 거기서 한 군관이 내 이름을 불렀다. 열 명 가까이 되는 애들과 함께 위생교도 중대로 가라는 것이다. 그렇게 하여 우리가 찾아간 곳이 자강도 구현리였다. 시골 골짜기에 있는 한적한 마을이 있었다.

오솔길을 따라가자 박우물이 있고 좀 떨어진 곳에 집들이 몇 채 있었다. 우리는 중대부로 갔다.

중대부 인원으로는 중대장, 정치부 중대장, 소대장, 경리부 소대장 그리고 서기가 한 명, 이렇게 7명이었다.

중대장이 내 이름을 부르며 오늘부터 동무는 부분대장 직위를 달고 여성소대 부소대장으로 임명되었다고 한다.

나는 황급히 말했다.

"저는 군인이 아닌데요."

"대열과에서 임명되었소."

그가 말했다.

"군대가 아닌데 임명되다니요?"

그러고는 중대부에서 건너다보이는 자그마한 집에 숙소를 정해 주었다. 우리 여성소대장은 중국 팔로군 출신 여성 준의(의사와 간호사 사이 직급)였다.

여성소대는 과반수가 서울서 중학교에 다니다가 온 학생들이었고 대학생도 몇 있었다. 또한 소대에는 촌에서 살다가 부대를 따라 후퇴해 온 여성들도 많았으며 여기에는 간혹 문맹자들도 있었다.

 우리는 12월 한 달 집단생활을 통해 서로를 알게 되었다. 아침이면 화장을 진하게 하고 대열모임에 나오는 애들도 있었다. 알고 보니 그들은 사회에서 온 애들이었다. 그들은 훈련과 강습을 받을 때도 제각각 각양각색의 자태를 뽐내는 모습으로 나타나곤 했다.

 한편 부대에서는 대원들의 영양보충에 신경 썼다. 주민가옥의 주민들과 절충하에 후방물자들을 가져왔다. 입쌀 떡에 자강도산 꿀, 돼지고기, 닭고기에 기름진 음식들이 공급되었다. 그간 굶주렸던지라 소화 기능이 떨어져 배탈 난 사람들도 있었다.

 자강도 내 골짜기들에는 각양각색의 단체, 군대, 조직들이 집결되었다. 그 속에는 남한 사람들도 적지 않았다. 낯선 사람들과 통성명하다 보면 알 만한 곳, 서울의 왕십리며 청량리, 종로, 그런가 하면 강원도와 부산 등지에서 온 사람들도 적지 않아 이들과 소통할 때면 외로움이 희석되었다. 제 나름대로 겪은 고생은 달랐어도 풍습과 감정이 맞는 친구들이라 이내 친해졌다.

 부모 형제와 고향 떠난 이들은 동병상련으로 금방 친숙해졌고 유일하게 이들과 혈육보다 가까운 인연을 맺고 고난을 함께했다.

 교도대 훈련 생활도 끝나고 남자들은 위생지도원으로, 여자들은 간호원으로 직위를 달고 배치되어 갔다. 그때 위생교도 중대장은 3군단 산하 연대 군의장으로 발령받았다.

 여기서도 서울 출신 동료들은 어디에 가나 두각이 뚜렷했다. 대부분이 당시의 학도병이었다. 엄밀히 말하자면 서울의 두뇌들이 대이동한 것이었다.

연락병으로는 서울 중동중학교에 다니다가 온 리달훈이 있었는데 그는 훗날 북한의 유명한 초대 애니메이션 작가의 거장으로 평양시 아동영화창작단의 주요 거물로 자리매김하였다.

간호원으로는 최우수성적을 받고 특무상사가 된 나를 데려갔다. 모두 남한 학생 출신이었다. 중대장은 나를 각별하게 아꼈다. 휴식 때에는 자신의 권총으로 사격 연습을 시키면서까지 총애하였는데 그의 높고 대담한 사격술에 감탄했다.

1951년 초, 우리는 내금강 병어 무지리에 있는 연대 군의소로 배치되었다. 김오복(이화여고 출신)이는 45연대로, 영자와 경련이와도 헤어졌다.

그때 나와 친했던 리영미(서울대 출신)가 50보병연대에 배치되었다가 폭격에 맞아 숨을 거두었다. 얼마나 부모 형제와 고향 이야기, 학구열의 동병상련을 나누던 친구였던가….

한동안 그를 회상하면서 시도 때도 없이 울었다. 그를 잃은 설움은 오래도록 나를 슬픔과 비애에 젖게 하였다.

그 후 우리는 비전투원이었으니 총상보다는 항공폭격이나 기총사격으로 많은 친구를 잃었다. 어린 나이에 억울하게 숨진 서울 친구들을 회상할 때면 하염없는 눈물이 주룩주룩 흘렀다.

나도 어느 때인가는 저렇게 죽을 수도 있다는 두려움과 기약 없이 하직한 부모 형제를 생각하며 울고 또 울었다.

그 울분이 연민이었는지 가여운 내 처지에 대한 다독임이었는가,

아니면 먼저 간 고향 친구에 대한 심심한 조문이었는지,

시도 때도 없이 이 시기는 여가 시간이면 하염없이 눈물을 걷잡을 수가 없었다.

4. 이제야 군 입대

조선의 최북단 만포에서 일단 후퇴는 끝이 난 셈이다.

한때 부모 형제와 행복했던 시절은 멀리멀리 하늘로 하늘로 날아가 버리고 그리운 추억 속에 묻혀 버렸다.

어머니 품이라는 안온한 세계는 머나먼, 물리적으로 단절된 꿈에도 가 볼 수 없는 곳이 되었다. 그 평화롭던 어머니의 나라, 따뜻했던 보금자리, 그리운 산천들은 앞으로 살아가면서 처절한 외로움 속에 꿈속에서나 만날 수 있는 곳이 되어 버리고 말았다.

어이하여
나는 왜?
누굴 위하여?
무엇을 위하여?
어떻게 하려고?
이 방황의 길을 택하였는가?

가슴을 쥐어뜯어도 답을 얻을 수 없었다.

내가 자처했고 내가 택한 길이었다. 평탄한 길에서 웅덩이를 만나 굴러떨어지듯 벼랑길에서 낭떠러지로 하염없이 떨어져 내렸다.

정신 차려라,

살길은 있을 것이다.

신이 이끄는 길을 따라 다치지 말고 살펴 걸어야 한다. 보금자리에서 이탈한 햇병아리가 어떻게 정신을 차리고 살아갈 수 있을 것인지, 그리하여 스스로 떳떳해질 수 있을 것인지 번민은 계속되었다.

버려진 듯한 인생길, 그렇게 갈 수밖에 없었다.

6.25 전쟁에 참전한 솜동복 입은 중공군.
이들은 목화솜동복을 두둑하게 입어 동사(凍死)가 드물었다.
그러나 미군은 얄팍한 모직 외투로 인해 장진호반에서 전투 사상자보다
대부분이 동사자가 많았다(필자주).

그 후 나는 자강도 구현이란 곳에 위생교도중대로 보내졌다. 전쟁판에 밀려온 어중이떠중이들의 집결 장소였다.

여기서 나는 선서를 하고 드디어 군대에 정식 입대했다.

첫 번째 집은 중대부, 교도중대장이 우리를 맞아 주었다.

그는 중국 연변 의과대 출신으로 팔로군에 입대하여 군의로 복무하다가 조선 전쟁에 탄원하였다고 한다.

다음은 정치부 중대장이었는데 그는 사회에서 정치사업을 하다가 남편 따라 입대한 여성군관이었다. 그는 "수고했소!" 하면서 우리를 맞았다.

그리고 중대부 성원으로 경리 분대와 중대 연락병이 있었다. 중대부에서 건너다보이는 단칸짜리 농가에 우리 여성소대가 들었다. 거기서 좀 떨어져 보이지 않는 곳에 남성 2개 소대가 있었다.

부대의 서울 청년들

중대 전체가 모일 때에는 중대부 앞마당에 대열을 정렬하였다.

내가 속한 3소대는 과반수가 서울에서 온 학생들이었다. 그리고 일부는 이북에서 군대 생활을 하던 사람들, 나머지는 각지에서 모인 이들이었다.

서울 아이들 속에는 우리 학교 선배 언니가 한 명 있었고, 서울대 문리과 학생 1명, 그 외 타 지역 고등학생들이었다. 각 소대에는 군관소대장이 있었는데 우리는 소대장이 없었다.

임시로 내가 부소대장으로 임명되어 대오를 인솔하게 되었다. 부소대장의 임무는 중대부의 지시를 소대에 전달하는, 한마디로 심부름꾼에 불과했다.

이렇게 나의 군대로서의 정식 생활은 시작되었다.

무질서한 후퇴의 방랑 생활에서 한결 정돈된 생활은 규율과 질서로 이어졌다.

아침 6시 기상하여 저녁 10시 취침시간에 이르는 조직 생활 속에서 우리는 정이 들었고 군인의 모습을 갖춰 갔다.

군사훈련과 위생강의도 받았다.

그간 군복도 새로 공급받았다. 종이가 없어 강습 내용을 적을 수가 없었다. 중대부에서는 일요일 휴식시간을 주어 각자에게 능력껏 종이를 구하라는 과제를 할당했다.

풋풋한 처녀 시절의 향연

내가 후퇴할 때에 같이 온 작전 과장을 찾아갔다. 작전과에도 작전 과장 이하 전원이 자기 책상을 갖고 업무를 진행했다. 그곳에도 종이 사정은 열악했다. 나는 작전 과장으로부터 책 한 권을 겨우 얻어서 돌아왔다. 어떻게 하면 고마움을 표시할까 고심하다가 손수건에 수를 놓아 선물한 적도 있었다.

그와는 전후에도 가끔 만났다. 기쁠 때, 슬플 때, 여러 가지 많은 추억을 남긴 잊을 수 없는 전우였음을 거듭 상기해 본다(3장 「1. 작전참모 — 체스코 유학생」에 언급).

교도 중대에서 부소대장인 나의 일과는 바빴다. 나는 항상 대오 인솔을 비롯해 온종일 분주하게 돌아쳤고 저녁 점검 후에도 신경을 곤두세워야 했다.

일요일은 일요일대로 학습과제보충과 그간 밀렸던 빨래 등으로 바빴다. 그러나 돌이켜 보면 그때가 참으로 귀한 19살의 향기로운 꽃, 꿈 많은 처녀 시절이었다.

매사에 어김없는 나의 명령 집행에 중대장은 충분히 만족스러워했고, 친근한 눈빛으로 힘차게 격려와 고무를 아끼지 않았다.

그 후부터는 대원들의 영양보충을 위해 떡이며 닭고기 탕도 자주 해 주었다. 점차 군대 생활은 질서와 균형이 잡혀 나갔다.

사단적인 영화 관람 조직도 하였다. 양태머리 길게 땋아 드리우고 깨끗이 빨아 손질한 군복을 입었다. 미군 비행기가 떨구고 간 낙하산 천에 빨간약(머큐로크롬: Mercurochrome)으로 물을 들였다. 그것으로 리본을 크게 만들어 머리에 매고 대열 속에서 움직일 때면 진달래 꽃밭 같다고 모두가 환호했다.

6.25 전쟁 시기 조선전쟁의 여군들

그해 봄 서클 경연대회가 있었다.

나는 전 중대 합창단을 조직하여 지휘자로 출현했고 많은 이들의 남다른 이목을 집중시켰다. 차츰 나의 자태를 드러내며 20대 앳된 처녀시절의 자태를 꽃피워 갔다.

공연이 끝난 후 60호 야전병원 통계 준의가 찾는다기에 가 보니 놀랍게도 여고 동창생, 별명이 수학 박사인 영숙이었다.

그는 후퇴 과정에 청수 준의 학교에서 준의 자격을 받고 60호 야전병원 통계 준의로 배치되어 조선노동당 입당까지 한 상태였다.

그는 입당 지름길이 야전병원 배치라고 내게 귀띔했다. 그의 말대로 지휘관에게 간청하여 3군단 61호 야전병원에 배치되었다.

당시 61호 야전병원은 내금강변 병이무지리에 위치하고 있었다. 야전병원은 상병자접수, 치료호송 임무 수행상 지형지물을 합리적으로 이용할 수 있어야 하므로 지형조건이 유리한 곳이었다.

우리 접수과 사업은 주로 밤에 진행되었다. 사단 병원에서 후송되어 오는 환자들을 접수하여 위생통과(이 퇴치를 위한 검열, 소독, 목욕 등)시킨다. 이어서 일반 응급처치한 후 각과에 입원시키는 게 주요 업무였다.

나는 이곳에 배치된 후 일정한 목적(조선노동당 입당)이 있어 열심히 일했다. 하루는 세포비서가 입당대상자로 지목이 되었다며 과장과의 사업을 잘 할 수 있는 힌트를 주었다.

당시 동부전선 속사리 계선에서 전투가 가열되자 상병자들이 갑자기 많아졌다. 군단 야전병원에서는 사단 군의소 현지에 나가 치료 간호사업을 지원하게 되었다. 그리하여 나는 15사단 군의소에 동원되었다. 아마도 나에게 공로 세울 기회를 주려는 당세포의 배려가 아닌가 생각했다.

얼마나 어려운 임무가 지워질 것인지 나는 긴장한 채 15사단 군의소를 향해 비장한 결심으로 걸어갔다.

15사단 군의소는 임포리 계선의 한 골짜기에 있었다. 그곳에 도착하자 눈에 띈 건 통나무 귀틀집이었다. 상병자로 병실이 꽉 찬 상태였다. 팔다리에 깁스붕대를 한 환자, 지팡이를 짚고 간호원의 부축을 받으며 진찰실로 가는 환자 등 여러 형태의 중·경증의 상병자들이 오갔다. 거기에는 위생교도대에서 함께 공부하던 낯익은 간호원이 과반수였고 낯선 이들도 있었다. 이들은 후방병원에서 온 수간호원들이었다.

거기에는 매일같이 수술환자 등 중환자들이 생겨났다.

전시에 크게 우려되는 건 오염된 창상들에서 발생할 수 있는 외상성 전염병(파상풍, 가스괴저, 패혈증 등)이다. 군의들은 입버릇처럼 아셉티카(무균조작: aseptica), 안티셉티카(항균대책: antiseptica)를 외쳤다.

중환자실로 옮겨진 환자는 진통제, 강심제, 보온대책 등 빈틈없이 수술대책을 세우지만, 환자는 밤새껏 잘린 다리의 통증을 호소했다. 깨어난 후에는 자신의 다리가 없어졌다고 광기를 부렸다. 그 모습을 가까이에서 보면 가엾기도 하고 무섭기도 했다. 게다가 배에 총상을 맞아 장이 꼬여 밖으로 나온 환자도 있었다.

그는 대대장 연락병이었다.

17세의 이쁘게 생긴 소년이었는데 의식을 잃고 아프다는 말 한마디 하지 못했다.

"대대장 동지 깜둥이들이 새까맣게 기어오르고 있어요. 어서 피하세요…."

헛소리만을 반복할 뿐이었다. 대대장은 그의 손을 잡고 눈물만 뚝뚝 흘렸다. 어린 연락병은 그 밤을 넘기지 못하고 숨을 거두었다. 고향의 내 동생 나이였다. 하루하루 매일같이 이런 슬픔에 적응해야 했다.

야전병원의 쇼크 실은 항상 물을 끓일 수 있어야 하며 온·습도를 보장할 수 있고 일반병동에서 벗어난 조용한 곳이어야 한다. 나는 이런 중환자실에서 여러 날 밤을 새웠다. 보통 새벽녘이 되면 숨을 거두는 환자가 발생해 밤을 꼴딱 새우기가 부지기수였다. 그러고 나서 간호원 숙소에 돌아와 눈을 붙이려면 악몽에 시달렸다.

힘든 한 해가 지나고 일반병동을 맡게 되었다. 15명의 외과 환자들 담당 간호원으로 일했다.

군의관의 처치를 도와 붕대를 교환하고 체온, 맥박 측정 투약 등을 하는 일과였다. 그 나날들 속에 좋은 친구들을 사귀기도 했다.

여기서 김영순이라는 50보련 약국 지도원을 알게 되었다. 그녀는 입대 전에 원산공업전문학교에 다닌 인재였다.

그녀와 나는 『전사 문예』 잡지도 함께 보고 간단한 그림도 함께 그렸다. 시를 읊고 노래도 불렀다. 김영순을 통하여 50보련 약국장도 알게 되었는데 우리는 모두 동갑내기였다.

약국장은 경상도가 고향으로 일제강점기에 부모 등에 업혀 중국으로 건너갔다. 그 뒤 부모를 여의고 형님의 권유로 중공군에 입대하였단다.

그 약국장은 사단 군의소에서 나를 만난 후 내가 첫눈에 들었던 모양이다. 그 후 계속 나와 함께 일하게 될 날을 기다렸다고 고백했다. 아침 식사 시간이면 접수과에서 올라오는 우리 대열을 기다려 주었고 식당에서도 꼭 내 앞에 마주 앉았다. 부대에서 회의가 있을 때면 꼭 내 옆자리를 차지하고 나만을 상대했다.

어쩌다가 접수과 환자가 많아서 아침 식사에 빠질 때면 내려와서 나를 기다려 주곤 했다.

접수과에서 처치실을 책임졌으니 모든 약품 청구는 내 담당이었다.

약국에 가면 나에게 특별한 관심과 사랑을 보였다. 주의점을 차근차근 적어 주는 세심함을 잊지 않았다.

총직일실에서 같이 직일을 설 때면 밤새워 과거사를 얘기하며 화기애애한 시간을 보냈다.

초기에 담배 피우는 것을 싫어했더니 얼마 후 담배도 끊어 버렸다.

그리고 앞니에 금니 한 게 보기 싫다고 하자 그마저도 없애 버렸다. 간호원실에서 내 일기장을 훔쳐보기도 했다. 꿈 많은 풋풋한 시절이었다.

나는 일기장에 "나의 배후자로 적합하진 않지만, 날이 갈수록 내 마음에 깃든다."라고 적은 적이 있었다. 약국장은 서울 약대 출신으로 문학을 전공했다. 그 내용을 알게 된 후의 내 감정은 더욱 두드러졌다. 그 무렵 51보련 약국장이 결원이어서 그곳으로 가는 건 불가피했다.

우리는 헤어지게 되었다.

그는 나에게 만년필과 자신이 새로 만든 일기장과 사인장을 선물로 남기고 자기 부대로 돌아갔다. 사인장에는 자신의 동북집 주소가 적혀 있었다. 그 후에도 우리는 후송되는 환자들을 통하여 자주 편지를 주고받았다.

그러던 중 1953년 초,

조선인민군 미술 전람회 준비로 나는 군단 정치부에 동원되었다.

여기에는 기본부대에서 선발된 미술작품들이 출품되었다. 서울의 여학생들이 수를 잘 놓는다고 호출되었는데 나는 「화선의 야경」, 「화선의 어머니」라는 미술가의 작품에 수를 놓았다.

당시 내가 특사를 달고 입당을 하지 못한 점을 상급이 알고 우리병원 여성 정치 지도원을 불러 의견을 주었다. 미술 전람회가 끝나면 돌아오는 길에 입당시킬 걸 약속한 바였다.

그러나 왜인지…

운명의 조롱은 녹록지 않고 또 꼬였다.

얄궂은 인생은 나에게 순조로운 길을 열어 주지 않았다.

불우한 내 인생의 얄궂은 운명의 조롱이여…….

5. 7.27 정전협정

미술작품이 완성되어 중앙에 올라갔을 때는 1953년 7월 27일이었다. 바로 이날 정전협정이 조인되었다. 인생이란 어쩌면 그리도 과녁을 피해만 가는지, 나의 삶은 여전히 꼬이고 비틀린 상태였다.

군부대 내에서는 정전이 되자 많은 변동이 있었다. 정치부는 당 문은 절커덕! 닫아 버렸다. 결국에는 입당을 향한 나의 질주는 물먹은 담벽이 되었고, 내 실력과 그동안의 업적은 물거품이 되었다.

판문점에서 미군과 인민군의 휴전협정 체결 장면

정전이니 대대적인 제대사업이 진행되었다.
이날을 얼마나 기다렸던가?
제대 후 일을 머릿속에 구상하면서 대열과를 찾았다. 그때 대열 과장은 나의 제대를 극구 반대했다.

"지금 사회에서는 제대군인들의 생활이 문란하기 그지없다. 군공 메달을 단 처녀들이 일자리를 찾지 못해 갈 곳 없이 헤매다가 술집에서 술을 판다. 입당문제라도 해결한 후에 제대해도 늦지 않다."라는 게 이유였다.

소위 나에 대한 알량한 사랑의 제안이었을까?

당시 대대적으로 부대가 정리되었다.

3군단이 없어지고 제1집단군으로 개편되었다.

사령관으로는 류경수 군단장이 취임했다. 집단군 병원으로는 40야전병원이 생겨 나는 그곳에 배치됐다.

엎친 데 덮친 격이라더니….

성질이 괴팍하고 심술 사나운 전 접수 과장이던 차은호 밑에서 또 일하게 되었다. 입당하지 못한 탓에 대학도 못 가고 과 배치까지 맘에 안 차 우울함이 배가되었다.

며칠 후 다른 과로 옮기게 되었다.

새로운 곳의 과장은 서울 의과대학 출신이었다. 그 당시 부대 구성원의 70% 이상이 남한 출신들이었다. 그중에서도 나의 모교 성신여고 1년 선배인 윤문자가 전체 간호원을 책임지고 있었다. 그런가 하면 나보다 1년 후배인 장봉녀가 있었는데 그는 당원이었다.

사면팔방 남한 출신이 많으니 마음상 위안이 되어 다소 안정이 깃들었다.

어떻게 이렇게 많은 남한 출신들이?

그렇다면 아마도 내 고향 남한 서울은 텅텅 비었을까?

울 엄마 아빠, 그리고 동생들은 어이 되었을까….

자나 깨나 두고 온 고향 산천, 부모 형제에 대한 생각이 한시도 나를 떠나지 않았다.

간호원실은 특무상사 간호원 10명 정도가 한 방을 쓰고, 하사관들 숙소는 따로 있었다.

정전 직후 야전병원에 부상병은 없고 외과에는 일반 환자들뿐이었다. 그러나 내과에는 환자가 차고 넘쳤다. 병실의 환자들 유형은 천차만별이었다. 히스테리 발작하는 환자들이 제일 다루기 힘들었다.

이들은 가끔 산고지로 뛰면서 "돌격 앞으로!"라고 소리쳤다.

전투 과정을 재현하다 쓰러지곤 했다. 때문에 간호원들은 만일을 대비해 특별히 그들의 일거수일투족을 주시해야 했다.

빗겨 간 입당원서

입당을 목표로 정신없이 헌신하던 내게 어느 날 입당문건서류를 쓰게 되는 날이 왔다. 아버지의 직업란에 '김해상점' 실내 장식공이라고 주저 없이 적었다. 그런데 솔직하게 쓴 그 직업이 크게 화근이 될 줄이야.

이번에는 소상공인으로 분류돼 공교롭게도 입당 심의의 첫 서류심사에서 불합격 처리되었다는 것이었다.

희망에 넘쳤던 나의 처지는 날개 부러진 매가 되었다.

기왕 이렇게 된 거 대학이라도 가는 게 내겐 능사였다. 그러나 정전 후 1년간은 정규화군대를 꾸린다고 일체 제대사업이 중단되었단다.

갈수록 심산유곡(深山幽谷)이었다.

하는 수 없이 평양 휴가를 결심했다. 목적은 평양에서 먼저 제대하여 대학 다니는 친구들을 만날 계획이었다. 한마디로 미리 사회 정황을 알아보기 위한 현지탐험이었다. 평양에 간다고 하자 일가친척도 없는 데다 고향이 서울인 날 위해 친구들이 십시일반 돈을 모아 주었다.

우리 부대가 주둔하던 곳은 강원도 회양군이라고 하늘 아래 첫 동네였다. 그동안 생사고락을 같이한 혈육 같은 친구들을 떠나 혼자서 머나먼 여행길에 올랐다. 이 역시 미지의 길이다. 누구도 오라고 반기고 기다리는 이도 없는 곳으로의 출발!

여전히 가여운 내 인생행로이다.

하지만 가야만 한다.

내 인생행로를 계획하고 나를 일으켜야 하였다.

군용트럭에 몸을 싣고 철령고개를 굽이굽이 돌아 평지에 내려섰다. 그곳은 바로 전시가요에 나오는 신고산이었다.

무질서하게 들어서 있는 게딱지집, 초라한 판잣집들, 국숫집, 빵집, 술집 등을 볼 수 있었다. 유명한 신고산 여인숙도 있었다. 전시에 운수중대에서는 차를 몰고 신고산 후방창고에서 후방물자를 인수해 갔다.

그때마다 성병(Venereal desease) 환자를 본 적이 있었다. 감염원을 찾으려고 경로 연결고리를 캐다 보면 여기 신고산 여관이 거점으로 나왔는데 이곳이 바로 그 유명한 곳임을 알 수 있었다.

역전 장마당에는 출장 나온 군인들이 굴레 벗은 망아지처럼 돌아치고 있었다. 피비린내 나는 전쟁의 포화 속에서 지낸 날들을 잊었는지 삶의 내음이 풍겼다.

밥집에서 간단한 요기를 하고 정거장으로 향했다.

신고산 역에서 평양까지는 짧은 거리가 아니었다.

평양에 도착하면 누구를 어떻게 찾을까? 15일간의 휴가라고는 하나 10일 안에 돌아갈 계획이었다. 과연 평양은 어떤 모습으로 나를 맞아 줄 것인가?

부대를 떠나 그 머나먼 길을 오는 내내 내가 아는 사람은 하나도 없었다. 가슴 설레며 평양역에서 내렸지만 나를 반겨 주는 사람 역시 하나도 없다.

시내는 온통 전후 복구 건설에 나선 사람들로 들끓었고, 평양 거리는 질서 없는 황무지와도 같았다.

우선 거처를 정하기 위해 만경대 구역에 사는 친구네 집을 찾아갔다. 군대 시절 전 접수과 직원으로 사전에 편지 연락을 해 놓은 상태였다. 그녀는 작년에 사단 참모장과 결혼했단다. 그의 남편은 육군대학 작전 전술 학교 교관으로 전근되어 만경대 구역의 군관 사택에서 신혼 생활을 하고 있었다. 그들 부부는 나를 반겨 주었다.

내가 휴가 온 목적을 말하니 극구 찬성하며 돕고 싶어 했다. 비장한 결심으로 꿈을 이루고자 남다른 노력을 기울이는 내게 여러모로 마음을 써 주었다.

거칠고 전투성의 부대를 벗어나 안락한 가정의 온화함을 나는 느끼게 되면서 고향의 부모님이 못 견디게 그리웠다.

고향 지척의 개성에서

이 기회에 집에 못 가는 대신 나의 집 가까이의 개성의 개풍군 친척을 찾아보고 싶다고 하자 그곳은 신 해방지구라 위험하다며 만류했다. 그러다가 내 간곡함을 알고는 개성까지 가는 출장자를 붙여 주었다.

서울서 어렸을 때 와 본 후 십 년이 지난 거리는 낯설었다.

개성에서 40리 떨어진 풍덕리라는 마을의 먼 친척뻘 되는 김용덕을 아는 사람은 없었다. 버스정류장에서 한참이나 알 만한 사람을 찾았으나 허사였다.

그러던 중 관리위원장이란 분을 만나 자초지종을 이야기했다. 다행히도 그는 김용덕을 잘 안다고 했다. 잠깐 치안대 보초를 선 것을 자수하지 않은 '죄'로 먼 곳에 귀향 갔다고 말해 주었다. 그리고 그의 처는 병든 딸애를 데리고 협동농장에서 일한다고 했다. 안내되어 찾아간 김용덕의 집은 옛날 모습을 찾을 길 없었다.

화롯가에 앉아 찰떡을 구워 조청 찍어 먹던 어릴 적 추억이 생생한데 얌전한 아주머니 모습은 온데간데없었다.

간고한 살림 속에 가장을 떠나보내고 살림살이에 찌들어 외롭게 사는 그들과 작별 인사를 나누며 서운한 마음으로 그곳을 떠났다.

전쟁 전에는 개성에서 서울까지 통학하는 학생도 있었으니 개성은 평양보다 가까운 거리였다. 여기서 조금만 가면 엄마 아빠와 보고 싶은 동생들이 있는 곳이다.

그런데 3.8선이 가로놓였다.

그 무서운 선에 막혀 사무치게 그리운 고향에 갈 수 없었다.

내 고향 가장 가까운 근처라도 와서 안식처를 느낄 것이라는 내 계획 역시 비틀어졌다. 엄마 아빠가 계시는 고향 지척에 와서 발걸음이 멎은 것도 슬픈데 개성의 친척집 아주머니의 처참한 모습으로 울적한 내 마음은 더욱 무거워 천근만근의 발걸음이었다.

이 무슨 운명의 장난이란 말인가.

고향인 서울의 지척에 와서 냄새만 맡는 것만으로도 고향에 대한 그리움으로 눈시울이 뜨거워졌다.

고향 친구들의 향수

개성의 친척 집에서 받은 울적함은 오랫동안 가시지 않았다.

다시 발걸음을 재촉해 평양에 돌아왔다.

그 이튿날로 김일성종합대학을 찾아갔다. 거기서 군대 생활을 함께하였던 명희를 찾았다. 그녀는 함흥의대에 갔다가 의학 공부가 너무 어려워서 전공인 문학 공부를 하겠다며 김대 어문학부에 입학하였다 한다. 명희는 말이 대학생이지 막노동자나 다름없었다. 북한의 대학생들은 건설돌격대 2중대였다.

대학 숙소는 흙먼지투성이였다. 바짓가랑이를 걷어 올리고 흙 범벅이 된 노동화에 땀에 쩐 작업복 차림이었다. 게다가 식사 시간이 되면 깡조밥에 소금국을 말아 꿀맛처럼 삼키곤 한다.

그런 악조건에서 친구를 위해 한 숟가락씩 모아 한 그릇을 만들어 먹으라고 내밀었다. 고마움에 코끝이 시큰했다.

김일성종합대학 학생들은 그때 '모택동 거리' 건설을 담당했다. 생활은 고되고 힘들어 보였지만, 그래도 대학생이 된 명희가 부러웠다. 그녀와 작별 인사를 하면서 말했다.

"나는 올해 결정적으로 대학에 올 거야."

"야, 결정적으로가 뭐야? 결사적으로 덤벼야 돼. 안 되면 죽는다는 결심 없이는 못 해!"

명희가 다부지게 말하며 나의 성공을 위해 뜨겁게 안아 주었다.

그녀는 전라도가 고향이었는데 서울대에서 문학 공부를 하다가 6.25 때 의용군이 되었다. 죽을 고생 끝에 입당했단다.

그녀와 함께 향수의 아련함을 공유하며 통일의 그날을 학수고대했다.

그 후에 나는 풍문으로 그녀의 소식을 들었다. 김대 졸업 후 작가 동맹에서 문학연구에 전념하던 중 남파공작원으로 나갔다가 누군가에 의해 살해당했다고 했다.

슬픔이 복받쳤다.

6.25 전쟁으로 인한 유명무명의 남한 출신자들이 총에 맞아 죽고 폭격에 맞아 죽은 것도 화가 치미는데 이번에는 자기 고향 쪽에 공작원 파견 나갔다가 동족에 의하여 죽었단다.

다방면으로 여러 곳에서 죽어 가는 소식을 수십 번 경험하고 접하였다.

솟구치는 울음과 설움이 며칠씩 갔다.

마치 나에게 다가오는 죽음의 그림자처럼 느껴지기도 했다. 그녀와 나누었던 고향과 부모 형제 이야기, 향수에 젖었던 일들이 슬픔으로 차올라 여운이 오래갔다.

그렇게 평양을 경험하고 부대에 다시 돌아왔으나 대학생들의 평양거리 건설 모습이 오래도 따라다녀 눈앞에 어른거렸다.

제대가 우선이다.

군단 대열 과장을 찾아가니 입당문제 해결되면 꼭 대학에 보내 주겠다고 했다. 하지만 나는 언제 당문이 열릴지 모르니 제대시켜 달라는 여지를 남기고 돌아왔다.

이런저런 생각으로 머리가 터질 듯한 날들을 버텼다.

어느 날 밤, 내과 위생병 김경희가 나를 찾아왔다. 그녀는 경상도 창원이 고향이었는데 중학교 재학 중에 의용군에 입대했단다. 정치부 중대장이 제대하라는데 우리처럼 고향 없는 사람들은 어디로 가느냐고 그녀가 물었다.

밖이나 여기나 집 없기는 마찬가지인데 어디 간들 살 수 없겠느냐고 나는 대꾸했다. 대학에 입학해서 공부하며 통일을 기다리면 되지 무엇이 모자라 못 하겠느냐며 그녀에게 힘을 실어 주었다.

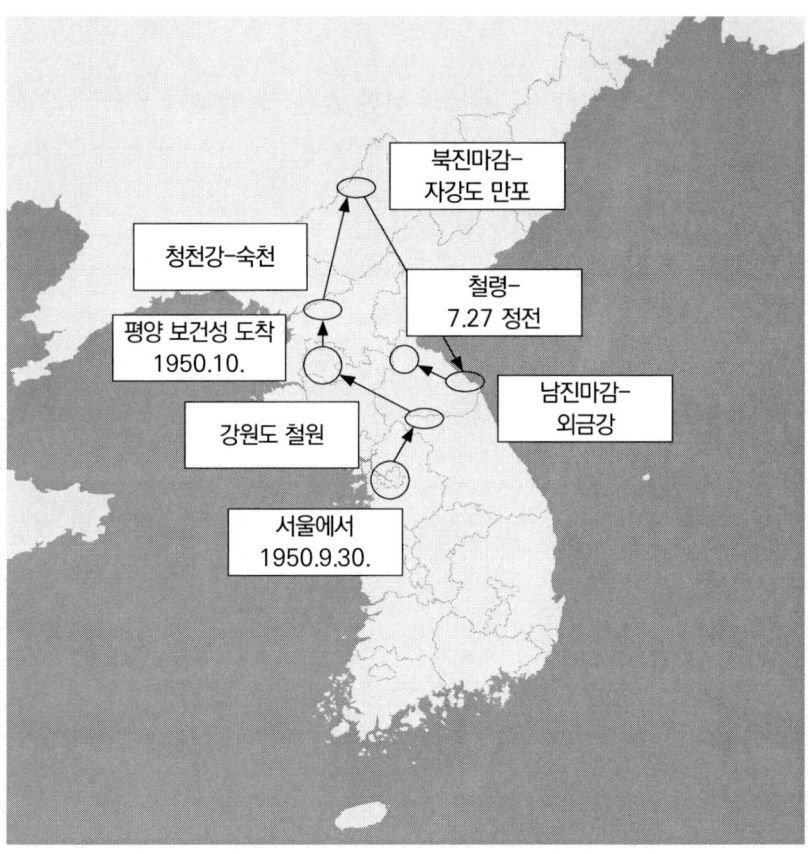

1950년 9월 30일. 서울, 종로구 누하동의 고향과 부모 형제를 떠나 북진하여 제대 전까지 갔던 노정도

6. 나는 대학공부 시켜 준다 해서 왔어요

1955년 초

정전된 지도 2년이 되었으나 당문은 여전히 닫힌 상태였다. 그러나 신입 대원들은 계속 들어왔다. 나는 경희의 말을 되새기며 분명 비밀리에 내적인 제대사업이 있음을 감지하고 정치부 중대장을 찾아가 간청했다.

"나는 대학에 가고 싶어서 부모 형제를 떠나 이곳까지 왔습니다. 꼭 대학을 졸업하고 통일된 후에 고향에 돌아가고 싶습니다."

"중학교도 나왔는데 또 대학에 가겠다는 것은 이기주의야. 아직 부대엔 문맹자도 많은데…."

그는 단칼에 잘라 버렸다.

나는 반문했다.

"공화국의 대학은 이기주의를 양성하는 대학인가요?"

정치부장은 화가 나서 기술부원장을 불렀다.

그러고는 야단쳤다.

"어디 이런 버르장머리 없는 게 다 있어?"

노발대발 나에 대한 화를 배설하였으나 나는 그에 아랑곳하지 않았다.

다시 부대 대열 참모를 찾아가 계속 집요하게 제기했으나 여전히 잘 응해 주지 않았다. 하는 수 없이 풀이 죽은 나는 순종할 수밖에 없었다.

정전 직후인 1953년 가을 대대적인 제대사업이 있었다.

부대가 재정비되면 1954년에는 성분 제대라고 하여 일부 숙청대상자들의 자녀가 제대했다.

1955년에 들어서면서 정규화 군대를 재정비하는 단계였다. 이때 나이 든 간호장들을 제대시키고 전도유망한 특무상사들을 간호장으로 승진시킬 계획 중이었다. 여기에 바로 내가 그 계획에 포함되는 적정인물로, 단단히 붙잡고 있자는 심산이었다.

그렇다면 난 또 얼마나 군복을 입고 있어야 하는가? 대열 참모는 내게 호통도 쳐 보고, 위협도 했다. 달래기도 했지만, 내 주장과 고집이 요지부동임을 알게 되었다.

그러던 중 부대 대열 참모에게 건넬 군단 대열과 서류를 내게 가져가게 했다. 원래는 기통수(서류 통신원?)의 임무였지만 내게 무언의 암시를 준 것이었다.

나의 완고함이 먹혀들고 항복한 것인가?

군부대의 토요일 저녁에는 저녁 점검이 없는 날이었다. 특무장에게 비밀엄수를 오금 박고 부대를 떠났다.

하지만 제40호야전병원이 있는 강원도 회양에서 약 10리 떨어진 산길로 군단 지휘부까지 나는 달리기 시작했다. 가볍고 들뜬 기분에 한달음에 달려가 지휘 군의소 처치실의 김삼화를 찾았다. 김삼화 역시 서울 출신 특무상사 간호원으로 나와는 무척 친했다.

그녀는 난데없이 뛰어든 나를 보고 놀랐으나 즉시 협조했다. 우리는 함께 걸어 대열과 과장실 앞에서 헤어졌다. 대열 과장도 내 소망이 담긴 내용을 차분하게 들어 주고는 또 이번에도 입당만 하면 무조건 보내주겠다고 약속했다.

언제 또 입당사업이 진행될 것인지 예측할 수 없었다. 나는 조국 전쟁으로 인해 중단된 학창 시절을 되찾게 해 달라고 거듭하여 간절히 애원이라기보다 강떼를 썼다. 그러던 중 대열과에서 전 군단적으로 올라오는 제대자 명단통계를 재정비하고 있다는 걸 알게 되었다.

지금은 4월 초,

7월에는 대학입학시험이 진행된다. 김삼화의 사무실로 다시 돌아와 여전히 내가 갈 길은 대학뿐이라고 강력하게 주장했다. 김삼화가 여러 번 식사를 청했으나 나는 금식으로 버텼다.

대열과에서까지 나를 굴복시키려고 했으나 거절했다. 나를 사건화 삼으려고 갑자기 비상소집을 일으켜 대열검열을 진행하였다.

드디어 대열 과장이 나를 불렀다.

"거기 앉소."

나는 앉지 않았다.

"앉을 필요 없어요. 이제 서류 정리가 끝난 모양인데요. 다만 태산처럼 믿고 기다리던 것이 너무 분합니다, 수고하십시오."

나는 돌아섰다.

그가 책상을 내리쳤다.

"감히 인민군대 하사관이 군관을 모욕했소. 거기 서시오!" (인민군대 규정으로는 3일 이상의 영창 처벌감이란다.)

그가 목소리를 낮췄다. 금년에 못 가면 또 내년에 가면 되지 않느냐고 달랬다. 나는 단호하게 말했다.

"대학을 졸업하려면 5년이 걸리는데 그러면 나는 서른이 다 되어 졸업합니다. 금년에 못 가면 대학을 단념하겠습니다."

나는 사무실을 나와 버렸다. 그러고는 무거운 발걸음을 돌려 친구들이 있는 부대로 돌아와 대열 참모에게 보고했다.

"됐지?!"

부대 참모장은 반가워하면서 호실에 돌아가면 좋아하지 말고 가만히 있으라 했다.

"아이들은 네가 지금 영창에 갇혀 있는 줄 안다."

그가 덧붙였다.

호실에 들어오니 아이들이 붙잡고 울며불며 야단이다. 전부 서울 애들인 이들이 친근한 넋두리를 하였다.

"야, 이년아. 너 영창 갔혔다고 우린 얼마나 걱정한 줄 아냐? 이년아."

반가웠다. 3일간의 투쟁으로 첫발자국을 내디딘 셈이다. 그러나 소식은 없었다. 나는 식음을 전폐하고 고민을 거듭했다.

그러던 어느 날 157호 명령 제대(탄광으로 보내는 제대)에 배속시켜 제대하게 되었다는 연락이 왔다. 사전에 대열 과장이 불렀다.

"대학추천서는 받을 수 있는가?"

"네, 노력해 봐야지요."

나는 한 줄기 희망을 붙잡고 기쁨에 젖었다.

그제야 나의 강직되었던 온몸이 이완된 듯싶었다.

한 고지를 점령한 안도감은 또다시 나를 긴장시켰다.

그렇다면 이제는 어떤 출구전략을 세워야 할 것인가.

7. 오아시스 - 김경석 군사위원

하늘에 반드시 눈이 있다

정전되기 얼마 전에 3군단 군사위원이었던 김경석 동지가 군단 야전병원에 입원한 적이 있었다.

그때 나는 그분 군사위원의 담당 간호원이었다.

그는 한때 전선사령부 병원에도 입원했다. 그때의 나와의 인연으로 대학입학 추천을 요청하고 도움받기로 결심하였다.

당시 전선사령부 병원의 '간호원 자격시험에서 우수한 점수를 받은 간호원을 내 방에 보내라!'라는 호출을 받고 초대된 적이 있었는데 그때 그는 나의 학구열에 감동되어 도움 줄 것을 약속했었다.

북한에서 김경석은 후일 전쟁영웅으로, 군사지휘관으로 명성이 높았다. 그는 항일투사로 중국말과 군사에 유능했다. 그 당시 군관 사택이 부대 가까이에 있어 도움을 청하려고 나는 사택을 찾아갔다.

내가 온 사연을 말씀드렸더니 잠시 후 부관이 나와 반갑게 맞아 주었다. 자초지종을 듣고는 그 자리에서 부관을 시켜 지체 없이 추천장을 써 주었다.

책임적으로 보증한다는 자필의 추천서를 내게 보여 주며 "꼭 성공하기를 바란다. 잘되지 않으면 다시 한번 내려오든가, 아니면 최고사령부에 올라가 내게 직통전화를 걸라."라고 자상하게 일러 주었다.

나는 이제 가게 되면 시내 대학의 구역교육부가 추천사업, 보증사업을 한다고 말씀드렸다.

그러자 그는 교육상에 편지 한 장을 더 써 주겠다며 군단 기밀실 명판에 직인까지 찍어 주라고 부관에게 지시했다.

"자, 이제 대학생 하나가 또 생겨났다."라며 못내 그는 기뻐했다.

"부모 없고 집 없는 아이이니 폰드(T/O)를 두 개 주어 달아 보내 대학 입학 전에 밥 먹을 자리를 마련해 주어야 한다."라는 세세하고 자상함까지 보여 주셨다.

눈물겹게 고마웠다.

제대가 눈앞으로 다가온 것을 실감하였다.

두툼한 종이봉투를 안고 돌아서 나오려니 눈시울이 화끈 달아올랐다. 귀중한 문서를 가지고 군단 지휘부에 돌아와 간부 과장의 면담을 받았다.

내 모든 수속은 속전속결로 이루어졌다.

나는 수속을 마치고 군용차에 몸을 실었다. 철령고개를 굽이굽이 돌아 기나긴 여정에 올랐다.

철령!

바로 여기가 세계의 이목을 끈 유명한 싸움이 진행되었던 원한의 고개였다. 50년대 초엽 얼마나 많은 청춘 남녀가 피 흘리며 쓰러졌는가, 저 멀리 자강도 만포계선까지 나는 속절없이 죽어 간 청춘들을 업어 나르느라 안간힘으로 버텼다.

그중에는 서양인도 있었고 흑인들도 있었다. 그들은 미군(UN군)이었다. 포로가 된 미군의 혹자는 안주머니에 고이 간직한 여자 사진도 발견하게 되었는데 사진에 "이게 누구냐(Who is she)?"라고 물으며 이 여자가 와이프(Wife)냐고 물으면 오케이(OK) 하는 이도 있는가 하면 도리질하고 걸프렌드(Girlfriend)에 고개 끄덕인 이도 종종 있었다.

이를 통해 미군들도 생사를 가르는 전쟁마당이지만 나 같은 청춘기에 소중히 지니는 사랑과 연인에 대한 연민의 정에 대하여 재삼 느낄 수 있게 했다.

이들도 나처럼 부모 형제를 떠난 누군가의 자녀들인데….

너도 나처럼 부모 형제를 떠나….

숨이 컥컥 막히는 연민의 정은 적대감에 앞서 가여움으로 솟구쳐 흐르는 눈물을 억제할 수가 없었다.

물론 미군들이었지만 나는 그 포로들을 한반도의 '나이팅게일'처럼 인간, 생명체라는 소중함을 잊지 않고 그들을 사심 없이 치료하여 주었다.

6.25 전쟁은 한반도 생명뿐 아니라 유엔군, 중국군, 소련군 등 다국적군의 아까운 청춘들을 수도 없이 무덤으로 보낸 역사와 전쟁의 원한이 서린 피의 현장이었다.

지루한 여장을 푼 건 6월 어느 날 평양의 군인 숙박소였다.

군대 전연 부대와 달리 거리에는 경무관들이 돌아쳤다. 색 바랜 군복에 촌티 나는 내 모습을 조롱이나 하듯이 증명서 검열로 복장에 시비를 걸었다. 우선 군사동원부에 가서 제대 증명서를 내밀고 공민증을 신청했다. 그다음 거처지가 필요했다.

병원에는 받아 주지 않으니 할 수 없이 최고사령부 대열 총국에 가서 사정을 이야기하고 직장 하나를 소개받았다.

당시에는 평양 고무공장밖에 인원 폰트가 없었다. 나는 비당원인 관계로 노동직장에 배치되었다. 공장합숙은 위생조건이 나쁘고 식당에 가면 노란 조밥을 식기에 70% 정도 담고 소금국을 반 그릇씩 주었다.

7월 들어 대학입학시험을 봐야 하므로 야간작업을 자청하였다.

입학시험을 위하여 김일성대학 예비과에 다니는 김명희를 또 찾아가 입학시험문제 답안집을 빌려 오게 되었다. 유일하게 남한 출신, 동향 친구들은 서로가 서로의 비빌 언덕으로 가족이나 다름없었고 그들은 혈육의 정으로 도움을 아끼지 않았다.

물리, 수학, 화학, 이런 것들을 가지고 와서 그야말로 초인간적인 힘으로 밤새워 공부했다.

공부를 이해하는 것이 아니라, 글자를 통째로 씹어 삼켜 먹어 버렸다.

입학시험공부를 너무나도 심하게 한 덕분인지 어느 페이지 어느 줄에 어떤 단어가 있다는 것까지 명확하게 떠올랐다. 그런데도 대학입학시험 준비는 무언가 부족한 듯해 보고 또 보았다. 잠자는 걸 잊을 정도였다.

그야말로 결사적으로 시험공부에 몰입하느라 밤을 지새웠다.

희망에 부푼 가슴,
못 먹고 못 자도 마냥 벅차고 꿈에 젖어 설레는 나날들이었다.

제4장 꿈을 향한 도전

1. 꿈의 나래 펴다

 정전 직후에 수험생 중 제대군인이 50%가량이었다고 한다. 하여 웬만한 정도는 봐주고 넘어갔다는 전언도 나돌았다. 그러나 쉽게 입학해서 나태함이 부작용으로 나온 데로부터 나날이 가면서 점차 제대군인의 입학문이 좁혀지고 실력 본의를 위주로 삼는단다.

 그 부작용은 곧 전파되고 학습되어 제대군인이라도 역시 실력 본의라는 것이다. 추천된 20%밖에 안 되는 제대군인들에게 자격조건이 더 엄격하단다. 내게는 또 위기이다. 조급함과 긴장감이 나를 압박한다.

낭만에 부푼 의과대 입학시험

 이런 위기 속에 내 꿈의 나래 — 대학입학시험에 임하게 되었다. 시험일시에 나는 두근거리는 마음으로 시험장에 다다랐다.

 시험형태는 먼저 구술이었다.

 첫 수학시험장에 들어가니 아직 공민증(주민등록증)이 안 나와 나는 군사증을 놓고 수험했다. 수학시험은 '뉴턴의 제3법칙'이었다. 덮어 놓고 무작정 맹목적으로 외운 것을 써 내려갔다.

시험관은 김일성종합대학 수물학부 출신으로 갈남한 남선생이었다. 그는 시험답안에는 관심이 없고 나의 군사증을 유심히 들여다보았다.

"야! 수훈장이야?"

"전사의 영예 훈장 1급? 훈장감. 할 수 있어?"

"붙여만 주십시오."

"좋소!"

채점은 그 자리에서 하였는데 5점 만점이었다.

다음은 화학시험이었다. 시험장에 들어서니 꿈인가, 생시인가 아니 글쎄 서울의 우리 학교 화학 선생님이 시험관으로 들어왔다.

화학 선생님도 나를 알아보고 너무 놀라 입이 벌어졌다.

"야, 너 어떻게?"

"선생님! 저 어제 군복 벗었어요."

반갑기 이를 데 없었다. 애오라지 그리던 고향의 모교 선생님을 만난 환희가 나의 긴장과 초조를 모두 앗아 갔다. 나는 무력해졌다.

시험 문제는 '할로겐(X)족에 대하여'였다. 우리 선생님이라는 안도감에서였는지 그나마 외웠던 것들이 다 날아가 버렸다. 땀 흘리는 꼴이 가여워서인지 "됐다!" 하셨다.

선생님은 나의 초조해하는 정상을 읽고 안정을 주시느라…….

참 감격의 현장이었다.

다음은 물리시험이었다.

이번 시험관은 김일성대학 물리학부 여선생님이셨다.

'쿨론의 법칙'이었다.

답안이 시원치 않아 유도 질문을 하는데 머뭇거렸다.

"기권입니까?"

"아니요, 절대 기권은 아닙니다."

그분은 몹시 까칠했다.

시험을 망쳤다는 생각에 맥없이 시험장에서 나오는데 또 감격의 현장이다.

군대 시절 옛 사단 군의장을 만나게 되었다.

이 아니 환희 아닌가?

북한은 1955년도까지만 해도 군의 대학이 따로 없고 평양의대에 군의학부가 있어 그곳에 학부장으로 와 있다고 했다.

내 비틀리고 꼬이기만 한 인생에 꼭 신의 도우심이 작용한 듯하였다. 참 신기한 도움의 사절들의 현신이다.

"군의장 동지, 도와주세요. 물리시험 죽쳤어요. 수험번호 2번입니다!"

군의장은 눈을 슬쩍 감고 지나가 버렸다. 다음 필답시험으로 문학시험과 수학시험이 이어졌다.

다음 날은 면접이었다.

수험생 중·고등 최우등생들은 무시험이었다.

면접시험을 북에서는 인물심사라고 한다.

인물심사 날이 제일 두려웠다. 국제, 국내정세 최근 시사 내용 등 제한 없는 질문을 한다. 운이 나쁘면 어려운 질문을 받을 수 있었다.

나는 매사마다 지지리도 이렇다 할 운이 없는 생이니 운명에 맡길 수밖에 없었다. 인물심사장에는 각 학부 학부장 강좌장들이 쭉 나와 시험관으로 앉아 있었다. 나에게 제기된 질문은 '왜 약학부를 지망했느냐?', '의학부는 안 되겠냐?'였다. 나는 약학부에서 공부하고 싶다. 집에서 나올 때 대학공부하고 돌아간다고 다짐했으니 공부하게 해 달라고 간청했다.

나는 간절히 공부해야 할 이유와 나의 완고한 학구열을 설득시키고자 애를 태웠다.

명암의 시험발표

1955년 7월 말 어느 날 아침 9시, 대학 운동장에 합격자가 게시된다는 연락을 받았다. 아침 일찍 공장 문을 나섰다. 가슴 뛰어서 아침밥을 먹을 수 없었다.

"오늘 내가 대학입학이 떨어지면 대동강 물에 빠져 죽을 테니 오지 않으면 그렇게 알아라."

기숙사 애들에게 비장의 말을 남기고 공장 문을 나섰다.

조용히 운동장 한구석에 앉아 있으려니 서울에서의 합격발표일이 떠올랐다.

고등학교 입학시험을 치고 합격발표가 나붙던 날 성신여고 운동장 꼭대기에는 막냇삼촌이 벌써 나와 있었다.

"붙었어! 붙었어!"

학교 정문으로 올라가는 길에는 엄마, 아버지, 할머니, 삼촌들까지 와서 북적거렸다. 길갓집에 살던 넷째 이모네 시어머니까지도 내다보고 기뻐해 주셨다. 그렇게 나를 향한 우리 집은 번화했다. 정겹고 행복한 대가정이었다.

하지만 지금 나는 홀로 앉아 꿈속에서처럼 옛 고향집을 생각하고 있다. 갑자기 정신 차리고 그쪽을 바라보니 전깃불이 번뜩번뜩 보이기 시작했다. 김영숙이 나를 이끌었다. 약학과 합격자 명단에 내 이름은 없었다.

희미한 전깃불에 아라비아 숫자가 아니고 한문 숫자로 一, 二, 三, 이렇게 표시된 것이 二번인지 四번인지 분간이 안 되었다. 내가 뭐 합격됐겠냐?

맥이 풀려 혼미상태인데 누군가가 의학부의 합격자 번호를 크게 외쳤다. "二번, 五번." 나의 일행은 소리치면서 솟구쳐 올랐다. 그 옆에는 우는 사람, 한숨 짓는 사람들로 북적였다.

그 속에서 나와 일행은 빠져나왔다.

김일성대 예비과에 다니던 영숙은 나의 합격발표를 축하하고 나서

"꼭 가서 밥 먹어라. 어서 가라."

라는 말을 남기고 그는 또 기숙사로 달려갔다.

북한에서의 남한 사람들은 서로가 혈육의 정과 관계 이상으로 귀히 여기며 간직하고 도왔다. 서로가 고향과 부모를 떨구어 둔 설움을 끈끈하게 의지하고 버티며 자신을 일으켜 한 몸이 되고 하나가 되어 주었다. 서로가 부모 형제를 대신하여 주었다.

시간이 없는 속에서도 내게 친혈육 같은 관심과 사랑으로 달려왔다 달려가는 뒷모습에서 솟구치는 향수애와 눈물을 금할 수 없었다.

이들의 눈물겨운 지지와 격려는 결코 외롭지 아니하였고, 기뻐 어쩔 줄 모르게 하였다.

합숙에 오니 식사 시간이 지나 밥을 줄 리가 없었다.

그러나 혼자서 방글방글 웃었다.

그냥 기뻤다.

그 기쁨, 온 우주를 다 가진 듯 한없었다.

2. 의과대학 입학의 환희

1955년 8월 15일!

드디어 꿈의 등교 날이다. 이때까지 공장에서는 입을 꾹 닫고 오로지 일만 했다. 13일 아침, 공장 간부들에게 작별 인사 겸 수속을 마쳤다. 다 꿰진 배낭을 메고 대학 기숙사에 들어갔다.

돌이켜 보면 20대 초반 평양에 정착한 게 어제인 듯 생생하다. 그 생소한 평양에서 나는 보건의료계의 학도로, 지식인으로서의 첫발을 디딘 것이다.

그토록 염원하던 '평양의학대학'의 어엿한 학생이 되었다.

용광로에서 무디어진 칼날이 벼려지듯 나의 심신도 거친 환경 속에서 단련되었다. 하지만 고달픔과 배고픔은 늘 고향과 부모 형제에 대한 그리움과 함께 따라다녔다.

그러나 긍지만은 넘쳤다.

평양의학대학 본 청사

꿈도 많고 포부도 남달랐기에 힘듦과 벅참이 교차했다.

순간순간 보람을 맛본 날들이기도 했다.

그 과정 속에 나의 긍지와 자부도 자랐다.

대학에서 처음 만난 사람들은 대부분 불친절했다. 학생들은 7~8명씩 한 방에 투숙했다. 안내받은 방은 침대도 깔개도 없는 콘크리트 바닥이었다. 나는 거리에 굴러다니는 돗자리 조각들을 모아서 깨끗이 닦아 깔고 내 배낭을 얹어 놓았다. 그러고는 밖에 잠깐 다녀왔는데 누군가가 그걸 슬쩍해서는 내 배낭은 내놓고 자기 이불을 얹어 놓았다.

모두 이부자리를 준비했으나 나만 딸랑 낡은 배낭이 고작이었다.

입학생들은 제각기 수속을 마쳤다.

우리 반에는 제대군인이 두 명이었다. 인민군이었던 나와 안전원이었던 다른 한 명이었다. 거기에 만경대혁명학원생(항일시기 부모 잃은 고아) 2명이었다.

경리과에 가니 무의무탁(無依無托) 생들에 대한 장학금 규정이 없어 며칠 기다리라고 했다. 그나마 안전성 제대군인이 자기 성에서 모포 몇 장을 빌려와 도움이 되었다. 그것으로 우리 학급의 만경대혁명학원생 2명이 같이 깔고 덮었다.

자기 집에서 온 아이들은 두둑한 솜이불이 있었다.

부모도, 집도 없는 내가 두툼한 솜이불을 부러워한다는 건 하늘의 무지개를 부러워하는 망상이었다. 그럼에도 부류는 천지차이지만 나 같은 고아 출신(명색상)의 동료가 있어 한결 위안되었다.

식권 수속이 안 된 나를 같은 반 친구들이 식당으로 이끌었다. 차마 따라갈 수 없었다. 혼자 먹기도 부족한 그들의 한 줌 되는 밥을 내가 축

낼 수는 없었다. 그래서 식사 시간이면 슬쩍 피해 버렸다.

3일을 그렇게 굶자 견디기 힘들었다. 이전에 근무하였던 고무공장 친구를 찾아갔다. 친구에게 3원을 빌렸다. 제1백화점 식당에서 두붓국 한 그릇을 사 먹고 경리과에 가서 자초지종을 이야기했다.

그러자 이전과는 달리 왜 진즉 오지 않았느냐며 급히 처리해 주었다. 시간에 따라 달라지는 처사에 불만이 없지 않았지만, 그토록 오고 싶었던 대학가에서의 이런 고생쯤은 아무것도 아니었다.

의학대학 공부는 간고하였다. 학습과제도 만만치 않았다. 전쟁 기간에 못 배운 것 때문에 나만이 힘든 줄 알았는데 갓 중학교를 졸업한 직발생들 역시 진땀을 뺐다.

첫 강의는 해부학

권오범 해부학 강좌장이 강의했는데 우리는 그를 만데부래(턱뼈)라 불렀다. 아래턱이 좀 나왔다고 하여 학생들이 붙인 별명이었다. 의대에서 제일 낡은 건물인 대강의실은 꼭대기 환기창 유리가 다 깨져 겨울이면 찬 바람이 제집인 양 들락거렸다.

권오범 해부학 선생은 골격표본을 직접 들고 교단 위에 올라서 강의했다.

'Os Veltebrae(척추골)'라고 소리치면서 말을 쏟아 냈다. 강의가 시작되면 학명과 도표가 뒤섞인 90분은 속사포처럼 지나갔다. 속기를 다 할 수 없는 데다 이해는 더욱 힘들었다.

물론 교과서는 없었다. 학생들이 소련 교과서 번역판을 전날 프린트하여 한 장씩 나눠줬다. 부실한 복사기 사정으로 복사가 제대로 되지 않아 이따금씩 뜯겨진 글자를 알아보기도 쉽지 않았다. 50% 정도 겨우 알아들을 수 있었다.

이렇게 3개월이 지나니 학생들이 자신감을 잃어 갔다. 그만둘까 말까 하는 상태에서 해부학실습이 시작되었다. 실습은 30명씩 조를 짜고 다시 5명씩 6개 조로 나누어 진행했다. 소련에서 온 고문 선생이 강의에 참관하고 학생들을 통제 관리했다. 300석이 넘는 큰 강의실에서 합동 강의를 받았다. 오전 강의가 끝나기 바쁘게 학생들이 종합식당으로 몰려갔다. 한 줌 되는 강조밥을 단숨에 꿀꺽 삼키고는 또 오후 강의에 임한다.

오후 강의를 다 받으면 제각기 기숙사로 돌아갔다.

쉴 틈도 없이 아래 마루와 다락 꼭대기에 올라가 저마다 자리 차지하고 복습에 집중했다.

1학년 과정은 다람쥐 쳇바퀴 돌리듯 쉼 없이 어떻게 보냈는지….

실로 숨 가빴다.

1학년 학과목으로는 해부학, 생물학, 물리학, 화학, 러시아어와 마르크스 — 레닌주의, 조선로동당 투쟁역사(당투사), 해부학실습 등이었다. 해부학은 대부분 보충 암기과목이어서 표본들과 아틀라스(해부학실습 사진과 책)를 빌려다가 공부했다.

규정상 사람의 골격표본이 실습장 밖으로 나가면 법적 책임을 물었다. 그걸 피하려고 조수 선생들에게서 책을 빌렸고 도서관 책을 참고하며 공부했다. 한 사람은 책을 읽고 다른 사람은 빙 둘러앉아 그림책과 표본을 맞춰 가며 해부학 부위 명칭을 따로 외웠다.

무의무탁(無依無托) 장학금

대학 시절의 제일 좋은 때는 장학금을 받는 날이었다.

장학금은 학급마다 제대군인, 만경대학원 출신이 대상이었다.

무의무탁(無依無托) 장학금은 부모와 형제, 돌아갈 집이 없는 무연고에게만 차려지는 혜택이다. 이 역시 사회주의 김일성의 배려로 선전선동에 목맨다.

무의무탁 장학금은 17원이고 기타는 15원이었다. 한 학급에 한두 명씩 장학생이 있었고 급여는 적게는 6원에서 많게는 6원 50전까지 받았다.

장학금을 타면 우선 식비 5원을 냈다. 맹비를 내고 5원씩 저금해야 겨울 내복을 살 수 있었다. 그리고 잉크, 펜촉, 노트 등 필기도구 등을 사고 나면 남는 게 없었다. 비록 빈손이 되었지만, 그래도 내 마음은 한없이 기뻤다.

공부하는 기쁨과 행복은 그 무엇으로도 표현이 어렵다.

그냥 마냥 설레기만 한 내 마음이다.

오늘은 숙자 치마, 내일은 영혜 바지를 빌리며…

의복은 제대될 때 입고 온 군복 한 벌뿐이었다.

변변한 외출복이 없는 내 정상을 알아차린 학급 애들이 오늘은 숙자가 치마를, 내일은 영혜가 바지를 빌려주는 식으로 번갈아 가며 내게 옷들을 빌려주었다. 나름 그런 고마움으로 애들과 친숙해지면서 차츰 대학 생활과 공부에 전념하였다.

그런 속에 돈을 절약해서 때때로 외국문 서점에 나오는 원서 교과서도 사야 했다. 가끔 소련판 교과서가 나오면 학생들은 죽기 살기로 그

걸 사들였다. 겨울철 대강의실에서 강의가 있을 때면 페니실린 병(20㎖ 작은 병)에 잉크를 풀어서 썼다. 너무 추워 펜촉에 잉크가 얼어붙어 글이 써지지 않으면 입김으로 호~ 호 녹이기도 했다.

그때는 손까지 푸르딩딩 얼어 글씨 쓰기도 쉽지 않았다.

이런 악조건에서의 공부였지만 마음만은 한껏 부풀었다. 의학공부를 하여 통일되면 엄마 아빠 계시는 고향에 떳떳하게 나타날 꿈에 그린 고향에 달려가는 기분이었으니, 자나 깨나 내 마음은 항상 내 고향에 가 있었다.

기뻐도 슬퍼도 힘들어도…….

3. 북한의 용광로, 대학 생활

어느덧 대학의 첫겨울을 보내고 봄이 왔다.

봄이면 남이나 북이나 파릇파릇 새싹이 움트고 농번기가 한창이다.

북한에서 봄철은 대학생들의 동원농번기이다. 봄철에는 농촌 동원이 이루어졌다. 북한의 농번기인 4월부터 6월까지, 그리고 가을철인 9월부터 10월까지는 학생들이 동원되어 농사일을 돕는 게 관례이다. 실제 공부시간보다 일하는 동원이 더 많았던 듯하다. 학생근로자인 셈이다. 우리는 주로 평양시 주변 농장으로 나갔다.

대학생은 농장원이 되기도 하고 때론 아파트와 도로건설 노동자로 일종의 돌격대인 셈이었다. 그럼에도 사소한 불만이나 타락이나 나태 등들은 내게 숨 쉴 틈을 주지 않았다.

1학년 봄

우리 의대는 만경대 과수농장에 동원되었다. 산비탈을 깎아 계단식으로 만든 농장을 '평양의대 과수농장'이라 불렀다. 그때 당시 구호가 '대학은 간부양성을 위한 용광로'라고 했다. 쇠가 용광로에서 강철로 다스려지듯 대학이 곧 사람을 만드는 곳이라는 의미였다.

그런가 하면 그해 가을에는 신창 탄광 개발사업에 전교가 동원되었다. "천리마 대고조에로!"라는 구호를 걸고 산을 깎아 탄광을 만들었다. 하루 8시간을 굴착하고 흙을 질통에 져 날랐다. 저녁 작업이 끝날 무렵 30분간은 "돌격 앞으롯!"이라는 구호를 들고는 질통에 흙을 가득 채우고 달렸다.

땀이 흐른 등에 흙이 들어가 등가죽이 벗겨지고 쓰라렸다. 목이 부어 곪아 열이 심하게 나기도 했다. 군대 생활보다 갑절 힘들었기에 고향의 어머니가 사무치게 그리웠다. 그럴 때마다 고향의 어머니를 만나러 가는 길이라 생각하며 이를 악물었다. 대학의 동원령은 학급마다 경쟁 그래프를 붙였다. 청춘의 경쟁심리를 자극해 포스터로 그래프를 공시한다.

1등 학급에는 천리마 깃발을, 뒤진 학급에는 거북이깃발을 꽂아 준다. 거부기 학급이 되지 않자고 의기투합하여 학생들은 땀투성이가 되었다.

천리마 시대 대학생들은 한 해에 40% 정도 힘겨운 작업에 동원되었다. 요령도 없고, 숙달되지 않은 1학년생은 선배들보다 더 힘들어했다. 학습 진도가 밀린 것은 방학을 이용하여 보충하였기에 방학도 없고 낮과 밤을 강의실에서 보냈다.

방학이 되니 집으로 간다고 좋아라 떠들어 댄다. 그러나 갈 곳이 없었다.

옆 친구 숙자가 전 방학에 이어 자기 집에 가자고 자꾸 이끈다. 그러나 나는 안 가겠다고 거절하였다. 울적하였지만 대학생이 돼 공부하는 자부로 인내하였다. 이런 인내 역시 보고 싶은 부모 형제에게 달려가는 과정이라고 혼자서 다독이면 슬픔은 곧 잊혔다.

2학년이 되었다

어려운 여건 속에서도 한 해를 이겨 낸 쾌감으로 한층 단단해졌다. 우리는 점차 지적인 숙련을 쌓아 나갔다.

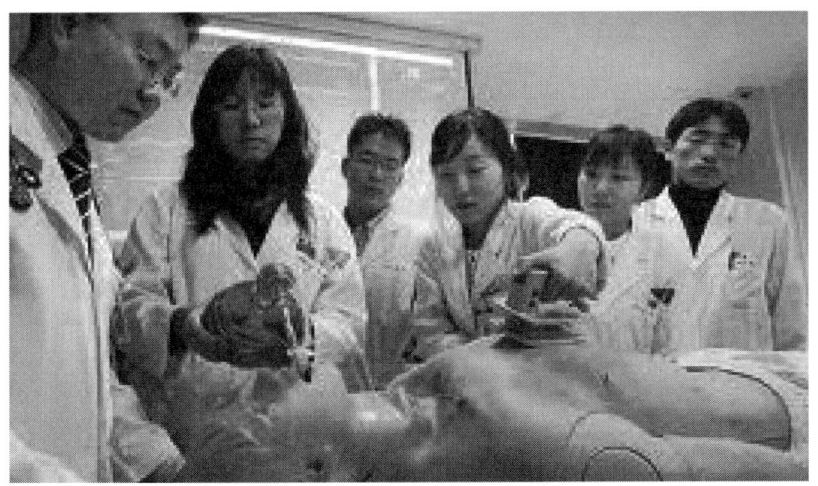

의학대학생들의 인체해부학 실습장면

기초과목인 물리, 화학, 생물 과목을 졸업했다. 그 대신 생화학, 생리학, 조직학이 더 생기고 해부학은 골학으로부터 근학인대학, 신경맥관학과 전체를 포괄하는 인체해부학이 더 보충되었다.

해부 실습시간이면 발목에 달린 라벨로 구분된 시체가 6개 조의 실습대 위에 놓이는데, 시체 보존 수용액인 포르말린의 강한 냄새로 눈이 시릴 정도였다.

그것보다 힘든 건 시체를 직접 들여다보는 것이었다. 책과 대조하면서 부위별 학명, 위치, 근의 주행 방향 등을 학습했다. 늘 시체가 정상이어야 하는 끔찍함을 참아 내지 못하고 중도 포기하는 자퇴생도 더러 있었는가 하면 약학부 전과, 혹은 전학 간 학생들이 30% 되었다.

나에게도 동요가 찾아왔지만, 혈혈단신 기댈 곳 없는 처지라 버텨야만 했다.

의학교육의 심도는 갈수록 깊어졌다. 생리적인 인체조직구조 숙지로부터 병적과정으로 진화하는 학문이 드러나게 된다. 병태생리학, 병리해부학, 국소해부학 등 전문의학 과학과목들을 수강하면서 점차 머릿속에서 생태균형과 파탄의 원리를 익혀 나가는 과정들은 서서히 자리 잡아 갔다.

이 시기 힘든 건 배고픔이었다. 대학 기숙사 식당에선 한 끼에 100g 정도의 식사와 감자 몇 알이 제공되었다. 그나마 병원실습 나갔다가 늦게 돌아오면 식당은 문이 닫혀 있기 일쑤였다. 쫄쫄 붙은 배를 움켜쥐고 자는 건 쉽지 않았다. 이런 나날들도 인내하니 적응력이 생겼다.

이런 속에서 조직 생활도 만만치 않았다. 기본은 생활총화였는데 비판대상은 부유층 자녀들이었다. 이들은 인내심이 없고 나약한 데다 자유주의 경향이 있어 언제나 비판대상이 되었다.

대학은 무시무시한 또 다른 전쟁판이었다.

투쟁무대에 학생들이 많이 세워졌다. 수정주의 바람으로 많은 유학생들이 처단되었다. 심하게는 퇴학 처리도 되었다.

2학년 때인 1956년 중반부터 국내 대학들에서도 사상 투쟁회가 시작되었다. 일제강점기 때 집안의 비밀들을 자백하라는 자수운동이 치열했다.

이런 사업이 초급단체별로 진행되었다. 사로청위원장은 당원과 기타 성분이 좋은 학생들을 기본 책임자로 하여 개별담화와 집체적 비판토론들을 진행했다.

여기서 강한 비판대상은 기독교 신자, 강점 시기 일시적 치안대 가담자의 자녀들이었다. 또한, 부유층, 아편 매매업자, 간첩조직과 관련된 일, 지하 무도장 출입자 등도 여기에 속했다.

여러 형태의 다양한 현상들이 사상투쟁 대상이 되었다. 우리 반에는 자가생 김지숙이 있었는데 149호 대상(집에 숨겨 둔 돈뭉치에 습기가 들자 마당에 널어 말린 죄)이 되어 지방으로 추방당했다. 결국 퇴학처리 되었다.

김윤실은 탄광 노동자였던 아버지 사망 후 엄마의 재가 상대가 중국인 아편 장사인 이유로, 장세경은 아버지가 지주였다는 죄목과 언니가 신의주 학생폭동사건 가담자였던 죄로 추방되었다.

무시무시한 계급투쟁 속에서 나는 은근한 위기의식을 대피하고자 내겐 무관한 일로 공부에만 몰두하였다.

대학의 영화 관람은 고단한 생활 속 비타민이었다.

학교에는 전용 영화필름 기사가 있었는데 그녀의 남편이 외국영화 필름 보급사 사장이었다. 그녀의 도움으로 우리는 국내에 입수된 외국영화 명작을 모두 관람했다.

학생들의 영화상영의 광기는 시험 기간조차 막을 수 없을 정도였다. 톨스토이 작 〈전쟁과 평화〉, 〈1918년〉, 〈자매〉, 〈고난의 길〉, 〈시비리 대지의 곡〉 등….

영화 관람은 문화생활의 충족이라기보다는 영화관에 먼저 입장하겠다는 난투장으로까지 변하곤 했다.

그런 속에서도 담임선생님은 가끔 기숙사를 돌아보며 너그럽고 여유로운 마음과 고무적인 태도로 힘을 주었다.

"학생들이 주로 무슨 소설들을 읽느냐?"

선생님의 질문에 우리는 이구동성으로 답했다.

"언제 소설 읽을 시간이 있어요?"

"공부만으로는 완전한 인간이 될 수 없다. 넓게 공부하려면 참고서적, 잡지 소설도 읽어야 해."

담임은 김춘영 조직학 선생님이었다.

그는 전쟁 전 서울대 의과 교수였는데 납북돼 평의대 교원이 되었다. 당시 우리 대학의 교수님들 중 나처럼 서울 출신인 사람이 적지 않았다.

동병상련이 작용해 상호 간 위로와 위안을 건네며 그들과는 무언의 공감대를 함께하였다. 나에게 유일한 식구와도 같았으니.

대학 기간 어려운 학습 과정의 여건 속에서 자연개조 등의 노동에도 동원되었다. 황해도 일대, 특히 삼천 군내 토질병 연구 및 자연개조와 인간개조 운동을 위해 현지에 나갔다. 게, 가재 등을 중간숙주로 하는 디스토마 박멸 운동을 위한 사업이었다.

황해도 일대에는 피를 토하는 폐디스토마 환자가 많았다. 그 밖에도 뇌(腦)디스토마로 전간 발작을 일으키는 사람, 눈이 멀어 시력을 잃은 안(眼)디스토마 환자들도 있었다. 간(肝)디스토마의 중태기에는 복수(腹水) 혹은 황달(黃疸) 등 기생 부위에 따라 다른 증세를 나타냈다.

당시에 '게, 가재 등 민물고기를 먹지 말자'라는 당의 지시가 있었다.

그러나 100도 이상 끓이면 디스토마 충환은 죽는다. 요리 과정의 위생 상식과 눈에 안 보이는 생체로 오염된 식사 도구 관리에 대한 철저한 위생 지식과 규칙 등을 보급했다.

이런 속에서 당시의 리병남 보건상은 디스토마 예방을 위해 게, 가재 요리법에 대하여 강의했다. 이는 훗날 비판의 요지가 되었다.

당에서 먹지 말라는 구호를 내놓았는데 요리법을 강의하는 것은 당 정책에 반하는 행위였다. 이는 엄밀히 표현하면 반당행위이다.

그는 이에 그치지 않고 강냉이를 주식으로 하는 소수민족들의 토착병으로 펠라그라(pellagrae)가 생기는데 이는 강냉이에 Vitamin ― PP가 없기 때문이라고 했다. 김일성 수령이 '옥수수는 밭곡식의 왕'이라는 구호를 내놓고 강냉이 농사를 잘 지을 것을 강조하였는데 이 역시 왜곡했다는 이유로 비판을 받았다.

결국 리병남 보건상은 해임 철칙 되었다.

이런 첨예한 환경하에서 우리 대학 학장 김배준은 한때 보건 의학계에서 명성이 높았고 세계적으로도 존경받던 인물이었으나 과거 부유층 자녀였다는 이유로 학장직에서 해임 추방되었다.

대학을 떠나기 전 그는 기숙사 각 호실마다 돌아보며 학생들에게 여운 있는 마지막 메시지를 남겨 우리로 하여금 더더욱 가슴속에 오래 자리하게 하여 주었다.

"의사는 의술뿐 아니라 폭넓은 인간으로서 지식인이어야 한다.
그러기 위해서 책을 많이 읽어야 한다."

그 여운 있는 메시지의 작별 인사를 하러 왔을 때가 해임되어 지방으로 내려가기 전 기숙사 방문이었음은 우리 학생들에게 썩 후에야 알려졌다. 그런 절망의 순간에 김배준 총장님이 남긴 의미심장한 애정의 메시지는 가슴에 남아 오래도록 나를 지켜 주었다.

아마도 오랜 과정 속 이와 같은 특이한 경험이 바로 공산치하의 북한 사회에서 살아남을 수 있었던 나만의 특이한 내구력이 된 듯도 싶다.

신해방지구 - 대학생 공작대

우리는 28호 청년거리 복구건설에 동원되었다.

3학년이 되자 학급 소대장 이하 간부들과의 사업수완도 늘었다. 소대원들이 수월하게 일할 수 있도록 방법을 찾아 몰두하고 고안해 내기도 했다. 당시 평양 건설에 동원된 학생들에게는 백미가 공급되고 신선한 해어(海魚)가 비행기로 직송되었다. 우리 소대(학급 단위가 소대임)는 운수 임무를 담당했는데 대학기간 노동 중 가장 수월했다. 그러나 작업 성과는 제일 높았다. 이는 명철한 판단과 조직지휘능력, 대인관계 등의 노하우를 지닌 지휘자의 리더십 결과였다.

확실히 고학년에 올라가니 학업에서도 많은 발전이 있었다. 밤새우며 안팎으로 쩔쩔매던 1~2학년 때와는 전혀 상황이 달랐다. 실습 교원들과도 친숙해지고 생활도 어느 정도 여유가 생겼다.

그해 평양 시내 여학생들은 중앙당 지도 그룹(그루빠 - 북한식 표현)에 동원되어 신(新) 해방지구 공작을 나간 때도 있었다. 담당 지역은 강원도 배천군 3.8선 지대의 월남자 가족들이 많은 곳이었다. 이 지역에 고작 남은 건 타지방에서 임명되어 온 애들이고 남자들은 모두 월남한 상태였다. 집들에는 할머니, 여인네들, 어린아이들이 살고 있었다. 우리 학생들의 정식 명칭은 '농촌노력 협조대원'이었다.

여학생들은 4~5명씩 배치되어 정해진 농가에서 침식(寢食)을 같이했다.

이미 강습받은 대로 자신이 맡은 농가(약 10호 정도)에서 같이 일하고 아이들과 놀아 주면서 가정형편, 구성 상태 등을 파악했다. 그에 맞는 해설 선전 요강대로 교양계몽사업을 하고 동향을 요해하여 부록을 작성했다. 여기서 Ⅰ부류-처단대상, Ⅱ부류-교양개조, Ⅲ부류-포섭대상 등 부류별로 구분했다.

북한은 이미 해방 후에 토지개혁으로 지주(地主)의 땅을 몰수하여 땅 없는 농민에게 무상 분배했다.

그 일대는 농촌이라 주로 농민들을 대상으로 공작했다. 한편 노동자인 경우, 1958년 당시 상공인들을 사회주의로 개조하여 기관 기업소 공장들을 일체 국유화했다. 나라의 기본계급은 노동계급이었으므로 공장주, 기업가, 상공인들은 부유층이라는 이유로 혁명의 투쟁대상이었다. 지식인들은 주로 혁명의 동력으로 필요하였기에 부유층이지만 혁명 시기 이용당하고는 버려졌다.

내가 맡은 한 농가에는 자식이 다 월남(越南)해 노인 혼자 근근이 살아가고 있었다. 가정토대가 자작농이고 농번기에는 일손이 부족해 삯군을 썼다고 했다. 그 자식들이 만행하였다면 처단대상이지만 그렇지 않고 남의 추동에 몰려 월남한 것이었다. 이들을 대상으로 당정책을 해설하고 포섭하는 사업이었다.

한 가족은 남편이 지주였는데 악독 만행을 저지르고 월남했다.

아내는 소작농 출신으로 자기 노동력에 의해 농사를 지었다. 미성년인 자식이 둘 있었다. 이 경우는 1부류에 속했다. 이혼한다 해도, 자식을 데리고 있어도 계급투쟁대상을 피할 수 없었다. 또 다른 집은 부부가 다

자작농이었다.

남편이 월남하고 아내가 자식과 함께 생활하고 있었는데 2부류로 교양개조, 포섭대상이었다.

다음은 부부가 빈농 출신인데 주위 사람들의 추동으로 남편이 월남하여 3부류였다.

이런 식으로 매일 만나 본 사람과 요해된 내용, 선전 내용, 그들의 동향, 일반 여론조사 내용들을 정리했다.

그러고는 주에 한번 배천 군당에 올라가 중앙당 지도 그룹에 보고하고 의견을 첨부했다.

매일 오전에는 주로 농민들과 함께 김매기, 풀 뽑기에 참여했다.

오후에는 당에서 강습받은 요강에 따라 선전사업을 펼쳤다.

그 당시 3.8선 인근에서는 날이 좋을 때면 남쪽 농민들이 부르는 노랫소리가 어렴풋이 들리기도 했다.

가끔 소몰이꾼의 유창한 노랫가락 소리도 들려왔다. 가끔 월남자 중 가족이 걱정되어 밤이면 슬쩍 왔다 가곤 한다는 소문도 있었다. 분단으로 인해 여인들이나 나 같은 이들이 겪는 고통과 울분을 가깝게 실감하는 현장이기도 했다.

얼마나 지적인 내 고향인가, 나는 아무것도 할 수 없다. 야속하였다.

어느덧 4학년

어느덧 4학년이 되었다.

이제는 질병학을 시작으로 내과, 외과학 총론과 소아 산부인과, 기타 특수과, 피부과 등 각 병원에 현장실습을 나가게 되었다. 4학년 과정은 대학병원과 적십자병원을 오갔다.

　강의실에서 강의를 듣고 각자 병원에 가서 전공실습으로 기초의술을 익혔다. 현장에 있는 강좌실습실에서 예비시험을 보기도 하는 책상머리의 학업이 아니라 의학현장을 경험하는 보다 진화된 의학기술을 습득하였다.

　의대 수업은 어느덧 5학년 막바지에 접어들었다. 5학년에는 외부 동원이나 작업 동원이 일절 없었다.

　생활 속에서 마음도 육체도 한결 여유로웠다. 다만, 교복을 입었을 뿐 환자들과 자주 접촉했다. 그 기간은 생산 실습(전공실습)이라고 하여 환자를 진찰하고 처방을 발급하는 예비의사 역할을 맡았다. 주로 임상의학 과제를 습득하는 기간이었다.

　내과 임상학 과목은 임연희 교수(강좌장)가 담당했다. 역시 前 서울대 교수였는데 큰 키에 살집이 좀 있었다. 자주 담석발작을 일으켰다. 내과적 치료를 받는다고는 했지만 학생들은 목격할 수 없었다.

　바로 내가 전공한 과목이었다.

　그는 주로 소련 교과서로 강의했는데 '딸라예브' 교수의 저서를 즐겨 사용했다. 비록 말재간은 없어도 유익한 내용이 많다는 것이었다. 그에 비해 '먀스니코브' 교과서는 말만 번지르르하고 얻을 내용이 적다고 했다. 병리학 강좌장의 강의는 인상적인 내용이 많았다.

　특수과목인 정신병학, 법정 정신병학 과목들이 꽤 흥미로웠다. 정신병학 강좌장 임문빈 교수는 미국 박사학위의 전 서울대 교수였는데 전쟁 시기 납북되어 인생을 홀로 병원침실에서 보냈다. 정신병학 실습은 의주 정신병원에서 진행되었다.

　정신과 질병이라 수도권과 떨어진 의주 쪽(평안북도)에 병원이 위치한 듯싶었다. 북한은 매개 군(200여 개)마다 49호 예방원이라는 정신병원을 민가가 없는 산골짜기에 설치·운영했다. 북한의 정신병 환자는 대략 1,000명당 1명꼴이었다. 실습목적으로 의주까지 가려면 기차로 신의주를 거쳐 먼 거리를 또 버스로 들어가야 했다.

강좌에서 모든 일과가 집행되고 좀 떨어진 곳에 침실이 있었다.

교수님의 의국(醫局)에는 큰 테이블이 하나 있고, 책장에는 정신병학 책들이 꽉 차 있었다. 책상 위에는 여러 권의 원서로 된 소설들이 즐비했다. 책장에서 첫눈에 띈 것이 오스트롭스키의 자서전적 작품 『강철은 어떻게 단련되었는가』였다. 그 밖에 『카추샤』, 『부활』, 『전야』 등 몇 권이 더 있었다.

의주 정신병원은 난폭한 정신장애 환자가 많아 여(女)간호원만으로는 감당해 내기 어려웠다. 그래서 힘센 남성 간호원들이 필요했다. 그들이 의사의 치료를 도왔다. 병원은 벽돌로 높이 울타리가 설치되어 있었다.

병동에는 병기별로 히스테리, 정신박약증, 정신분열증과 남녀의 입원실이 달랐다. 질병 진행 과정에 따라 초기 환자, 중증 경환자별로 구분되었다. 울병기, 조병기, 자주 발작하는 시기관해기, 회복기 등의 환자들은 실습 교원의 강의대로 같은 행동을 반복했다.

"손을 들어 보시오."

정신병 환자들에게 융통성이란 없었다.

어떤 동작이 시작되면 계속 그 동작을 유지했다. 그러다가도 난폭하게 돌변하는가 하면 예측 불허의 행동이 반복되었다.

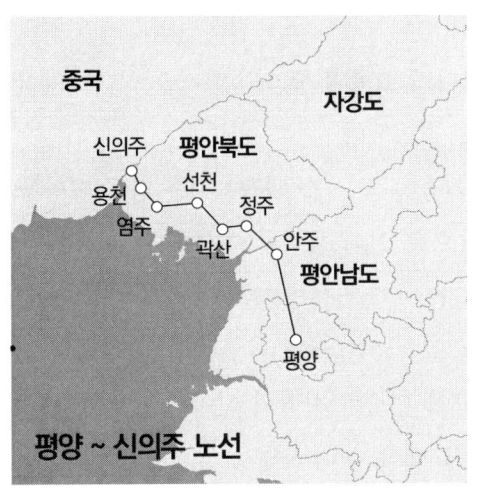

평양-신의주 간 정신병학과 실습지 지역도

인상 깊었던 환자는 기차사고로 사지가 절단된 환자였다. 그는 조병기를 경과하고 있었는데 세상에서 가장 행복하다고 느끼는 것 같았다.

"나는 3중 영웅이다."

그가 말했다. 첫 번째는 조국 건설에서 영웅 칭호를 받았고 두 번째는 3차 대전 당시 전투를 지휘했고 전승하였단다. 현재 자신은 3중 영웅 칭호를 받고 내각 수상을 하고 있다는 것이었다.

그 밖에도 요란하게 화장하고 야한 옷차림으로 시를 낭송하는 여성 환자도 있었다. 또 울병기에 있는 환자는 안타까움을 자아냈다. 그는 세심한 감시가 없으면 자살을 하거나 폭행으로 이어지는 위험한 환자였다.

약 20일 정도 되는 그곳 생활은 나조차 정신이 혼미해졌다. 한편 그

병원에는 배속된 법의정신병학적 감정위원회가 있었다. 환자의 고의적인 행동인가, 아니면 질병 진행 과정인가를 식별하여 입원 여부를 가름하고 이송절차를 결정했다.

다음 피성병학 강의 및 실습 과정에서는 다른 대학들에는 없는 걸 배웠다. 불치의 병으로 인해 불행한 여생을 보내는 환자들, 나병 환자들에 대한 것이었다. 나병(한센병) 환자들은 어딘가 모를 곳으로 파송되어 간다고 했다. 그 강의에서는 남부럽지 않게 살다 난치성 피부 괴양 병조에서 나병균이 검출된 사람의 이야기가 있었다. 그로 인해 가족들과 비통한 이별을 해야 하는 사연을 들으며 강의와 실습 등을 지낸 때도 있었다.

그리고 가장 중요한 내과, 외과학 임상강의 실습을 거치자 의사가 다 된 기분이었다. 실습 요원의 지도하에 환자들과 직접 대면하여 진료하는 실습 과정도 이어졌다.

끔찍한 생각이 드는 산부인과 환자들의 수술장과 외과 임상 개복수술 등의 복잡한 수술 과정들을 참관하거나 실습을 거쳤다.

1~3학년 기초학년에서 초보적으로 거치긴 했어도 정신적 긴장 때문인지 수술장에서 창백해지는 학생들도 있었다.

다음은 시험 기간과 과정에 대한 추억이다.

대학과정에 매번 겪어 온 시험과정이 있었으나 졸업시험은 더욱 긴장되었고, 정신적, 육체적으로 몹시 힘들었다.

아직도 기억에 생생한 건 마지막 과목시험을 치른 첫 번째 학생 '전종원'이 시험장을 나오며 '만세!'를 불렀다는 것이다.

시험 기간에 더욱 인상 깊었던 것은 '마르크스 레닌주의 당 투쟁사' 시험시간에 한 어느 학생의 질문이었다.

"선생님! 공산주의 사회에 가면 모든 정신 육체적 고통에서 해방된다고 했는데 그때는 시험도 없습니까?"

모두가 웃음보를 터뜨려 교실 안은 폭소가 울렸다….

청소년 학생들에게 가장 힘든 건 시험이라는 걸 알 수 있었다.

이런 우여곡절의 과정들을 되풀이하면서 악전고투(惡戰苦鬪)의 대학 5년 과정을 마쳤다.

4. 평양의학대학의 서울대 교수들

대학의 내과학 총론 강의는 리정복 교수(前 서울여자외과대학)였는데 일제강점기 때 박사 논문을 뺏기고 말았다는 전언이 있었다. 부인 김경옥 선생은 옛 간호원 시절에 만났다고 했다. 그는 내과 실습 교원으로 협조했다.

외과학 총론 강의는 리제복 교수(前 서울외과대학)였는데 훌쩍 큰 키에 우렁우렁한 음성으로 강의에 열정을 쏟았다. 그는 소련 외과 교수의 '위스넵스끼' 수술 장면을 참관한 일이 있었다는 말을 들려주었다. 그는 전쟁 시기 인민군 18호 병원 외과 과장이었다.

남한 출신 교수인 철도성 중앙병원 외과 과장 유기동 선생(소련 1기 유학생)과는 경쟁 상대여서 학생들의 이목을 끌었다.

내과학 각론 강의 역시 서울의대 출신 리종두 교수였는데 박홍섭 선생님으로부터 실습 지도를 받았다. 그는 한때 보건상으로까지 승진한 경력도 있었다. 보건상은 자주 교체되었다. 남한서 소아과의원을 하다가 가족과 함께 납·월북한 리병남 선생(비당원)도 보건상을 한 적이 있었는데 워낙 첨예한 북한의 계급투쟁 현실로 하여 대학을 졸업하고 의사가 되고 난 후에도 보건상은 수없이 바뀌었다.

외과 임상 과목은 외과 임상 강좌장인 김시창 교수의 강의도 인상 깊었다. 그러나 오래가지 못했다. 곧 숙청되었기 때문이다. 서울대 의대 출신 신경외과 전문의였던 그는 납북된 사람으로 당세포 조직에 대한 불만을 털어놓았다. 당 조직회의나 당 조직의 비판사업에 학생과 교원이 함께한다는 것, 즉 교육계의 상하관계, 수직관계가 없음을 매우 탐탁잖게 생각한 불만이었다.

어느 교수를 막론하고 말투나 교수안의 짜임새까지도 대학당 조직에서 비판대상이라는 것이다. 그의 연장으로 정기적인 중앙당 지도검열 시 사상 투쟁회가 벌어지곤 했다. 그 소식은 비당원인 학생들에게까지 전파되었고 바로 그 비판내용은 학생들의 강의에도 반영되었다.

원래 교수들의 무기는 학생이다. 연구생들에 대한 엄격한 통제와 날카로운 요구성이 제자 발전의 견인력인 것이다. 그런데 교수와 제자가 함께 하는 조직생활에서 상급당 조직의 무시무시한 위협적인 비판사업은 교수들의 요구성을 무디게 만들었고 교육에서도 수업강도를 망설이고 주저하게 했다.

김시창 교수 역시 남한출신으로 미국에서 박사학위를 받은 신경외과계의 권위자였다. 그는 강의 도중

"학생 제군들!"

이라고 한 게 빌미가 되어 호된 비판을 받은 적이 있었다. '학생 동무들!'이라고 말하지 않은 때문이었다.

원래 기술일꾼들에게는 정치이론 과목에 자신감이 없는 게 보편적이다.

이에 대해서는 한국 사회 분위기를 빌어 다시 언급할 기회가 있었다. 김시창 교수를 비롯해 6.25 전쟁 때 납북된 당시의 평양의학대학 열여섯 명의 교수진들이 나의 딸 박사학위 논문을 통하여 발표된 사실이다.

그때까지 월북자 가족으로 불이익과 고통을 당했던 김시창 교수의 장남 김정대가 아버지 소식을 듣기 위해 찾아온 적도 있었다.

딸의 박사학위 논문

딸의 〈북한 보건의료인력 양성정책에 관한 연구〉라는 박사논문 발표(『동아일보』, 2013년 5월 3일 부, 1면) 기사가 실렸다. "서울대 의대 교수들 6.25 때 16명 이상 납북 이용당한 뒤 숙청, 처형 — 탈북 이혜경 박사 평양의대 명단 확인"이란 제목이었다.

"서울대 의대 교수들 6·25때 16명이상 납북… 이용당한 뒤 숙청-처형"
탈북 이혜경(이하나 개명) 박사 "평양의대 명단 확인"[3]

---

3) 『동아일보』, 2013년 5월 3일 자 1면

이 박사에 따르면 당시 김일성이 의료체계를 세우고 부족한 보건의료 인력을 보충하기 위해 직접 납북을 지시했다. 이 박사는 "북한이 이들을 의료교육시스템의 기반을 만드는 데 이용한 뒤 사상문제 등을 이유로 숙청, 처형, 좌천시켰다"고 말했다. 이 박사는 "평양의대 정신과 강좌장(학과장의 북한말)이었던 임문빈 씨는 차에 태워져 납북될 때 사시나무 떨듯 두려워했다고 한다"며 "그는 정신의학계에서 유명해 소련의 한 재판관은 그의 이름만 들어도 발작이 멈췄다는 얘기도 있다"고 말했다. 이 박사에 따르면 김시창 신경외과 강좌장과 김종순 조직학 강좌장은 간첩 혐의 등으로 처단됐고, 신성우 안과 강좌장도 수용소행을 피하지 못했다.

당시의 『동아일보』의 상기의 기사에 대해 당일 통일부 대변인 담화가 있었다.

담화 발표 내용은 아래와 같다.

당시 김형석 통일부대변인은 "6.25 전쟁 기간 중 서울대 교수 20명에 대하여서는 안타까운 사연이며 '진상규명위원회'에서 사실관계를 확인하고 아픔이 치유될 수 있는 정부차원의 노력을 하겠다."라는 담화를 발표하였다.

"아픈 상흔에 대하여 다시금 돌아보고 조사하는 사업을 추진하여 잊고 산 과거를 돌이켜 보아야 할 것이다."가 그 요지이다.

곧 '6.25 진상 규명위원회'를 통해 그들이 '월북'이 아닌 '납북'으로 정정되었다. 장장 50여 년 만에 아버지의 과거가 이념에 매몰돼 불이익을 받아 왔던 자제분들은 저를 찾아와 고마움을 표하였다. 6.25 전쟁은 북한만이 아니라 한국에서도 여전히 아픔과 고통의 상흔임이 분명하다.

나의 대학 생활 시기 기억에 의한 증언을 바탕으로 내 딸의 박사학위 논문에서 새롭게 밝혀진 6.25 전쟁 당시 납·월북된 평양의대 교수진의 기록은 다음과 같다.

초기 평양의학대학의 교원 진영들(南北 출신 포함)

No.	이름	출신	전직	현직	교원정형	서울대 연구자료 확인내용
1	김봉한	서울	서울대 교수	생리학 강좌장	처음에는 청수준의학교 교관. 경락실태 연구 강요. - 초기에 계속 거부하였으나, 당적 제재가 심해 경락연구소를 책임·운영. - 내부에 봉한 소체연구소 설립, 연구 실패로 처단. 당시 박정숙(박금철 부상 딸) 연구소 소장.	서울대 조교수 서울여자의대 교수(확인)
2	계운흥	서울	서울대 교수	병리해부학 강좌장	봉한소체 실태 검토과정에서 "이거 토끼털 아냐?" 발언으로 좌천.	미확인
3	리기빈	서울	서울대 교수 (日 유학생)	생물학 강좌장	혁명화 대상으로 추방 (죄명: 부유계층)	미확인
4	김종순	서울	서울대 교수	조직학 강좌장	간첩 누명으로 처단됨.	미확인

5	정성희	서울	서울여자 의과대학 졸업	안과 박사	김일성의 여박사 의향 발언으로 북한의 천리마 시기 배출된 안과 박사. - 김춘영을 사모하여 자진 입북. 훗날 요덕수용소 김춘영과 함께 수감탈북자 증언. "천리마시대 눈"으로 애칭됨.	미확인
6	김춘영	서울	서울대 교수		서울대 교수 현직에서 자진 입북. 요덕 수용소서 사망. 후에 어머니가 아들을 데리고 입북. 필자의 담임 교원이었음.	미확인
7	신성우	서울	서울대 교수	안과 강좌장	간첩혐의로 수용소행	확인
8	장지반	서울	서울대 교수	산부인과 강좌장	추방	미확인
9	임문빈	서울	서울대 교수 미국박사 학위	정신과 강좌장	납북될 때 사시나무 떨 듯 하며 차에 태워져 연행되었다는 설. 정신병학계의 거물(소련의 한 재판관은 명성만 들어도 발작이 정지되었다는 유명학자). 후에 혁명화로 좌천됨.	서울의대 조교수 서울여자의대 교수 2005년 사리원의대 근무(확인)
10	리정복	서울	서울대 교수	내과 총론 강좌장	교원 퇴직 후에 정부병원 근무.	서울의대교수 서울여자의대 학장(확인)
11	리제복	서울	서울대 교수	외과 각론 강좌장	소련의 비스넵스끼(bisnebski) 집도 수술에 참가한 유일한 외과 교수이며 비스넵스끼교과서 집필의 유명한 교수, 18호 병원 외과 과장 후 외과병원 강좌장. 김일성 콩팥 수술 집도(박 모 박사와 함께).	애국열사릉 (확인)
12	리정두	서울	서울대 교수	내과 각론 강좌장	납북 교수들 중 최연소 교수.	(확인)

13	임연희	서울	서울대 교수	내과 임상 강좌장	학생들에 대한 요구성이 가장 높은 교원이었음.	(확인)
14	김시창	서울	서울대 교수	신경외과 강좌장	뇌지스토마 발병 책임, 수업에서 "학생 제군들!" 발언 등 간첩 혐의로 처형.	서울의대교수 서울여자의대 교수(확인)
15	최명학	서울	서울대 교수	병태생리 강좌장	해방 전 함흥에서 개업 의사. 김시창 박사 후임.	1926년 세브란스의전 졸업, 세브란스의전 교수(확인)
16	리병남	서울	서울 의과대 교수 (의사협회 부의장 역임)	초대 보건상	광복 전 남한에서 소아과병원 개업 의사 중 '빨갱이'를 몰래 치료해 준 공적으로 납북. 1948년 자녀(리원형)까지 월북시켜 모스크바종합대학 의과대 유학시킴. 임상연구소 강등 후 은덕군으로 추방. 추방 생활 중 1980년대 뇌출혈로 사망.	훗날 애국열사릉 (확인)
17	리억세	서울	김일성대 졸업 소련 유학생	약리학 강좌장	아버지 리국로(서울 출신)와 함께 새별군 추방, 사망. 김일성의 회고록 3권에 회고 후 1980년대 청진의대 약학부 교원 복귀. 리병남의 사위(처: 리원형 — 모스크바의대 중퇴, 평양의대 졸업)	미확인
18	박○○	서울	서울대 교수	비뇨기 강좌강	루마니아 병원 과장하다가 리병남 보건상 후임.	미확인
19	신성우	서울	서울대 교수	정형외과 강좌장 北영화 《한의학자의 길》에 월북의사로 소개	함흥으로 좌천 — 후에 함흥정형외과 병원장으로 70% 화상환자 방화수 소년을 살려 낸 공적. '정성 운동'의 선구자로 각광 받음.	미확인

20	김배준	北	소련 유학생	평양의학 대학장	부유층으로 혁명화 대상 추방. 추방 갈 때 의학 대학 기숙사 호실마다 학생들에게 독서 강조, 인사 후 혁명화로 수용소? 추방.	
21	강건혁	北	소련 유학생	병태 생리학 강좌장	봉한 소체 실패 부인 후 강좌 자신 책상 밑에서 자살.	
22	양진홍	北	독일 박사 학위	미생물 강좌장	초대 평의대 학장.	1918년경 성의전 졸업. 독일 프랑크푸르트대 박사학위 취득(확인)
23	최창석	北	평의전 졸업	보건 조직학 강좌장	임상의학 연구소장으로 강등.	평양의전 졸업(확인) 애국열사릉
24	최응석	北	경성의대 의학부 교수	내과학 각론 강좌장	최창석의 형. 김일성 주치의. 간첩혐의 후 → 해명(김일성이 해명) → 그 후 행방불명.	1937년 동경제국대 의학부 졸업. 경성대학 의학부 교수, 애국열사릉 (확인)

외래에서는 정치 과목으로 마르크스 — 레닌주의 철학, 소련공산당 역사학, 당 투쟁사, 의무론, 보건 조직학 등이 있었다. 마르크스 — 레닌주의 철학 강의 때는 강사가 목청을 높인다고 해서 '소프라노' 강의라고 불렀다.

당 투쟁사(당투사) 강의 때 들은 이야기가 있다. 부수상이었던 박금철은 개인영웅주의를 함으로써 강한 비판을 받았다. 그는 권력을 내세워 독단적으로 행동했다. 자기 딸을 박사로 만들기 위해 생물학 연구소장으로 내세웠다. 그리고 그 산하에 김봉환(경락연구소장)을 끌어들여 '봉환 연구소'를 만들었다. 또한, 젊은 과학자들까지도 포섭해 연구에 포진시켰다. 이로 인해 김일성은 "김봉환은 실력자였다. 하지만 박금철이 망쳐 놓았다."라고 말한 것으로 알려졌다.

박금철은 그 후 병원 4층에서 몸을 던져 자살을 시도했으나 실패해 다리가 골절되었다. 사람들은 "박금철이 떨어졌다. 세상에서 존재가 없어졌다."라고들 떠들었다. 결국 박금철은 숙청되었다.

내가 본 김봉환 교수는 실력 있는 교육자이고 과학자였으며 덕망이 높은 인재였다. 그의 강의는 낮고 조용했으나 박력 있었다. 학생들은 긴장하며 강의에 집중했다. 시험장에서 시험 감독을 할 때면 자상한 면도 보여 주었다. 학생이 답을 쓰지 못한 채 고민하고 낑낑대면 힌트를 주어 스스로 답을 찾도록 했다.

그의 북한 생활은 매우 메말랐다.

방 한 칸에서 독신으로 생활했다. 평양 중앙목욕탕에서 손수 빨래를 해서는 가방에 넣어 밖으로 가지고 나와 잘 말려 입었다. 그렇게 외로운 독신생활을 버티다가 끝내 숨을 거두었다.

남한 출신 교수들은 거의 유사하면서도 안타까운 사례들이 공통적으로 있다. 6.25 전쟁 때 납북된 사람으로 독일 박사이며 평양의학대학 거물급인 양진홍 교수가 있었는데 그는 정치성이 없었다. 그로 인해 '기술지상주의'라는 비판을 많이 받았다는 소문이 돌았다. 어느 날 미생물 합동 강의가 있어 전체 의학부 학생들이 대강당 강의실에 모였다.

강의시간이 되자 자그마한 뚱보 양진홍 교수님이 교단에 오르며 말했다.

"여기는 새집, 저기도 새집, 수도 전기 줄줄 나는 6호로 이사했소~♬♪"

학생들 속에서 폭소가 터졌다. 책상을 두드리면서 웃어 대는 학생도 있었다. 그 당시 평양시에 1만 세대 살림집이 새로 건설 돼 새집들이가 한창이라는 뉴스가 도배되었다. 수돗물도 전기도 모두 세금이 없다고 선전 일색이었다. 이에 대한 조롱의 노래였다.

미생물학계에서는 독일과 일본 등지에서 그 실력을 인정받는 분이 이처럼 인격적인 모독을 감수하며 당정책을 조롱한 후과가 어떠했을까. 그러고는 얼마 안 가 자취가 사라져 찾아 볼 수가 없었다.

한편 병리생리학 강좌장 홍학근 박사는 호화로운 차림새로 대여섯 명의 조수들과 수술받은 실험용 개를 데리고 강의실에 나타났다. 칠판에 글을 쓰고 강의를 한 뒤에는 조수들이 칠판을 지웠다. 행여 백묵 가루가 묻을까 봐 조수들을 시킬 만큼 권위와 위엄을 지키는 분이었다. 후에 알게 되었는데 그 역시도 쥐도 새도 모르게 자취를 감추었다.

평양의학대학 졸업 담화!

당시 사람들은 대학을 가리켜 용광로라고 하였다. 이는 마음도 육신도 쇳물처럼 녹여서 원하는 형태의 모양대로 두들겨 만든다는 의미였다.

졸업시험이 끝나고 정신적으로 좀 자유로워졌으나 우리는 곧 평양대극장 완공작업에 동원되었다. 무대로부터 화장실에 이르기까지 건설과 마감 정리까지 도맡았다. 구석구석 세밀하게 살폈고 심지어는 화장실 타일에 붙은 티 세정작업까지 진행했다.

한편 민청조직에서는 사상투쟁 회의를 계속했다. 현시대 청년 학생들은 당이 부르는 곳이라면 물불을 가리지 않겠다며 결의를 다지고 토론을 벌였다. 졸업시기가 되니 당중앙위원회 간부부에서 간부 과장이 내려와 직접 개별담화를 했다. 주목적은 취직/배치 문제였다. 나는 그때 간절한 마음을 피력했다.

"어린 시절 고향과 부모, 형제를 다 버리고 북조선 무료 교육에 매혹되어 오직 한마음으로 달려왔다. 우리나라는 아무 때든 통일될 것이다. 나는 고향에 돌아갈 때 내가 헛되게 살지 않았음을 부모, 형제, 친척들 앞에서 증명하겠다. 말로만 떠드는 돌팔이 의사가 아니라 내공을 쌓은 실속 있는 의사라는 것을 보여 주고 싶다. 그러니 유능한 의사들 밑에서 좀 더 배우게 해 달라."라며 간절한 의향을 털어놓았다. 오직 불타는 학구열만이 고향 가는 지름길이라는 나의 신조는 더욱 굳어졌다.

간부 과장은 내 열정에 공감했는지

"좋소!"

하며 무엇인가 기록했다.

나의 열정과 학구열과는 상이하게 학생 대부분은 집이 평양이니까 평양 배치를 고집하고 주장했다. 또한, 배우자도 평양인 경우가 많으니 합리화가 당연했다. 그로 인해 민청조직, 당 조직에서는 신랄한 비판사업이 진행되곤 했다. 결의모임은 마지막 한 사람까지 평양을 떠나겠다는 학생들의 결의를 받아 냈다.

중앙당 간부 과장을 위주로 한 대학생 배치(한국의 취직 개념이 아니고 북한은 당국이 꽂아 넣는 방식의 배치다)를 위한 지도사업이 끝나고 결론이 내려졌다.

결론을 듣고 우리 동기 모두는 눈물을 글썽였다.

졸업생 전원이 평양에 배치되었기 때문이다. 이번 졸업생들이 지난 3년간을 통틀어 가장 우수한 성적을 나타낸 덕분이라고 했다.

우리 1960년도 졸업생들은 과반수가 직발생(고등중학교 졸업생)들이었다. 덕분에 학년 평균 성적이 가장 높았단다. 그리하여 전원이 평양에 배치된 것이다.

감격적인 졸업식은 1960년 9월 2일에 진행되었다.

졸업식이 끝난 후 약 일주일간 배치지가 결정되었고 우리는 그동안의 엄혹하고 간고하였으나 진취와 열정을 태우고 아울러 희열을 느꼈던 인생 청춘기의 희로애락을 녹인 정든 모교의 교정을 떠났다.

5. 소련의학원 - 오르지나또르(Ординатор)

고맙게도 배움을 더 공고히 하고 고향에 계신 부모님께 떳떳해지고 싶다는 나의 강열한 소망은 정히 수용되었다. 하여 당시의 평양 임상병원(現 평양의학대학병원) 내과 임상 오루지나또르(전공의: 러시아어로 Ординатор, 영어로 Residency)에 배치되었다. 한국의 레지던트인 셈이다.

여기에는 우리 졸업생 300명 중 6명이 선발되었는데 그중 내과 2명, 외과 2명, 소아과 2명이었다.

내과 임상 강좌 배치

나는 내과 임상 강좌에 배치되었다. 내과 강좌에 들어가 처음으로 강좌장 임연희 선생님(전 서울대 교수)과 상급교원 리곽 선생님께 인사했다. 강좌지도 교원으로는 림치진 선생님이 배정되었다. 나의 미친 학구열과 열정에 받은 환영과 고무 격려가 고마웠다. 한결 성숙되고 격조 있는 학생의 고급한 신분을 갈구하였다.

오르지나또르는 주 1회 강좌장 선생님이 회진 겸 의학원생의 학습검열을 하게 되어 있었다. 처음 임연희 선생님은 소련의학원생 실습지도 집행요강 3년제를 내주었다. 그러곤 우리에게 2년제 요강으로 학습계획서를 작성해 오라고 했다. 이는 1일에 4명의 환자를 맡아야 하는 6시간 외 2시간은 각이한 환자들에 따르는 자체 학습을 하라는 것이었다.

환자치료는 주로 오전에 이뤄졌다.

우리는 먼저 의국 내과 과장에게 인사했다. 당 세포비서 선생의 훈시를 받은 후 병원 부서마다 다니며 안면을 틔웠다. 과에 돌아와서는 내과 의사들의 경험담을 들었다. 특히 임연희 강좌장은 학생들에 대한 기대가 매우 높았기에 요구성 또한 높았다.

리곽 선생님은 강좌장 선생님 앞에서는 늘 오금을 못 폈다.

그러다가 화농균(suppurative bacteria)에 대한 물음에 일본어로 녹농균(りょくのうきん)이라 말하는 실수를 했다. 그 바람에 내과 성원들이 웃음을 터트린 적도 있었다.

과장 이하 모든 선생님은 대부분 친절하고 지도에 주의를 기울였다. 내과 구성원으로는 과장 이하 세포비서(1958년 졸업)와 선배 의학원생(1958년 졸업), 우리 연배 두 명이 있었다. 우리는 4명의 환자를 아침부터 회진하고 두 번, 세 번, 다섯 번 정도까지 살펴보았다. 구성원들은 자기 학습경험을 바탕으로 치료사업을 익혀 가는 과정 중 경험들을 보충해 주었다. 숙(宿)직 근무는 선배 의사 1명과 간호원 두 명이 전(前), 후(後)반으로 나눠서 맡았다.

당시 도상록 박사는 남한서 일본 와세다대 유학생 중 특등 없는 1등생으로 유명한 인물이다. 그의 딸이 나보다 4살 어린데도 선배로서 침착하게 자기 경험을 친절하고 쉽게 알려 주곤 했다. 처음에 나는 계획된 과정 안에 따라 호흡기 질병 환자들을 치료하게 되었다.

한번은 모란봉구역 사로청위원장이 폐렴에 걸려 입원했다. 세밀한 진찰과 일체 검사를 거쳐 확진 판정을 했다. 치료에 집중한 결과 중태였던 환자가 3일 만에 호전되었다. 열도 내리고 호흡도 순조로워졌으며 기침도 줄어들었다. 그러나 렌트겐(X-ray) 소견은 여전했다. 그 와중에 환자는 퇴원을 강력하게 요구했다. 만류에도 불구하고 그는 할 일이 많다고 퇴원 수속 없이 병원을 도망쳐 나가 버렸다.

4~5일이 지나 그 환자가 다시 내원했다. 그는 자기가 전에 쓰던 침대에 스스로 누워 버렸는데 주위 환자들이 괴로움을 호소했다. 그에게서 송장 썩는 냄새가 난다는 것이다. 다른 병실로 옮기게 하고 싶었으나 막무가내로 그곳 침대에서 버텼다. 환자는 폐농양으로 농성 객담이 나와 악취가 심했다.

나는 지도 교원과 협의하여 X-ray를 다시 찍고 병조 부위에 항생제 직달법 계획을 세웠다.

그렇게 하지 않으면 항생제 단위 수를 두 배로 늘려도 효과가 없기 때문이었다. 신선한 농양강(腔) 속에 1차 항생제 주입을 시작했다. 적극적인 병합요법으로 악취가 사라졌다. 객담도 점차 줄어들었다. 이렇게 호흡기 질환 치료 과정의 귀한 경험을 쌓아 나갔다. 세심한 관찰과 경과에 따르는 증상을 놓치지 않고 치료 전술을 세웠다. 이 과정을 통하여 협의 체계를 통한 합리적인 대책 강구가 중요하다는 교훈을 얻었다.

아슬아슬한 의사의 언사

다음은 순환기내과 치료 경험이다. 심장판막 장애와 대상 기능 부전증 환자, 심근변성 심장발작으로 사경에 처해 산소호흡기를 계속 꽂은 여러 환자를 맡았다.

심장환자는 첫째도, 둘째도 절대안정이다. 복수(腹水)로 하지가 터질 듯 부종이 오고 구순자남색(口脣紫藍色) 또는 연한 적청색을 띠는 환자들이 입원했다. 이들은 꼭 깊은 밤이나 특히 새벽에 발작이 일어나곤 했다. 그럴 때면 숙직(宿直)자들은 초긴장 상태에 돌입했다. 차분하고 조심스러운 의사의 치료가 필요했다. 이리하여 순환기내과에서는 심장환자들로 인해 주야간 한시도 맘을 놓을 수가 없었다.

어느 질환이나 고통스럽기는 마찬가지나 심장환자의 경우 발작 시기가 매우 중요하므로 살얼음판을 방불케 했다. 겨우 진정되어 잠이 들 때나 환자의 창백한 얼굴에 흐르는 식은땀을 닦아 줄 때면 감사한 마음이 절로 일었다.

한편 병을 이겨 내지 못하고 숨을 거두는 야속한 환자도 드물게 있었다. 그럴 때면 죄책감으로 가슴이 미어졌다.

환자 가족은 주치의에게 매달려 울부짖었다.

"과장 선생님! 무엇을 더 해야 합니까?"

하지만 현대과학에도 한계란 게 있기 마련이다. 과장은 그때마다 깊은 숨을 내쉬었다.

"어쩌겠나? 할 수 있는 대책이 그 이상 더 없는 것을…."

한번은 환자 측에서 의사의 이런 발언을 문제 삼아 상급 당 조직에서 사상투쟁을 벌인 적도 있었다.

이를 통해 의사라는 직분은, 특히 주치의는 환자나 환자 가족에게 말한 마디, 행동 하나에도 신중해야 한다는 교훈을 얻었다. 의사직분은 참 힘들고 아슬아슬한 직업인 동시에 생명을 다루는 위대한 직분이다.

거시적인 위대함이 담고 있는 가시적으로는 아슬아슬하고 예민한 의사직분!

6. 평양의학대학병원 내과 전문의사가 되다

내 인생의 황금기

의학의 전당 최고학부를 졸업한 후 나는 평양시의 가장 큰 병원인 평양의학대학병원에서 첫 사회생활을 시작했다. 비록 돈과 가족은 없어도 마음은 한없이 풍요로웠다. 내과학 임상의 최고 권위자 임연희 강좌장(전 서울대 교수)의 지도하에 임상 실습과 의학원 과정을 수료할 수 있었던 나의 자존감과 자부심이 나를 안정케 하고 행복하게 하였다.

임연희 강좌장의 엄격한 통제 아래 학습지도를 받으며 전국적으로 올라오는 희귀난치병 환자들도 담당했다. 그들을 관찰하고 진료대책을 세우는 등 교과서에서 보지 못한 질병들을 새롭게 경험했다. 이는 의학의 도를 닦는 중요한 과정이었다.

그러는 동안 미확진 중 사망자도 더러 있었다. 그런 그들을 대할 때마다 기술 습득에 목이 말랐다. 미숙한 내 실력이 야속하였다.

최선을 다해도 환자를 살려 내지 못할 때 의학의 한계를 실감했고 참

혹함에 괴로웠다. 환자의 병을 회복시켜야 하는 의사의 직분을 다하기 위해 항상 긴장했다. 그에 관련된 지식을 채우느라 책 읽는 게 습관이 되었다. 무엇보다도 나 자신을 관리하는 데 소홀하지 않았다. 덕분에 주위에 친구들도 많았다.

도상록 박사의 딸(도희섭)과 하 박사 딸(하선영), 외국문 출판사 사장 딸 등 모두 가계가 요란한 집안 자제들과 친하게 지냈다.

그런 와중에도 한편으로 평양 토박이로 유세가 심한 의사와 간호원들의 텃세도 만만치 않았다. 그들의 거들먹이 거슬려 부딪히고 충돌하여야만 했다. 하지만 상류층들과의 든든한 교우 관계로 인해 그들을 추월하는 데 많은 도움이 되었다.

나의 입지와 인지도는 상류층을 주름잡았으며 동료 의사들 간의 신망이나 병원 전체의 호평도 괜찮아 상위급이라고 자부되기도 하였다. 아마도 그 시기가 내 인생의 '황금기'가 아니었나 싶다.

나는 어렵고 빈곤했던 대학 생활을 건너뛰어 갑자기 부자가 된 기분이었다. 시내 여러 대학 졸업생 중에서도 특히 의대 졸업생들은 고액의 월급을 받았다. 식량도 백미가 지급되었다. 또한, 중앙당 공급대상이었다. 공급대상은 1년에 양복지 1벌 이상의 공급지와 기름, 달걀, 당과류 등 일반 주민들과는 구별되는 공급기준이 따로 지정되어 있었다. 공급카드가 따로 배정되었다.

나의 자부는 하늘을 날 듯하였다.

1960년대 중반 들어 대외적으로 거래가 왕성해졌다고 할까?

이에 비례하여 의학계에서는 간염 환자 이병률이 급상승하였다. 보건의료계의 진단치료체계 또한 변화가 생기게 된 원인으로 봐야 할 것이다. 급증하는 환자에 비해 국가계획의 의사 배출이 턱없이 부족하다는 증명이었다. 의료 서비스 균형을 맞추느라 병원에는 소아병동 수를 늘렸지만, 입원실에는 발 들일 틈 없이 소아 응급환자가 넘쳐 났다.

당시 우리 병원에서도 의사들이 산하 치료기관에 파견되었다. 호별 방문하여 의진자(議診者)를 찾아내는 사업들을 조직 지휘하게 했다.

대학 졸업 후 3년이 지나 의학원 과정도 끝날 무렵 외래 환자들로 초만원이 되자 정해진 시간에 다 볼 수 없었다. 그리하여 의사들이 교대로 근무하면서 숙직(宿職), 일직(日職)까지 수행했다. 평균 3일에 하루는 입원실 숙직을 했고, 2~3시간 연장 진료를 하는 것이 보통이었다.

이 시기 의사들은 졸음을 참기 위해 서서 치료하는 일이 잦았다. 그러는 과정에 응급환자들을 놓쳐서 위급상태에 빠지기도 했다. 특히 우리병원은 전국적으로 제기되는 난치성 환자, 진단 불명의 중환자들이 수시로 들이닥쳐 미리 선손 못 쓰고 죽는 환자도 속출했다.

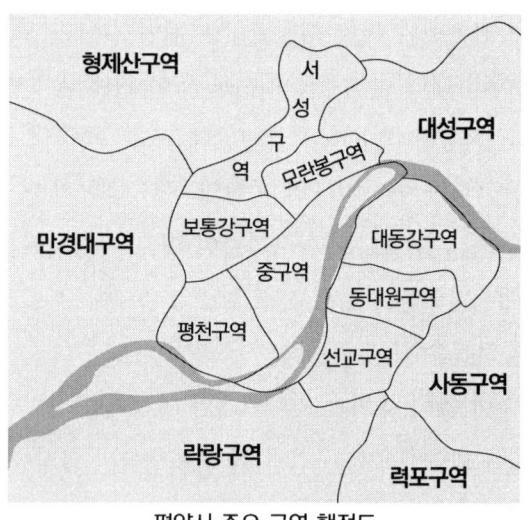

평양시 주요 구역 행정도

사망환자나 의료사고가 발생하면 사인(死因)토론회요, 임상 비판회요, 시(市)적인 임상토론회가 진행되었다. 중앙 법의 감정원, 시(市)법의 감정원들 입회하에 부검이 이뤄지기도 했다.

1964년 이후 전국적으로 환자가 침대 수를 추월하여 병원 분위기는 살벌해졌다. 특히 내과뿐만 아니라 소아계열의 이병률이 높아 사망률도 급증했다. 임상병원 소아과 병실은 입원환자가 초만원이었으며 소아병동이 신설된 입원실까지 꽉 들어찼다. 침대 외 마룻바닥까지 응급환자가 넘쳐 조금의 공간도 없을 정도였다.

엎친 데 덮친 격으로 그런 속에 소아 전염병인 홍역(紅疫)이 폭발했다. 온 나라에 홍역 전투가 벌어졌다. 홍역은 공기비말로 감염되며 합병증에 의한 사망률이 높았다. 의진자(議診者)가 내원(來院)할 경우 접촉감염으로 확산은 걷잡을 수 없어진다.

평양시에서는 소아과 심방치료를 진행할 경우, 그에 따른 조치가 취해졌다. 원내 독신 의사들이 산하 담당구역 병원에 협조 성원으로 나가게 되었다. 원내진료는 과장 이하 책임 일꾼 몇 명과 주부 의사들이 담당했다.

서성구역 병원 파견

이러한 평양시의 시(市)적인 조치로 인해 나 역시 서성구역 병원에 파견되어 홍역 협조 성원으로 외래진료를 도맡았다. 최단기간에 걸쳐 집중적인 대책이 세워졌으며 각종 새로운 치료방법이 강구되었다. 전국이 치열한 홍역 전투장이 되었다. 면역형성을 위한 모혈 주사 및 기타 치료를 병합한 결과 어느 정도 사태가 누그러졌다.

그 후 평양시는 의료진들을 파견지에 고착시킬 필요성이 제기되어 나는 서성구역 병원 ─ 파견지에 그대로 고착하게 되었다. 이리하여 임상병원의 일부 의료진들을 모체로 서성구역 병원이 신설(新設)되었다. 기본 구성원으로 임상병원에서는 2명의 기술부원장 중 1명을 구역병원장으로 배치했다. 내과 과장으로는 기술부원장이 배치되었다.

그 밖에 내과, 외과, 소아과 등 진료과 의료진들도 채워졌다. 서성구역 병원 기술부원장으로 김우면 내과 과장이 임명되고, 내과 과장은 함흥의대 출신 여자 군의 근무 경력자였다. 외과 과장으로는 임상병원 외과 상급의사가, 소아과 과장으로는 함흥의대 의학원 출신 등이 배치 위임되었다.

그리고 각 과의 부과장 편재가 있었는데 주로 1960년도 평양의학대학 졸업생인 우리 계열이 주류를 이루었다.

내과에는 내가, 소아과에는 우리 학년 조래은이, 외과에 60년 의학원 출신인 림성엽, 간염과에 60년 동기생 리춘자 등이 선발 배치되었다.

당시 병원 초급당 비서로는 서산진료소장을 하던 문흥덕이가 배치되었다.

이러한 구성으로 평양시에 서성구역 병원의 새로운 역사가 시작되었다. 장경동을 인근으로 하는 지당산 밑에 건설부지를 잡고 착공에 돌입했다.

구역병원 건설이 진행되는 동안 우리 동창 다섯 명은 각과의 치료에서 중추적 역할을 담당했다. 병원 원장도 우리에게 도서실에서 외국 서적을 대출할 수 있는 증명서를 발급해 주었다.

나는 일본 잡지 『천식의 최근 치료 경험에 대하여』를 서울의 국민학교와 중학 시절 배운 일어 실력으로 초록 번역했다. 드디어 서성구역

병원이 완공되고 병원 내과에서의 치료사업이 개시되었다.

여기에 내가 기존의 의대 병원에서 담당했던 서성구역의 환자들이 자동적으로 이곳으로 인계되었고 그들이 고스란히 내원하였다. 종전에 임상병원에서 서성구역 관내의 환자를 보아 왔기에 진료 계승이 이뤄진 셈이다. 내게 치료받던 환자들이 소식을 접하고 저저마다 앞다투어 반가워하며 일부러 찾아와 문전성시를 이루었다.

인생의 꼬리표 – 불랙리스트

인상적인 일은 내게서 치료받고 퇴원한 서성구역 당 조직부 상급지도원이 갑자기 고열이 심하여 승용차를 보내 나를 데려간 적이 있었다. 이에 병원 초급당 비서 문흥덕이 아니꼽다는 표정으로 왕진 치료에서 돌아온 내게 물었다.

"무슨 환자입니까?"

"폐렴(北-페염) 환자입니다. 임상병원에서 제게 치료받은 환자라 주치의인 저에게 왕진을 청한 듯합니다."

별스럽지 않은 것 가지고도 초급당 비서인 자기 승인을 받지 않고 데려갔다는 점에서 좀 심산이 꼴린 듯했다. 그때부터 문흥덕은 임상병원에서 내려온 의사들에 대하여 촉각을 곤두세우곤 했다. 신설 병원이라는 특징도 있었지만, 그 후로 병원은 많은 시련을 겪었다.

함북 출신인 문흥덕은 전시 준의로서 지식보다는 드살이 있고 기가 센 사람이었다. 기술실무적으로 실력자들인 원장 이하 임상병원서 내려온 실력 있는 의료진들을 곱게 보지 않았다. 자기의 자존심과 심기를 건드린다는 이유로 그들은 모두 문흥덕 비서의 희생물이 되었다. 말하자면 실력자들과 정치인들과의 대결인 셈이었다.

당시 구역병원 원장은 함흥의대 출신으로 기술면이나 다방면으로 유능한 사람이었다. 원장학교 출신 연구자이며 연구논문을 완성하고자 정력적으로 활동했다. 병원장은 신설 병원의 각 계층에서 모인 인력의 결속을 위하여 영화 감상도 조직하고 호상 간 치우침 없는 관계 유지를 위하여 설득력 있게 타이르고 조화를 이르고자 노력하였다.

기술 인력 간 넓은 지식 습득을 위해 대외적인 조직사업도 하였다. 한편 경리 회계원들을 고무하여 병원 직원들의 복리후생(北-후방경리 공급)에도 관심을 돌리는 등 여러 가지에 힘썼다.

병원장은 아래 사람들의 고충과 의견을 귀중히 듣고 보살펴 주는 등 자상한 분이었다. 그러나 종래에는 문흥덕(초급당 비서)에 의하여 수시로 구역당 사상 투쟁회의 비판대상이 되었다. 문흥덕의 남편은 평남도 중앙병원 렌트겐 과장이었는데 원래 서산 진료소장직에서 소환되었다. 그는 처음부터 자기 입지를 굳히고 영역과시로 각과 세포비서들을 장악하고 조이기 시작하였다.

그러던 중 소아과 수혈사고가 생겼다. 수혈 시에 쓰는 주사제 제약사고였다. 약국에서 항혈액응고제인 시트레이트(抗血液凝固劑: Citrate)의 희석배수를 실수해 부작용이 생겼는데 이를 소아과 의사의 오치(誤治)로 뒤집어씌우고 분명한 약국 제제실의 오류를 눈감아 주었다.

당시 소아과 의사는 내 동창 중 최우등 졸업생이었다. 그의 아버지가 과거 개인 의사여서 부유층으로 몰려 고등 교육성의 대학교원 선발에서 그를 탈락시켰다. 그리하여 임상병원 소아과 의사가 되었고 4년간 높은 경험을 소유한 유능한 의사였다.

고급한 의료인력이 정치권력에 의한 제재를 받게 된 사례를 심심찮게 주변서 많이 경험하며 보아 왔다. 그러나 만인들의 찬사 속에서 동창생 외과 의사 양창근과 결혼했다. 그의 남편의 고모부가 바로 구역당 책임 비서 가계였다. 비록 문흥덕에게 찍혔지만, 호락호락한 상대는 아니었다. 그 후 그는 적십자병원으로 전근되는 것으로 위기를 모면했다.

이 밖에도 기술부원장인 김우면 선생이 좌천당했다. 그는 한때 평양 시내 내과 과장이라 할 정도의 명망 높은 분이었는데 과거 지주 출신이었다는 것이 부각되었다. 그때 풍문으로는 남북회담 때 남한의 한 인사가 김우면을 문의한 게 문제가 되었다는 설도 나돌았다. 김우면은 추방 명령이 하도 의아하여 초급당 비서에게 항의했으나 상급당의 조치라며 일축했다고 한다.

우리 내과 과장 역시 여자였으나 남성다운 사업능력으로 사업처리나 내밀성 등에서 세심하고도 책임감이 강했다. 구역병원에서의 내 생활은 간고했지만, 과장은 나에게 든든한 바람막이가 되어 문제가 생기면 가로막아 주었다. 그럴 때마다 고마움에 가슴이 뭉클했다. 나는 그녀에 대한 보답으로 내과의 중환자들을 모두 도맡다시피 했다. 입원실에서 500m 거리인 외래를 하루에도 수십 번 오르내리며 내과 전반의 치료를 담당하느라 고달팠다. 그러나 내과 과장의 나에 대한 진심 어린 지지와 사랑은 고달픔을 잊게 하였다.

상급병원인 임상병원에 있을 때는 상급 선배 의사들의 도움을 많이 받았고, 지도 교원, 학부장 이하 든든한 배경이 있어 든든했다.

하지만 지금의 구역병원은 환자도 많고 정신적, 육체적으로 힘들었다. 자칫 잘못 디디면 바로 낭떠러지였다. 정치적으로, 행정, 기술적으로 심각한 살얼음판을 걷는 기분이었다. 나는 순간순간마다 아슬아슬하게 처벌을 면하곤 했다. 임상 비판회에서 의학적으로 문제가 없다고 판결되면 하등에 관련 없는 봉사성에 걸고넘어지기도 했다. 이렇게 하여 억울하게도 세탁소 강제 노동으로 내몰린 적도 있었다.

서울 출신이라 집안 배경이 전무한 탓에 온갖 누명과 선별의 대상이 되는 게 나의 일상이고 보편사였다.

어이없는 누명

한번은 내가 숙직하던 날 아침, 각혈 환자가 들것에 실려 들어왔다. 출혈 환자이니 움직이는 것을 금해야 한다.

각혈인가? 토혈인가? 여러 가지 진찰 끝에 나는 위출혈인지, 폐출혈인지를 고심했다. 위출혈이라면 구급수술 대상이다. 나는 각혈 쪽에 더 가깝다는 것을 확진하고 결핵과 기흉실, 숙직 의사에게 인계했다.

그 후 환자는 병원 의사 협의회에 상정되었는데 위출혈로 오진(誤診)돼 외과로 전과되었다는 것이다. 외과에서는 경과관찰실로 보냈고 일반병실로 옮겼다. 엄격히 경과 관찰하고 절식하게 해야 할 환자를 일시적 호전기 환자로 인식한 결과였다.

그 후 밥을 먹고 절대 안정을 취하지 못한 탓에 다시 각혈하여 사망하였다.

당시 외과 과장은 조선노동당 입당 심의과정 중에 있었다. 그런데 초급당 비서가 보증인(북한에서 조선로동당 입당은 선배 당원의 보증이 있어야 한다. 그 보증인에 따라 명암이 갈리기도 한다)이었다.

그 때문에 환자 사망의 화살이 바로 내게로 향했다.

토혈(吐血)을 각혈(咯血)로 결핵과에 넘기는 바람에 시간이 지체돼 사망하였다는 게 요지였다. 영락없이 내가, 어이없게도 죄인으로 만들어졌다.

사망환자는 시범적인 케이스에 걸려 사인을 파헤치고자 부검을 진행했다. 부검결과 폐출혈(肺出血)로 확진되어 외과 오진과 무책임한 환자관리로 판결되었다.

이에 문흥덕은 나에게 덮어씌우고자 했던 게 틀어지자 당치 않은 나의 봉사성 문제로 둔갑시켰다. 첫 내원 담당 의사였던 나에게 세탁소 강제 노동을 명하였다.

그러나 시(市)법의 토론회에서는 내과에 무죄가 내려졌다.

시법의 토론회의에 참석해 이러한 내막들을 다 간파한 적십자병원 외과 과장(동창생)이 내 처지를 염려했다.

"너, 그 병원에서 일하기 참 힘들겠다."

이어 동료 동창생들의 우려가 취합돼 출구 대안으로 적십자병원으로의 전근이 토의되었다. 대학의 동문들이 평양시 보건의료계의 곳곳에 포진돼 평양시의 실제적인 네트워크가 살아 있는 게 내게는 큰 지지목이 되어 주었다.

문흥덕 초급당 비서의 무지의 권력에 의한 희생을 이길 수 있는 보이지 않는 빽이 바로 나의 모교인 우리 평양의학대학의 동문이었다.

이 사실을 문흥덕이 알고는 내심 좋지 않게 생각하고 있었다. 문흥덕은 사소한 구실로 자기와 경쟁 관계의 의사들에게 걸핏하면 세탁소 강제 노동을 시켰다.

병원 세탁소는 한 개 동을 구성할 정도로 규모가 컸다.

의사를 비롯하여 보건일군(준의, 간호원)들이 사소한 결함에 걸려 가게 되는 강제 노동, 또는 무보수 노동의 유일한 혁명화 현장이었다. 세탁소 노동은 지금 생각만 해도 소름이 끼친다. 병원 내의 입원환자들의 모든 세탁물이 여기에 모여져 큰 세탁공장이나 다름없었다. 세탁공장의 큰 가마를 통한 증기소독 등을 비롯하여 세탁소 노동은 내게 큰 고역이었다.

임상병원에서 외과 의학원 출신이었던 동창 임성엽도 구역병원 외과전문의사로 배치되었다. 그는 불안전한 가정 토대로 입당문제에서 제재를 받다가 병원 뒤 지당산에 올라가 목을 매 자살을 시도했다.

외과 간호장이 이를 잽싸게 눈치채고 과 성원들을 산에 풀어 위기를 모면하게 된 일도 있었다.

북한의 기술자 — 의료인들에게 가해진 정치권력들의 수없는 말 못할 사연들을 헤쳐 보자니 가슴이 아프고 목이 꺼걱 막히고 눈물이 앞을 가려 펜이 멎어진다.

이런 주변의 분단과 이념에 의한 성분불량자들의 억울하고 눈물겨운 현실들을 무수히 많이 경험하고 아파하였지만 그 공산악마들은 나의 더없는 혈육에게도 빗겨 가지 아니하고 무차별적으로 덮쳤다.

7. 3.8선을 누빈 디아스포라

내 인생 꼬리표의 근원이 되는 나의 고향과 일가친척은 북한생활 내내 나를 따라다니며 괴롭히고 무겁고 힘들게 하였다.

넷째, 다섯째, 여섯째 삼촌들

무의무탁(無依無托)으로 대학을 힘들게 졸업한 나에게도 유일한 피붙이가 조선의 같은 하늘 아래 있었다. 전쟁 후 많은 시일이 지난 훗날에야 세 명의 삼촌들을 따로따로 알게 되었다. 그들은 바로 서울서 한집에서 살았던 우리 종가의 넷째, 다섯째, 여섯째 삼촌들이었다. 이들은 모두 내가 학생구호대로 집을 나온 뒤 북행하여 북한에서 그 존재를 또다시 알게 되었다.

넷째 삼촌은 서울에서 이름난 권투선수로 유명했는데 6.25 전쟁 당시 인민군의 납치로 납북되었다. 하루아침에 지프차로 납치된 그는 중앙당 대남연락부에서 한때의 젊음을 혁명가로 목숨 걸고 나섰다가 간첩혐의로 숙청 처형되었다.

전쟁 후에 임무를 받고 한국에도 수차례 드나들었단다. 그때마다 애가 둘이니 자중하라고 하면, 임무 수행 중이라고 뿌리치며 나갔다고 탈북한 후 숙모님으로부터 전해 들었다. 나 역시 그 연좌제로 추방되어 한반도 최북단인 아오지탄전 생활을 해야 했다.

정녕 당신은 자신이 북한의 정치적 이용물이 되었다는 걸 운명 전에 알기나 하였는지, 참으로 강직하고 고지식한 인재였다.

그는 한국에 자녀로 남매(동생은 유복녀)와 처를 두었지만, 북한정치의 희생물이 되어 형장의 이슬로 사라졌다.

숙모님은 내가 남한에 오자 "조카야, 우리 애 아빠 제삿날이라도 알려 주라. 제사라도 제 날짜에 지내게." 하여 나를 다시금 울렸다.

나는 북한서 대학 때 그 삼촌을 딱 한 번밖에 뵌 적이 없다.

연좌제는 내게 그치지 않고 그의 동생들인 다섯째, 여섯째 삼촌들에게도 심한 여파가 이어졌다.

다섯째 삼촌은 어려서부터 빼어난 수재인 데다 인물도 수려했다. 소아 공과 수석 졸업 후 제국대학 이공학부 실험 조수로 근무했다.

그는 6.25 전쟁 시 형님을 찾아간다며 의용군에 입대했단다. 제대 후 평양시 지방산업 화학실험 연구소 소장으로 근무했다. 자금난으로 연구소는 얼마 못 가 해산되었다. 그 후 인민 경제대학을 졸업하고 화학공장 지배인까지 되었다. 그러던 중 70년 초 넷째 삼촌(자기 형)의 문제가 제기돼 연좌제 혐의로 처형(?)되었다.

삼촌은 어디론가 없어지고 다섯 명의 자식과 부인은 양강도 삼수로 추방되었다. 삼촌은 전시에 딸이 둘 있는 전사자의 아내와 가정을 이루었다. 그리하여 자녀가 다섯이었지만 한 엄마의 다섯 자녀들의 운명은 판이했다.

전남편의 자식 둘은 혁명 유자녀 학원 졸업생들이라 성분이 탁월한 덕분에 고급군관에게 시집갔다.

하지만 삼촌의 자식이었던 세 자녀들(아들 둘과 딸 하나)은 처단자의 자식이라는 손가락질을 받으며 양강도 삼수군의 오지에서 눈물로 아버지를 저주하며 살아야 하였다.

6.25 전쟁에서 여섯째 삼촌도 형을 찾는다고 의용군에 입대했단다. 제대 후 평양시 낙랑구역에 위치한 강남 벽돌공장 부지배인까지 한 인물이다.

그러던 중 역시 친형 문제의 연좌제로 온 가족 10여 명(처와 자식 7인과 손주 포함)이 현재 14호 관리소에서 수용 생활을 하고 있다. 거기에 기억하기도 싫은 불행한 딸애를 나는 그 누구의 도움도 없이 혼자 길렀다.

이 남북한의 불우한 운명을 잊으려고 떨치려고 아니, 거기서 벗어나려고 모지름을 쓰며 무진 애를 태우고 눈물을 삼키며 인내하며 밤낮을 환자치료사업에 몰두했다.

이것이 바로 나의 운명이고 3.8선을 누빈 북한판 디아스포라였다.

이런 환경 속에서 유일한 딸은 내가 살아남아야 할 이유였다. 그로써 누구보다도 성심껏 일했다. 언젠가는 나에게도 연좌제가 덮칠지 모른다는 위기를 시시각각으로 의식하면서 죄인 아닌 죄인이 되었다.

세상에는 좋은 사람도 있고 사악한 사람도 있기 마련이다. 첨예한 정치현장에서 나에게는 악인도 있었지만, 온정을 가진 진심 어린 사람들이 더 많아 그 힘으로 버텼다.

처형된 삼촌은 내 존재를 어떻게 알아냈는지 대학 생활 때 불쑥 나타나 나에게 사막의 오아시스 생기가 되었다. 넷째 삼촌은 당시 대남연락소에 있으면서 구하기도 힘든 비싼 가죽 샌들을 들고 찾아와 내게 혈육의 정을 일깨웠다.

그때 일본과 한국을 드나드는 대남연락소의 거물로 활약한 인물이라고 처형된 지 썩 후에야 알게 되었다.

연좌제로 숙청된 그의 동생 다섯째 삼촌은 양념장, 고추장 단지를 사들고 대학으로 찾아와 수업이 끝나기를 기다렸다가 친구들과 같이 먹으라며 안겨 주고 갔다.

여섯째 삼촌은 위 삼촌들이 떠나간 후 썩 뒤늦게야(1972년?) 만났다. 서로가 서로의 존재를 알게 된 그때부터 설날이나 명절 때마다 숙모님은 잊지 않고 시루떡을 한 보따리 해서 보냈다. 조카들은 텅 비어 잠겨 있는 우리 집 환기 창문으로 그 시루떡 보따리를 던져두고 가곤 했다.

1970년 당시 평양시에서는 국내산 TV가 나오기 시작했다. 간부들과 예술인들을 비롯한 소수에게 공급이 초기에 이루어졌다.

나는 평양시 중앙 도매소 다니는 내가 담당했던 환자에게 부탁하여 우리 아파트(20가호×5층=100세대)에서 제일 먼저 TV를 구입해 설치했다.

불안하고 초조한 생활 속에서 여전히 내 마음은 편치 않았다. 그러나 모두는 나를 따랐고, 존경했고, 믿어 주었다.

나는 높고 낮은 사람, 직업을 따지지 않고 성심껏 치료해 주는 걸 철칙으로 삼았다. 그러면서도 숙청된 삼촌들을 머릿속에서 떨칠 수가 없었다.

그런 이유로 수용소에 들어가거나 수감 죄수에 대한 건강검진에는 성심을 다했다.

이런 태도가 안전원들이나 간부들에게는 잘못 오인되어 그때마다 안 좋은 눈초리로 흘기기도 했다. 또한, 의료사고가 생기면 무조건 내 탓이 될 때도 있어 억울함에 뛰어난 의술과 원리 원칙에 철저해야 하였으며 무모함의 고난과 정치적 시련을 이겨 내고 견뎌야 했다.

한번은 구역안전부 수사과에서 나를 찾는다고 했다. 취조실에 도착하여 책상에 앉아 기다리는 동안 주위를 살폈다. 일반 범죄자들이 자기 죄를 인정하고 조서를 쓰는 손도장용 인주갑까지 놓여 있었다. 나는 놀라서 가슴 두근거리면서 앉아 기다리는데 안전원이 들어와 어찌 왔느냐고 물었다. 자초지종을 말했다.

"이거 병원 내과 선생 아니야요? 가라요. 왜 왔시오?"

그렇게 쫓겨 나온 일도 있다.

너무도 기가 막혀 텅 빈 집에 와 엉엉 운 적도 있었다.

평양의 혈육 같은 이웃

나의 평양 생활에는 혈육과도 같은 이웃이 있었다. 유○네였다. 유○네는 중신동 집의 우리 옆집이었는데 그 집 아버지는 김황○이라고 김일성대학 어문학부 교원이었다. 그는 무슨 일이 제기되면 도서관(벌칙?)과 연구실(정상근무)을 오르내리는 현상이 잦았다. 그의 고향이 서울인게 많은 영향을 미쳤다. 그는 서울서 홍명희의 아들 홍기문과 함께 상경하였는데 그로 인하여 홍기문의 총애를 받는다는 소문이 있었다.

그의 형제 4명 중 3명이 월북하였는데 누이동생은 수학 수재였고, 남동생 역시 화학 과학자라고 했다. 그의 형제 중 두 명은 추방되었다. 후에 여동생은 추방지에서 반(半)회복돼 양강도의 1고중(수재교육 고등학교)의 수학교사로 근무하고 남동생은 추방돼 순천 비날론공장 화학실험실에 근무한다고 들었다.

그 집안도 김황○ 한 분만을 평양에 남겨 두고 모두 지방에 추방하였는데 1989년 13차 청년 학생 축전 때 미국에 이민 간 남동생과 평양에서 감격적 만남이 이루어졌다.

하여 촌에 추방된 동생들과 그의 집에서 북적대며 생활하였다는 전언이 있었다.

유○네는 우○과 유○ 오누이를 두었다.

유○은 후에 김정일의 동명이인으로 수정이 강요돼 김유○으로 개명했다. 영화연극대학을 졸업하고 아동영화촬영소 작가로 아동영화 〈영리한 너구리〉의 속편들을 많이 창작해 북한에서 유명했다. 북한에서 유명한 홍영희(〈꽃파는 처녀〉의 꽃분이역)와 함께 영화연극대학을 다녔다. 가끔 집에 찾아와 딸애와 함께 모란봉공원도 놀러가 주곤 하여 자랑이 대단했다.

남동생 우○은 군 복무 후 김형직 사대를 졸업하고 조선 중앙 방송국에 취직했다. 내가 병원에 밤낮으로 환자치료에 붙잡혀 있다 보니 딸애는 그 집을 내 집처럼 친근하게 여겼다.

같은 서울내기라는 공통점이 있어 정서적, 감정적으로 마음이 통했다. 동병상련으로 친근하게 지낼 수 있었다고 생각한다.

참으로 북한서의 드물지 않은 서울내기 남한 출신들은 서로가 서로의 처지의 공통성으로 하여 별다른 연고 없이도 한 가족이 되고 무언의 언니와 오빠, 그리고 친동생과 누나가 되어 주었다.

그의 처 이춘○은 조선영화촬영소 시나리오 작가였다. 키가 작아 150㎝이었는데 여성으로 애교가 많고 자기직업에 대한 애착과 책임감이 강했다.

집에서도 늘 작품 사색을 하며 일상 대화 시에도 늘 창작에 목말라하고 현실 접목과 혜안이 남달랐다.

그는 친구들과의 교우 관계도 돈독했다. 그의 집에는 중앙당 부류로부터 연예인 등 많은 친구들의 발길이 끊이지 않았다. 하여 평양의 문화계 인물들을 주름잡는 요조숙녀이기도 하였다.

그런 집안이 나의 더없는 옆집이고 혈육이 되어 주어 나는 늘 시간에 쫓기는 평양 생활 시에 딸애 걱정 없이 병원과 사회생활을 주름잡을 수 있게 되었다.

제5장 운명의 진펄 길 — 삶의 몸부림

1. 무슨 죄를 지었기에

검은 마수는 항상 먼저

내가 병원 숙직할 때의 1974년 3월 어느 날이라고 기억된다. 중환자 치료에 몰두하고 있을 때였다. 여섯째 삼촌의 둘째 아들인 재규가 갑자기 찾아왔다. 갑자기 아버지가 없어졌다고 했다. 나는 드디어 올 것이 왔구나 하면서도 두려웠다.

놀라서 자초지종을 물었다.

그전에 약 한 달 전쯤 삼촌이 나를 찾아온 일이 있었다. 간절한 부탁이라며 나에게 감쪽같이 죽는 방법을 알려 달라고 했다.

"너는 알겠구나.

넷째, 다섯째 삼촌이 나쁜 사람이 아니라는 것을,

그들은 억울하게 죄를 뒤집어쓰고 죽지 않았니?

넷째(권투선수로 납치돼 대남연락소)는 껍데기를 벗겨 놔도 10리를 뛸 사람이라고 하였는데도 죽었단다.

형들보다 약한 나는 잡히면 죽는다. 그러면 우리 아이들(7명-아들 넷, 딸 셋)이 사형수의 자녀로 그 고통을 어떻게 받겠니?

아, 불쌍한 아이들을 위해 나는 저절로 죽은 것으로 되어야 한다."

"…삼촌, 무슨 그런 끔찍한 소리를 해요? 우리는 어떻게 하든 살아서 고향에 돌아가야 해요. 그런 생각하지 마세요…."

사전에 이런 일이 있었기에 조카의 갑작스러운 방문에 긴장했다.

삼촌 소식을 들은 다음 날 어렵게 시간을 내 지체 없이 당 중앙 청사를 찾아갔다.

그러나 그날은 바로 평양시가 정한 금요노동 날이어서 접수실에는 보초 군관뿐이었다. 내 사정을 대강 얘기하고 높은 간부를 만나고 싶다고 했다. 그는 누구도 만날 수 없다며 말렸다.

그때까지만 하여도 당에 대한 나의 순수함과 충성심은 아주 건전하였다.

나는 하는 수 없이 사정 이야기를 하고

"적당한 날 불러 줄 수 없습니까? 병원에서 더는 시간 내기가 힘들 것 같습니다."

라는 말을 남기고 떠났다.

그리고 일주일이 되어선가,

병원 초급당실 마당에 까만 승용차 한 대가 도착하고 내가 곧 초급당에 호출되었다. 호출을 받고 간 나에게 중앙당 상급지도원이라는 사람이 오랜 시간 나의 고향부터 삼촌들 관계를 물었다.

나는 며칠 전 삼촌의 자살계획 내용까지 빼놓지 않고 지아비를 만난 듯 자세히 다 터놓았다.

참으로 순진했다.

좀 더 사회 물정에 대한 예리한 판단이 있었더라면?

아니, 물정에 밝았어도 난 에둘러 가거나 교활한 잔꾀 부리는 데는 훈련이 안 되었다. 또 그런 덴 문외한이다 보니 결국 자세하고 솔직함에는 변함이 없었을 것이다.

어찌 그런 사적인 계획까지 토로하였겠는가.

그 당시 삼촌은 공포 속에서 나날을 보내던 터라 자신의 차례가 되었다며 아편을 먹고 자살을 기도했다.

어느 날 밤 뜻밖의 불길한 소식을 듣고 나는 한달음에 서성구역에서 락랑구역까지 먼 거리를 달려갔다. 그리고는 온밤을 새워 집중치료로 삼촌을 살려 냈다. 아편은 익혀 먹어야 죽는다는 걸 모르고 날것을 삼킨 것이다. 주야 전투하여 삼촌을 살려 냈다. 그리하여 혼몽, 혼수 속에서 3일 만에 깨어났다.

한편 당시 나는 병원에서 적십자병원 이동 수속을 거의 마치고 있었다.

적십자병원 외과 과장이 나의 전우인 게 많은 도움이 되었다. 평양시 보건처 위임으로 우리병원에 의료검열차 나왔다가 내 처지(당비서의 먹잇감?)를 우려하고 염려해 적십자병원으로의 이동을 제안한 것이다.

때마침 적십자병원에서는 35세 미만의 전도유망한 의사들을 모아 의학과학원 연구소의 새로운 암(癌-canser) 연구에 집중하려는 계획 중이었다.

적십자병원의 역량강화차 시내 병원들의 유능한 의사 소환작업이 진행되었는데 내가 그 첫 번째 대상이 되었다.

5월 초에는 적십자병원의 소환장이 올 거라는 소식을 받고 내심 기다리는 중에 생긴 삼촌의 불길한 일이었다.

운명의 기구함은 항상 먼저 덮쳤으되,

적십자병원 소환을 기다리고 있는데 어찌 운명의 조롱 같은 내 인생에 먹구름이 먼저 덮쳤을까,

하늘도 무심하지,

적십자병원의 탈출구보다 청천벽력 같은 평양 추방이 먼저 덮쳤다.

문홍덕(병원 초급당 비서)은 당시 김정일 지시로 진행되는 평양시 주민정리사업(지방추방)의 함북도 추방자 명단에 첫 번째로 나를 넣었다. 적십자병원에 뺏기기보다 추방하는 것으로 자신의 승리를 선언(?)함과 동시에 정치적인 소위 계급성을 드러냈다.

간부지도원은 난처한 처사를 나에게 알리지 못하고 유보하다가 2일이 지난 다음에야 구역당으로 보냈다. 결국에는 운명의 세파에 밀려 서울의 우리 김씨 일가는 모두 처단과 숙청의 공포정치의 일선 희생물이 되었다.

그나마 나에겐 조카라고 조금은 경한 조치라고 해야 할까, 우리 모녀는 함경북도 청진시 부령 구역으로 집단이주 당하게 되었다.

검푸른 폭풍에 휘말리는 운명의 쪽배여~

서성구역 병원의 나날에 나는 1970년대 전후를 주름잡았다. 특수전염병인 일본뇌염 환자치료 전투에서 항상 중심에 있었다. 집단생활 속에서 평양시를 떠들썩하게 하였던 무도병 진단치료에서도 내과 의사의 주요한 위치에 서 있었다.

내과에서의 어려움을 과장과 함께 모두 끌어안고 이겨 냈지만, 당국의 충실한 시녀인 한 사람(당비서)에 의해 나의 진심과 양심은 잔인하게 짓밟혔다.

이제나저제나 적십자병원으로의 전근을 염원하며 하루하루를 버티다가 먼저 덮친 함경도 추방 명령!

의지가지없는 내게 더 큰 좌절과 비애를 안겨 주었다. 망망대해의 풍랑 맞은 쪽배 신세인들 이보다 더 막막하랴.

삼촌들도 다 숙청되고 내게, 내 주변에는 단 한 명도 없었다.

엄마, 아빠야~~!

통곡하고 땅을 쳐도 소용없다.

하늘도 무심하지, 왜 나를 이렇게까지 막다른 골목으로 몰아가는 것일까. 앞으로 또 어떤 운명의 거대한 조롱이 어떤 형태로 내 앞에 웅크리고 있는 것일까.

아, 운명이여~

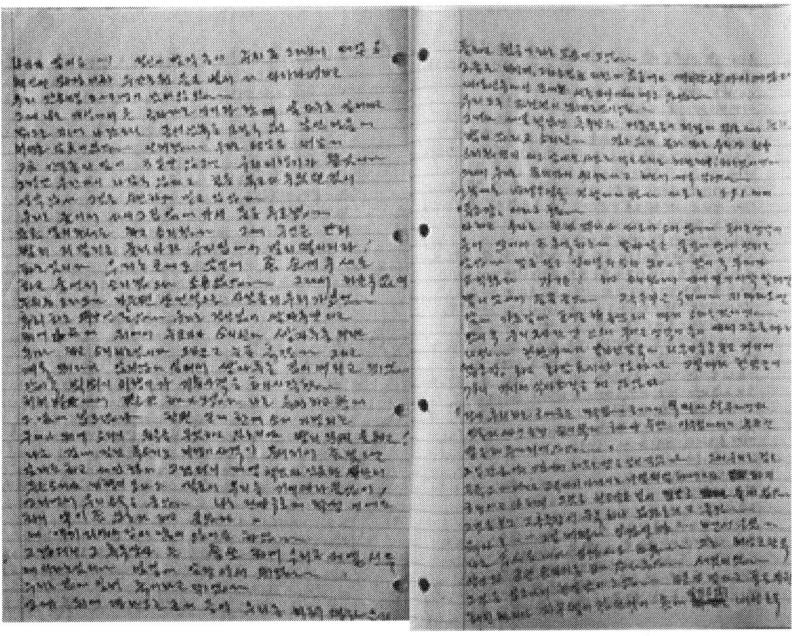

필자가 자필로 써 내린 원고의 일부

무슨 죄를 지었기에

평양시 서성구역 비파 거리 중신동 11호동 5층 13호.

주위 사람들은 수군거렸다.

적십자병원으로 전근 갈 수속을 마쳤던 나,

연좌제의 명목이 먼저 덮쳐 죄인으로 떨어졌다.

졸지에 추방 명령을 받고 함북도 청진시 부령 구역으로 집단 이주하게 되었다.

당시 부령이라 하면 험한 산골이었다가 80년대 들어 청진시로 행정 구역이 배속된 곳이었다.

병원 경리과에서 우리 집에 이삿짐을 꾸리려 일꾼들이 도착했다. 이날은 이삿짐 일꾼들만이 드나들고 그리도 가깝던 이웃인 유○네들은 눈길도, 숨길도, 발길도 내 집 쪽으로 돌리지 아니하였다.

평양에서는 추방이나 감옥 가는 사람을 동정하면 자기도 그 사람 신세가 된다는 괴소문이 있었다. 때문인지 복도에 가마니 짝과 볏짚 오래기가 너저분한데 그 누구도 문 열고 내다보며 문의하는 이가 없었다.

그런데 이런 괴소문을 알 리 없는 앞동네 귀국자 아파트 10호동에 사는 내 딸의 모자(母子) 위원장인 일본 귀국 여성 — 애○이 엄마가 밤에 조용히 찾아왔다. 고맙게도 어디선가 딸의 교복으로 동복, 하복과 공책 20권을 급히도 어려운 걸음 하여 구해 왔단다. 그때엔 그게 고마운 줄 미처 몰랐다.

다 같은 하늘 아래 생활은 시골도 평양과 같은 것으로 인식하였으니, 그야말로 평양의 순둥이 서울 소녀였다.

그러나 후에 시골 추방 와서 그 교복과 공책이 얼마나 귀하게 사용하였는지….

아마 겪어 본 사람만이 그 고마움을 이해할 것이다.

그녀는 눈물을 흘리며 말했다.

"우리 애○이하고 가장 친했는데 왜 이사 가요? 같이 있으면 안 돼요?"
일본에서 갓 귀국한 그녀는 아직 북한 물정을 잘 몰랐다.

그런데 희한하게도 훗날 그의 가족이 우리가 사는 지역으로 추방되어 왔다. 이유는 아버지의 뇌출혈 진단으로 반신불수가 됐다는 죄명이었다. 북한 괴담은 신통하면서도 무서웠다.

하루 동안의 이사 준비가 끝나고 짐은 트럭에 실렸다. 2.5톤 '승리 58호' 자동차 운전칸에 앉아 우리 모녀는 집결지인 송신역에 도착했다.

"엄마, 우리 다시 평양에 놀러 오자."

10대 초 철부지 딸이 멋모르고 종알거렸다. 송신역에 다다르자 300여 세대가 '혁명화 대상'이라는 딱지가 붙어 농촌 건설대 노력의 일환인 농촌으로 떠난다고 했다. 구성원들은 주로 평양시의 외무성을 비롯한 기술자, 사무원 등 주로 인텔리 계층이었다. 수백 명이 평양시민 인구 축소 명목(혁명화 집단이주)으로 추방자가 되어 기차역에 모여 있었다.

2박 3일간 기차로 목적지인 함북도에 닿았으나 부령 구역에서는 인솔자가 접수하러 나오지 않았단다. 우리는 기차에서 내리지 못하고 또 다시 북행했다. 요행 당시 경원군에서 기술자들을 60명 더 데려가겠다는 연락이 왔다는 것이다.

이렇게 하여 우리의 행선지는 원래 가려던 청진시 부령군이 아닌 북으로 북으로 더 북상하여 이 나라 꼭짓점인 경원군이 되었다.

평양 말씨와 함북 사투리가 섞여 무질서하고 시끄러웠다.

그곳에 도착하자 버스가 4~5대 기다리고 있었다. 일부는 읍에, 일부는 인근 농포와 하면, 그리고 고건원 등 탄광지역들에 분할되어 갔다. 그곳은 유명한 아오지탄전 — 북부지구 탄광연합기업소가 자리한 고장이다.

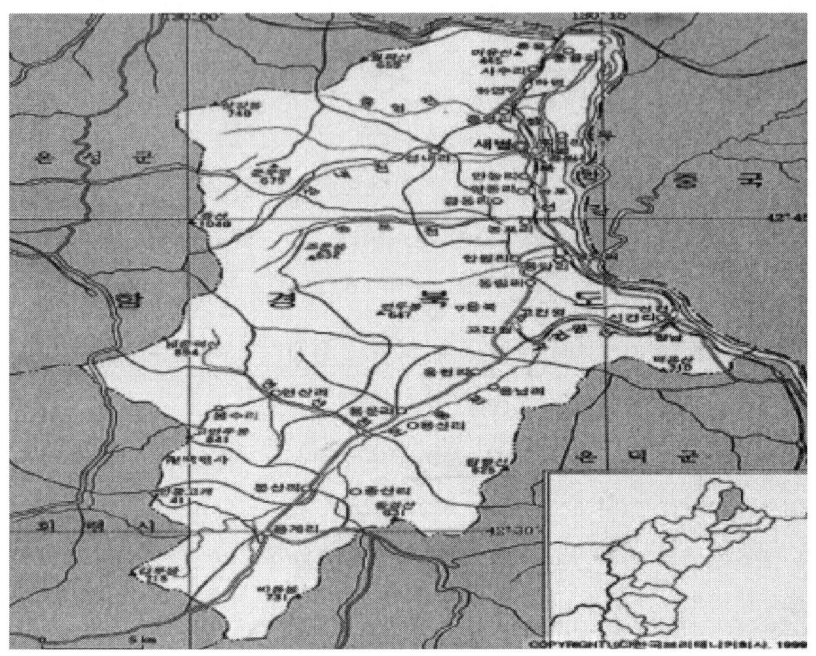
함경북도 경원군 행정지도

한 삽 깊이로 땅을 파면 검은금이라고 하는 석탄이 나오는 검은 탄전이었다.

버스에서 내렸더니 ○○노동자구 영화관이란다. 영화관에는 평양서 열차로 도착한 추방민과 우리를 받으러 동원된 지역 주민으로 인산인해(人山人海)를 이루었다.

인민반장들이 인원배정을 받았다.

우리는 세 가족 일곱 명으로 한집에 투숙하게 되었다.

한 가족은 할머니 한 분이었다. 할머니는 전시에 전사하였다는 남편이 뒤늦게 월남한 것으로 밝혀진 죄명이었다.

또 한 가족은 루마니아에서 유학했다는 여인이 홀로 시노모와 남매 자녀를 데리고 있었다. 루마니아 유학생 아주머니의 사연은 이랬다.

남편이 극비의 비밀연구에 가담했는데 어찌 되었는지도 모르게 사라져 버린 뒤 자신들은 추방당했단다. 아주머니를 이혼시켜 평양의 친정에 보냈다고 했다. 하지만 홀시어머니가 손주들을 맡아 추방 가게 되자 두 자녀와 떨어질 수 없어 친정의 만류를 뿌리치고 막무가내로 따라나섰다는 그 여인의 하소연에 같이 소리 내어 펑펑 울어 주었다.

나보다 더 기막힌 사례도 있구나 싶어서 어쩐지 내 설움도 덧놓아 그 여인과 같이 오래오래도 울었다. 불우한 여인들의 원한 서린 통곡현장이었다.

우리 일행(7인)을 일주일간 함께 한집 웃방서 먹이고 자게 하더니 드디어 세 가족으로 각각 나눴다. 나는 딸과 함께 모자(母子)가 사는 2인 가족의 윗방에 동거하게 되었다. 이제부터 남의 집 윗방서 동거살이로 집이 생길 때까지 살아야 한다는 것이었다. 앞이 캄캄하였다. 그러나 눈알이 똥그래 나만 쳐다보고 내 눈치만 보는 딸애를 위해서라도 난 당황하고 암담한 기색을 감추어야 하였다.

거기 기거하면서 4km 정도 떨어진 읍에 있는 농촌 건설대에 통근했다. 아침 7시에 통근열차 — 군내만 오가는 통근열차 — 를 타면 저녁 7시가 되어야 기차를 타고 귀가하게 된다. 가끔씩은 기차가 없으면 10리 길을 걸어서 귀가하여야 한다.

같은 하늘 아래 천지 차이 생활상

처음 하게 된 일은 농촌 주택을 짓는 건설 노가다였다.

경원군에는 국가적으로 건설 노력 폰트(한국식 T/O)가 없었다. 그래서 이번에 받은 300폰트를 3년간 유치하는 게 중요하다고 했다. 이는 재차 계획 폰트를 받는 데 유리하기 때문이었다.

추방민 대부분이 평양 시내에서 외무성을 비롯한 중앙급 시급의 사무원들이었다. 평생 손에 흙 한 번 안 묻혀 보고 오롯이 펜대만을 잡았던 인텔리겐치아들에게 흙을 이겨서 토피를 찍어 집을 짓는 노동은 누구에게나 생소했다. 땅 파는 데도 한 삽 뜨고 헐떡거리고 주저앉기가 일쑤였다.

기존에 거기서 일하던 청년들은 '따치까'에 흙을 그득 채워 능숙하게 운전했다. 무거운 흙 자루도 문제없이 날랐다. 까닭에 날마다 굴착작업을 했으나 도급제에는 미달이고 월말에는 탈 월급이 거의 없었다.

그해따라 비는 왜 그리도 많이 오는지, 파 놓은 구덩이는 다음 날 출근하면 다 메워지고 허물어져 있었다. 허물어진 진탕물 속에 들어가 진흙을 퍼내고 또다시 파기를 여러 번,

힘겨운 나날이었다.

그나마 농촌지원이라도 나가면 점심 식사 한 끼는 얻어먹어 집안의 어려운 식량 사정에 이로웠다. 아침, 저녁 출퇴근용 기차가 오지 않으면 10리 길을 걸어서 통근했다.

평양에선 늘 앞 아파트 — 귀국자 아파트의 할머니가 밀가루 배급(백미:밀=5:5)을 자루째로 가져가실 정도로 남아돌았는데 이곳에서는 5일 전이면 쌀이 동났다.

하는 수 없이 4㎞ 오가는 통근길에 풀을 뜯었다. 길가의 모든 풀은 다 뜯어 먹었다. 길장구, 미나리, 쑥 등과 길에서 주운 강냉이알을 절구에 찧어서 하루하루 끼니를 이어 갔다.

평양의 하늘 아래 남아도는 밀가루 배급을 남에게 주고 백미 밥도 먹

기 싫어 튕기던 게 불과 며칠 전 일이었다.

그런데 인생은 새옹지마(塞翁之馬)라 했던가,

길가에 파릇파릇 돋아나는 풀이란 풀은 다 뜯고 도로에 흘려진 강냉이알을 손 호호 불며 주워 먹으리라고 누가 상상이나 했으랴!

통곡하고 싶었지만,

피눈물이 가슴속을 줄줄 흘러내렸지만,

이를 악물고 살아야 하였다. 어린 딸을 위해서,

또 통일되는 날 아버지, 어머니 그리고 동생들을 만나기 위해서 나는 이를 악물고 살아남으려고 모지름을 썼다.

자연의 넋을 붙들었다.

자연의 힘을 붙들고 의지하는 것이 인간의 위대함이라 했던가,

드디어 자연의 힘에 의지할 결심을 굳혔다.

어렸을 때 읽었던 『로빈슨 크루소』가 생각났다.

2. 토끼잡이 백정

그 고장 토박이들에 의하면 식량 해결은 곧 짐승사육 ― 가축이라고 했다. 그리하여 처음 길러 본 것이 병아리였다.

궤짝의 한 면을 떼어 내고 철망으로 덮은 다음 그 안에 병아리를 넣어 기르기 시작했다. 일정한 기간 닭 우리 속에 가두었다. 쌀뜨물 깡지에다 풀을 섞어 먹이고 지렁이를 잡아다가 주었더니 성장 속도가 빨랐다. 금세 닭이 되어 아침에 닭 우리를 열어 주었다. 닭은 밖에서 먹이를 주워

먹다가 저녁이면 용케도 제집을 찾아 들어오는데 신기했다. 겨울에는 창고 안에 두었다.

창고도 직접 지었다.

일 끝나고 귀가할 때면 배낭에 벽돌 한 장, 브로크 한 장씩을 등에 지고 4㎞ 거리를 날랐다. 그렇게 해서 지은 창고였다. 이듬해 3월이 되니 닭이 알을 낳았다. 알을 받아 강냉이를 바꾸니 식량난에 제법 보탬이 되었다.

점차 토끼도 길렀다.

토끼는 번식률이 빨라 고기 생산에는 큰 도움이 되었다. 새끼를 사서 기르면 어느새 어미가 되어 새끼를 낳았다. 새끼는 한 번에 5~15마리까지 낳으니 참 재미가 쏠쏠했다. 새끼를 한 달 동안 젖 떼고 나면 장마당에 팔아 식량에 보탰다. 그러다가 토끼치기가 번성하니 잡아먹기도 했는데 처음에는 토끼를 잡을 줄 몰라 애를 먹었다. 바구니에 담아 가지고 가서 잡는 방법을 배웠다.

그 방법은 이랬다.

올가미를 만들어 토끼 목에 건다. 그 올가미를 집 창고의 대못에 걸어 두고 한 5분 기다리면 죽는다고 했다. 처음엔 무서웠지만, 생계와 관련되니 곧 적응되었다. 점차 토끼를 기르고 잡아먹는 데도 선수가 되었다. 이젠 개도 길러서 잡아먹을 수 있는 담력이 생겼다.

개를 길렀다. 개가 앓기라도 하면 쓸어 만져 주고 같이 아파하여 치료했다. 처음 기른 하얀 강아지는 큰 개가 되어 퇴근할 때면 내가 오는 길 — 통근열차가 정차하는 역전까지 미리 나와 앉아 있다가 먼저 알아보고 달려와 반겨 주었다. 그렇게 키운 개를 누군가에게 도둑맞고 말았다.

이런 고달픈 생활을 하다 보니 어떤 사람들은 내게 '왜 사느냐?'는 질문을 던지기도 했다.

말문이 막혔다.

그러던 어느 날 누군가가 귀띔해 주었다.

탄광에 지원 노력으로 들어가서 갱내 노동을 하면 입쌀(백미) 맛을 볼 수 있다는 것이다.

탄부는 하루에 800g이고 100% 백미란다. 게다가 무상 탄을 일 년에 1t씩 받는다고 했다. 그때의 일반인 사회 배급은 1일에 1인당 700g이었는데 나라에서 여러 명목으로 떼고 나면 1인이 500g이 안 되었다. 그것도 잡곡과 백미의 비율이 9:1이었다. 그런데 탄광에서 일하면 전량 백미이고 생활상 애로는 해결한다는 것이다.

죽으란 법은 없다고 가느다란 한 가닥의 명줄이 생긴 셈이다. 나는 귀가 솔깃했다. 탄광 일을 하기로 결심했다.

내게 하나뿐인 딸애를 위한 일인데 무엇을 서슴으랴.

평양서 백미밥도 싫다고 투정하며 안 먹었는데 갑자기 나로 인해 산간 탄광 오지에 추방돼 목이 깔깔해 넘기기가 어렵다고 강낭밥을 아예 쳐다보지도 않아 날이 가면서 말라 가는 딸애가 가여워 눈물을 흘린들 무엇 하랴.

그래도 살길이 있다니 힘이 났다.

탄광이라 사람이 하는 노릇인데 죽기야 할까.

세상에서 기쁨을 거절당한 그 사람이 환희를 창조한다. ― 자기의 불행으로 환희를 만들어 낸다 ― 하였던가.

위대한 작곡가 '베토벤'이 생각났다.

3. 화이트칼라에서 블랙칼라로

사랑이 부른 탄광 막장

　말로만 듣던 무시무시한 곳이었다. 그 끔찍하고 무서운 탄광이 내가 사는 마을이라니.

　탄광에 지원하면 일단은 막장이 지척이니 통근도 면한다. 배급도 전량 백미란다. 무상탄도 1년에 1톤이란다.

　평양서 추방될 때 마지막 역인 송신역에서 캐러멜 10㎏을 샀다. 그걸 다 먹어 버리자 딸애는 샛노란 강냉이밥이 깔깔해 목에 안 넘어간다고 밥을 멀리했다. 그게 늘 마음에 걸렸다.

　'무엇을 주저하랴. 딸애에게 이밥 구경이라도 시켜 주자.'

　주저 없이 탄광을 찾았다. 사랑은 나의 탄광 선택을 주저하지 않게 하고 두서없이 찾게 하였다.

　하나 자녀에 대한 사랑의 힘이런가.

　기본 노력이 아닌 지원 노력, 즉 공장계획의 동원 노력으로는 가능하다고 했다. 모두 탄광 지원을 하지 않아 노력 수급에 골머리를 앓고 있던 터라 나의 탄광지원 소망은 비록 여자이지만 흔쾌히 수락되었다.

　처음 노동 안전교양 15일간을 채워야 한다기에 탄광 노동 안전과를 찾았다. 그때 중대장이 서울 의용군 출신인데 내 사정을 듣고 자기가 직접 갱에 데리고 들어가 며칠간 알려 주며 노동 안전 교육을 했다. 갱 내 노동은 6시간이 규정이었다. 일제강점기의 연속이라 할까.

　3교대 근무로 갑(甲), 을(乙), 병(丙)반 작업으로 24시간 갱내가 가동되었다. 갑번(24:00~8:00), 을번(8:00~16:00), 병번(16:00~ 24:00)

으로 나누어져 있었다. 저녁 교대 작업이므로 도시락을 싸서 자정까지 갱구 휴게실로 오라고 했다. 허리춤에 도시락을 비끄러매고 첫 출근을 했다.

작업복에 지하족을 신고 희미한 간드레(갱내 들어갈 때 조명용으로 손에 들고 다니는 등(燈)인데 카바이드가 타면서 내는 빛을 이용)를 들고 휴게실에 들어갔다.

휴게실은 살풍경이었다.

소대장의 작업배치가 한창이었다.

탈모증(?)으로 머리카락이 거의 다 빠진 30대로 보이는 청년과 옆에는 눈이 하나 없는 유리 눈(?) 채탄공이 앉아 있었다. 게다가 모두 팔목 주위가 너덜너덜하고 무릎도 다 해진 작업복을 입고 있었다. 신발도 명색이 지하족이지 너덜너덜한 것을 끈으로 옭아매 신었다. 알아듣지 못할 갱내 말들을 지껄이다 잠시 후 우루루 일어났다.

여자들도 몇 명 있었다. 이들 역시 가정의 생계를 위해 뛰어든 듯했다. 그 여자들이 있어 다소 안심되기도 하였다.

나도 그들에 합류했다.

중대장이 준비해 준 간드레를 들고 손에 손을 잡고 뒤를 따랐다. 지하갱도에 들어서서는 간드레 불빛에 의지해 층층 계단을 내려갔다.

다음은 조금 평평했다. 동발목으로 세워진 갱도를 따라 한참이나 내려갔다. 내 몸은 계속 떨렸다. 오소리 굴 같은 곳을 엎드려 기어서 그들을 따라야 했다. 다른 노동자들의 허리에는 밧줄이 매달려 있었다. 그 밧줄로 동발목을 매어 끌고 한 손으로 간드레를 들고는 기어들어 갔다. 그들을 보고 나는 학습돼 따라가기만 하면 된다.

나는 속으로부터 덜덜 떨리는 걸 억제하지 못했다.

무서움이 덮쳐 왔다. 오도 가도 못 할 것처럼 숨이 막혔다. 얼마간 들어가니 앞이 확 뚫린 갱막장이다.

떠들썩했다.

탄광의 갱내 입구와 캐낸 석탄을 갱외로 나르는 탄차

곡괭이 소리, 구멍을 뚫는 드릴 소리도 요란했다.

갱도를 따라 꼬불꼬불한 골목길과 석탄을 캐고 난 폐갱도 한편에 있었다. 작업이 시작되었다. 드릴로 화약 구멍을 뚫고 그 구멍 속에 화약을 넣어 발파공이 화약 폭파 장치를 한다.

그동안 노동자들은 발파장이 아닌 다음 막장의 골목에서 기다린다. 신호에 따라 발파가 끝난 후 통풍장치를 한 환풍구를 내고 한동안 환기한다.

요란한 통풍 소리를 들으면서 막장을 향해 들어간다. 거기에 철판을 깔고 무너진 탄을 긁어내려 갱도 있는 데까지 끌어내 탄차에 가득 싣는다.

 탄차를 채우면 운반공은 신호 줄을 통해 신호를 의식하고 탄차는 굵은 쇠밧줄의 견인으로 위로(바깥으로) 올라간다. 갱도에는 계속 석수가 떨어져 질퍽질퍽하다. 석수는 갱도 양측에 파 놓은 배수구를 따라 갱 밖으로 나가게 되어 있다. 갱내에는 화장실이 없고 이 배수구를 따라 오물들이 흘러나간다.

 갱내에서 탄을 밀어 낼 때면 앞사람이 빨리 석탄을 처리해야 일이 수월하다. 그러나 심보가 나쁜 사람은 앞자리에서 게을리하여 다음 사람을 힘이 곱이 들게 한다. 그런 꾀를 부리는 사람은 밀어내야만 한다.

 그럴 때면 막장의 채탄공들은 여하를 불문하고 쌍욕을 퍼붓는다.

 갱내에서 1시간에 한 번씩 휴식시간이 허용된다. 5시간 30분만 일하면 다음 교대자들에게 인계한다. 입갱하여 6시간 만에 갱에서 나오게 되는 것이다.

 내가 일했던 탄광은 일제강점기 경원탄광이라 불렸다. 그 고장에는 옛날에 도시에 사는 청년들이 강제로 끌려와 갱내 노동에 동원되었다. 그들은 고용기한이 지나서 집에 돌아갈 때도 고향에 돌아가지 못한 채 그곳에 눌러앉게 된 사람들이 대부분이었다.

 일제가 망해서 간 후에 이들은 북한정권하에서 소위 노동계급의 기본성분을 가진 노동자가 되었다고 한다. 하여 그곳의 탄부 출신들이 간부 등용도 많이 되었단다.

국군포로수용소 – "네모골"

 그런가 하면, 6.25 전쟁 이후 국군포로수용소가 이곳에 자리 잡게 되었다. '네모골'이라는 포로수용소 자리가 있었는데 이는 사면으로 틀어막힌 수용소 형식의 구금시설이었다. 그 후에는 살림가옥 형태로 개조하여 한 면에 10가옥씩 40가옥이 이 네모골에 자리 잡고 있었다. 여기 네모골수용소서 교육받고 훈련된 국군포로들이 인근 상하탄광, 고건원탄광, 용북탄광, 아오지탄광 등으로 분파되어 갔다고 한다. 이로부터 그들은 자원성(?)으로 탄광에 뿌리내렸다고 북한당국은 선전하였다.

현재는 6.25 전쟁 시의 국군포로들이 탄광의 주요 구성인력이 되었다.

구글지도로 살펴본 탄광마을의 네모꼴

내가 살던 고장의 국군 포로들 다수가 현재 한국에도 입국(6명으로 확인됨)하여 본향에서 살고 있다. 이런 국군포로 투하지역이 바로 내가 자리 잡은 고장, 탄광마을이었다. 일명 북한의 불랙존이다. 여기는 지상에는 블랙리스트만 갖다 모아 놓고 지하에는 검은금이 나온다 하여 불린 호명이다.

갱내에 들어가면 기본언어는 일본말들이고 국군포로 출신 중 경상도,

전라도, 충청도 사투리가 뒤섞여 떠들썩했다. 한편 그곳은 중국의 국경지대라 함경도 사투리가 유별나 쌍스러운 조선말에 오합지졸 볶음판 그대로였다. 나 혼자만이 사근사근한 서울 말씨였다.

나도 점차 이런 환경에 적응되어 갔다. 거친 탄광과 사람들에게도 적응되어 갔다.

갱내에서 "야!~ 짐이 온다. 빨리 아시 가져와!" 하고 소리치면 웅성거리기 시작한다. 모두 안전한 곳으로 몸을 피하고 동발공은 재빨리 보조 동발을 세우느라 구덩이를 판다. 이것이 해결되면 발파준비를 하느라고 드릴을 암석 짬에 들이댄다. 요란한 착암기 굉음 속에서 화약을 넣고 충전한다.

"모찌 가져와!"

하면 흙으로 떡을 빚어 충전한다. 다음 발파공은 발파선을 늘이고 신호한다. 갱내에는 가스 배출을 위해 모두 배풍기를 돌린다. 채탄계획의 경우에는 가스 배출이 채 되기도 전에 막장에 들어가 탄을 밀어 낸다. 그럴 때면 석탄가스에 취해 비틀비틀 쓰러지기도 한다.

이 석탄가스의 밀도에 따라 가끔 일산화탄소 가스중독과 폭발사고도 생기기도 한다. 이렇게 6시간 내에 목표한 탄차 수량을 갱 밖으로 실어 내야 한다.

그 속에서 동발 나무가 모자랄 때면 밧줄을 가지고 오소리 굴 같은 막장으로 들어간다. 동발을 끌고 기어 나와 그것을 입구까지 나른다. 음침하고 물이 뚝뚝 떨어지는 지하갱도를 따라 경사진 사경을 미끄러지면서 네발걸음으로 오르내린다.

간드레는 1인당 오직 한 개의 눈을 대신하는 등불인데 이 등이 꺼지면 맹인 한가지다. 때로는 간드레의 카바이드가 떨어져 앞이 캄캄하면 손으로 더듬거리며 갱 바깥으로 거의 기다시피 하며 네발걸음으로 나와야 한다.

'지옥 같은 세상살이'란 말대로 그 속에서 나는 하루하루를 버텼다.

그러나 겨울에는 갱외 작업보다 갱내 작업이 낫다고 해야 할지, 노동에 단련되지 못한 나는 삽으로 탄을 밀어 내야 했다. 눈물겨운 수모를 받으면서 석탄 한 삽에 내 설움과 슬픔도 그리고 온갖 수모도, 눈물도 함께 담아 밀어 냈다. 동정하며 도와주는 이도 있었다.

그 속에서도 마음 한구석을 내내 차지한 건 추운 겨울밤 어두운 방에 혼자서 나를 기다리고 있을 어린 딸아이였다.

그러던 어느 날 갱외 작업을 하라는 지령을 받게 되었다.

한겨울 갱외 작업

그것 역시 만만치 않았다. 그곳의 추운 겨울은 시베리아 극동추위이다.

추운 가운데서도 탄차, 버력차를 힘겹게 밀면 땀이 솟았다. 땀은 바로 얼어 고드름이 된다. 그런 속에서도 살아야 할 이유가 있다면 엄마이기 때문이었다. 모성의 힘이 연약한 몸을 지탱하게 했다.

갱외에서 내가 하는 일은 갱내에서 나오는 석탄차, 버력차를 하차장까지 밀어 운반하는 것이다. 높은 곳에 낙석장을 만들어 놓고 낙석장으로 탄차를 밀어 올린다. 낙석장에는 낙석장치가 있는 곳에 탄차를 올려 놓고 찜뿌라(탄을 실어 내는 쇠바구니?) 운전공이 발판을 밟으면 탄차가 공중에서 뒤집히며 석탄이 하적장에 쏟아져 내리는 방식이다. 아직 기술도입이 안 돼 사용 중인 수동적인 하차작업의 일환이었다.

갱내 작업을 하면서 탄부들이 자주 하던 말이 생각났다. 찜뿌라에서

작업과정 중 다쳤던 사례들,

그 당시 경험들을 되풀이해 말해 주곤 했다. 그러나 그 사례들은 나와 먼 다른 사람들의 일상으로 스쳤다. 그러나 그리 먼 일상이 아니고 곧 나의 현실이 될 줄이야~

4. 탄광 추락 사고

겨울 어느 날

그날도 난장(갱 외) 지령을 받았다. 나는 여전한 차림새로 버력차를 밀고 낙석장으로 올라갔다. 버력차에는 버력이 가득 실려 보호 틀에 걸린 채 들어갈 수가 없었다. 나는 탄차 위에 걸린 버력 덩이를 들어 올리고 있는데 내가 탄차에서 내려오기도 전에 운전공이 발판을 밟아 버렸다. 순간 나는 그 높은 곳에서 탄차와 함께 10여 m 고도에서 석탄과 함께 하차돼 내리꽂혔다.

"아~ 앗!"

순간 눈앞이 아찔하였다. 건너편 난간에 던져진 내 허벅다리를 탄차가 때리고 돌면서 피할 새 없이 뒤에서 내리쳤다. 한순간이라 아픈 것을 느낄 수 없었다.

순식간에 주위에 사람들이 몰려왔다.

그 시각 운전공은 넋이 나가 탄차를 멈출 생각도 않고 멍하니 바라만 보고 있었다.

사람들이 여기저기서 모두 모여들었다.

갱내에서 나오는 석탄들의 하적장.
위에서 탄차로 쏟는 장치로 10여 m 높이의 하적장인데
나는 찜부라(탄차)의 석탄과 함께 하적장에 부려져 머리와 온몸을 다쳤다.

탄광 지배인이 달려왔다. 병원으로 당장 실어 가자는 의견이었다.
나는 지배인에게 간곡히 부탁했다.
"지금 머리에 충격을 받았으니 잠시 휴게실에서 안정하게 해 주세요. 내가 의사라 상태를 잘 아오니 제발 좀 움직이지 않게 해 주세요."

잠시 후 탄광병원에서 사고 소식을 듣고 달려왔다. 몇 가지 응급처치를 하고 집에서 안정할 수 있게 진단서를 발급해 달라고 요구했다.

사고 때문에 2개월간 집에서 휴식했다.

그러나 여전히 머리 타박상으로 하여 나는 길다면 긴 침상 생활을 하였다.

함께 일하던 여공들이 교대제로 집에 찾아와 밥을 해 주고 물을 길어다 주고 매일같이 문안하여 주었다.

참 고마운 사절들이었다.

철부지 딸아이가 아직은 아무것도 할 줄 모른다는 걸 헤아리고 찾아와 염려해 주고 도와주는 그들이 눈물겹게 고마웠다.

그런 고마운 사절에 상반되게 진단 기간 2개월이 끝나자 탄광에서는 나를 농장으로 내보내겠다고 했다. 그러면서 식량 배급표를 주지 않겠다며 엄포를 놓았다. 아직 공상은 아물지 않아 왼쪽 이마에서부터 목까지, 허벅지에서 종아리까지 퍼렇게 멍들어 부어 있고 정상 활동이 불편한데 참 난감하였다.

배급표를 끊는다니?

죽으라는 건데?

청천벽력이었다.

북한에서 식량 배급표는 생명 그 자체이다. 출근일수에 의하여 정산돼 배급되는 식량 공급표로 배급소에서 식량을 공급받게 되는 구조이다.

이런 시스템에 의하여 사람들의 일거수일투족을 통제. 감시하고 통치하는 도구로 삼는다. 그러니 식량 배급표의 단절은 죽음이나 마찬가지이다.

한 달에 배급표는 15일 단위로 상순과 하순으로 나뉘어 2회에 나뉘어 지급된다. 15일간 만근했을 시 지급된다. 하루 결석이면 15칸 중 한 칸을 떼고 공급한다. 경리원이 배급표 칸을 어떻게 자르는가에 따라 기역 자(ㄱ) 또는 니은 자(ㄴ) 배급표일 수도 있어 자동차 배급표라고도 우스캣소리를 하기도 한다. 그 작은 15칸짜리 배급표를 가지고 식량 배급소에 가서 15일간 먹을 식량을 받는다. 따라서 배급표 공급을 끊는다는 건 그만 살라는 의미이다.

우리 모녀의 생명 줄이라 하는 수 없이 나는 어지럼증을 참으며 아픈 다리를 끌고 탄광사무실로 찾아갔다. 지배인에게 눈물로 통사정했으나 소용없었다.

"아무리 그래도 국가규정에 공상 입은 노동자를 농장으로 보낸다는 것은 너무합니다. 내가 무슨 죄인이기에 법적 보호를 받을 수 없단 말입니까?"

나는 따졌다.

인정사정없는 지배인은 전화통을 들고

"보위부!", "보위부!"를 찾았다.

전화로 여기에 모호한 발언을 하는 자가 있으니 해결하라는 것이었다.

그러거나 말거나 그냥 버티고 앉았다.

그러자 내일 초급당 비서실로 다시 오라고 했다. 무거운 발걸음을 끌면서 탄광에서 내려와 탄광 보위부로 갔다.

"그냥 봐주라고 했는데… 알았소. 가 보오."

다음 날 또다시 탄광 초급당으로 찾아갔다.

이번에는 울면서 토로했다.

그래도 당 일군은 좀 달랐다.

그는 위로를 보내며 배급표를 내려보낼 테니 가 보라고 했다.

설움을 삭이지 못하고 유일한 내 보금자리인 집으로 돌아왔다.

방 안 풍경은 초라했다.

선반 위에는 평양서 가져온 트렁크 하나가 덩그렇게 놓였고 방 한구석에는 검실검실 더러워진 이부자리 한 개와 유일한 내 보고(寶庫)인 책 보따리가 있었다. 방 안은 혼란스러운 내 마음만큼이나 정돈 안 되고 무질서했다.

딸애가 학교 가고 없는 빈 방에 엎드려 실컷 울었다. 앞으로 나는 어떻게 살아가야 한단 말인가,

혼절하다시피 흐느껴 울었다.

물에 빠진 이 지푸라기라도

대안 없는 울음을 멈추고 문득 정신을 가다듬고 비장한 각오로 필기도구를 찾아 들었다.

그리고 진정하고 간절한 마음을 담아 써 내려갔다.

겉봉에는 당중앙위원회 6과(남한 출신 취급부서) 앞. 함경북도 경원군 ○○탄광 노동자 ○○○라고 썼다.

"…나는 18세 어린 나이에 고향을 등지고 부모 형제 다 버리고 대학 공부 할 한 가지 일념으로 학도위생병으로 인민군을 따라왔습니다. 전쟁이 끝나고 당과 국가의 혜택으로 대학을 졸업한 후 평양시에서 당의 보건 전사로서 전력을 다 바쳐 환자치료에 몰두해 왔습니다.

(중략)

도대체 내게 무슨 죄가 있기에 이런 부당한 대우를 하는 건지 알 수 없습니다. 무엇 때문에 나는 국가와 법의 보호를 받지 못하고 힘들게 배운 의학기술마저 써먹을 수 없는 죄인으로 살아야 합니까?"

구구절절 비통한 심정을 한 자 한 자 또박또박 눈물겹게 써 나갔다.

"…만약 이 나라의 진실한 애국자라면, 이 나라의 죄 없는 한 여인이 이런 참혹한 고통을 겪고 있다는 것을 아신다면, 아마도 가슴 치고 통곡할 것입니다……."

함경도 오지의 탄광마을에서 평양의 중앙당 청사에 보내는 우편물은 수차 노력 끝에 어려운 통로(Route)로 부쳐졌다. 수회의 실패를 거듭하며 노력 끝에 오아시스랄까.

내가 근무하던 서성구역병원 경리과 직원이 우리 동네의 사촌결혼식에 온 것이었다. 실로 오아시스였다.

그는 나를 알아보고 깜짝 놀라며 나의 정상에 함께 눈물 흘리며 동정해 주고 나의 간절한 부탁을 지켜 진심으로 평양에 가서 각 방면의 노력을 다했다. 하여 편지를 제 과녁에 맞추어 중앙당 6과에 정히 전달되게 하였다.

한갓 이름 없는 탄광 노동자가 공상을 입고 쓴 이 글을 보고 어떤 목석인들 움직이지 않을 수 있으랴.

앉아서 그저 죽임 당하느니 몸부림이라도 쳐 보고 죽든지 말든지 할 각오로 절박함의 발버둥이었고, 물에 빠진 이가 지푸라기라도 잡고 싶은 간절한 심정의 메아리였다.

한편으로는 이판사판 결사의 각오이기도 하였다.

그로부터 약 1개월 지난 어느 날.

군(郡)당위원회에서 6과 지도원이 나를 찾는다는 것이었다.

가슴 졸이며 거기에 가니 중앙당에서 내려왔다는 상급지도원이 도(道)당회의 지도차 왔던 김에 직접 내 의견을 듣고자 찾았다는 것이다.

드디어 내가 보낸 편지의 회답이 온 것인가?

나는 자못 설레었다.

한편으로는 미지의 비장한 각오까지도 없지 않았음을 고백한다. 흔히 신소와 청원은 화(禍)와 복(福)의 두 길 중 하나인지라 모험 중의 모험이었기 때문이었다.

대체 내게 어떤 벌(?)이 도래할 것인가, 초조하였다.

5. 쥐구멍에 든 볕

"나는 평양의 큰 병원에서 의사로 근무하다가 어느 날 추방돼 농촌건설대로 배치되었는데 생활고로 탄광에 지원하여 일하다가 공상환자가 되었다. 나는 법적 죄인도 아니다. 토대에 문제가 있다면 6.25 전쟁 당시 북에서 내려온 정치공작대들의 무료로 대학공부를 시켜 준다는 선전에 매혹되어 믿고 따라나선 것뿐이다. 오직 당과 이 나라 정책을 순진하게 믿었기에 부모 형제, 정든 고향 다 버리고 18세 여학생의 몸으로 혈혈단신 북조선에 온 것이 잘못이고 죄인가?

이곳에 와서 인간 이하의 대접을 받으며 참고 살았다. 하지만 이제 다친 몸으로 어린 딸애와 살길이 막막한데 배급표도 못 받는 신세가 되었다……."

라고 토로했다.

십중팔구 내게 혹여라도? 라는 우려를 떨칠 수 없었다. 북한서 바른 소리, 정당한 의견 제시는 일종의 모험이다. 하여 좋은 결과라기보다 나쁜 결과 쪽이 우세함도 나의 촉이었다. 그 때문에 이판사판 나는 비장한 각오 또한 하고 있었던 것이다.

　이를 의식해 아마도 내게 안 좋을 처사에 설득력을 구사하느라, 또 그를 예방하는 차원의 변명으로 나는 구구절절하게 아뢰었다.

　그때 나의 호소를 조용히 경청하던 중앙당에서 내려왔다는 신소처리과(?)지도원이 말했다.

　'모든 것은 당의 조치이고 내 마음대로는 할 수 없는 일'이라며 의견을 지방당에 제기해 보겠다 하고 떠났다.

　그 후 일주일이 지난 뒤…….

　군(郡) 보건 과장이 ○○병원으로 내려와 나를 호출한단다.

　병원에 도착한 나에게 군(郡) 보건 과장을 만나기 전 당시 그 지역병원 원장이 먼저 낌새를 눈치채고 내게 잽싸게 말해 주었다.

　군(郡) 병원은 군행정, 군당 간부들이 가까이 있어 일하기 조심스러운 곳이다. 하지만 우리 탄광병원은 그렇지 않다. 아마도 군 병원이 유력한 듯한데 그러면 또 이사하고 낯설어서 적응하려면 어렵지 않겠느냐. 그러니 이곳, 탄광병원으로 선택하는 게 유리할 것이라고 앞치기로 귀띔해 주었다.

　오지의 탄광촌에 보기 드문 평양의학대학 졸업생의 귀한 의료인력을 자기 병원이 갖고 싶었던 원장의 이기적인 욕심이 앞서 나를 먼저 유혹하고 유인하자는 의도인 듯도 하였다.

　나쁘지는 않았다.

　실제로 이곳은 아주 촌 동네 탄광촌이다. 이런 지역의 평양의학대학 주간 대학 졸업생의 전문 의료인력은 과분한 고급인력이기도 했다. 당시만 하여도 우리 군(郡)적으로도 평양의학대학 주간대학 졸업생이 한 사람도 없었으며 하기에 내과 전문의는 더 전무했다.

낯선 지방에 추방돼 어느 정도 안착이 되고 정이 들기 시작한 이곳 탄광병원에 눌러앉아 여기서 근무하는 것도 괜찮겠다 싶었다. 모처럼 보건부문의 나의 의술을 필요로 느끼는 공기가 왠지 실감 나지 않았다.

아니나 다를까, 정말로 군 보건 과장이 어느 병원에서 일할 것인가를 묻기에 먼저 주입받은 대로 '○○탄광병원'이라고 말했다.

"고장 사람들에 대한 어느 정도의 요해와 인식이 자리하여 이 고장이 낯이 익고 정 들어 여기를 뜨고 싶지 않습니다…."라고 했다.

이렇게 하여 평양을 떠난 지 4년 만에 나는 북한 공산 치하의 메스(Mes)질로 무자비하게 잃었던 의사직을 다시 회복하게 되었다.

꿈을 꾸는 것만 같았다. 실감이 나지 않았다.

꿈 많은 청춘 시절 평양시를 누비며 내과 의사의 자태를 마음껏 과시하던 내가 간드레불에 의지해 손발로 더듬거리며 네발걸음으로 기어 들어가는 탄광의 지하 막장을 상상이나 해 보았던가.

또 오로지 생계 전선의 탄광 막장의 검은 무사복에서 다시 하얀 위생복을 입게 되리라고는 꿈에도 상상하지 못했으니 말이다.

정의와 진리, 양심이 살아 있는 가느다란 빛에 대한 환희였다. 그날 밤은 뜬눈으로 보냈다. 집을 떠나오면서 부상병을 업어 날랐던 심정으로 열심히 봉사하리라 마음을 다졌다.

이곳 주민들의 건강을 진심으로 돌보아 주리라!

나의 다짐은 새로운 신념에 불탔다.

내가 짐을 풀었던 ○○탄광 노동자구는 탄(炭)·농(農)에 종사하는 반(半)공·농업지구였다. 인구는 8천여 명 정도이고 20개 가까이 되는, 탄광을 비롯한 중소규모의 기업체가 상주했다. 여기에 또한 4개의 리(중영리, 사수리, 등상리, 이도리) 진료소도 운영되었다. 이 지구병원은 보건조직 지도체계의 구성요소인 상급치료기관으로 협의 진단 왕진 진료를 담당했다. 인근의 농촌리를 포함하면 1만여 명의 인구를 담당 관리하는 중임을 맡은 셈이었다.

병원 규모는 내과, 외과, 소아과, 산부인과, 동의(고려)과 등 기본적인 전문 진료과들이 있었다. 그런가 하면 약국에는 약국(양·한방약조제실, 주사제제실, 고려약제제실 등), 입원실, 수술실, 실험실, 렌트겐실 등과 경리과 식당들도 모두 갖춘 상태였다. 병원의 기본건물과 좀 떨어져 간염(2예방과), 결핵과(3예방과)와 약국 조제실, 주사제제실을 갖춘, 군병원보다는 조금 작은 침대 수가 70베트(bed)의 중소규모의 2차 치료기관이었다.

병원에서 인사소개를 하고 다음 날부터 즉시 내과 외래진찰실에서 환자 진료를 하게 되었다.

처음에는 탄광 막장에서 생사를 같이했던 탄부들이 진짜 의사가 맞냐며 희한하다고 구경하느라 복도를 메우기도 했다. 그때 나의 자세는 될수록 의연하였고, 자못 숭엄하기까지 하였다.

한것은, 그들에게 결코 내가 일도 제대로 못하고 작업의 순선위 등에 무디었던 이유가 바로 평양에서 펜대와 청진기에만 익숙하였던 오리지널 의사였음을 증명하기도 하는 현장이기도 하였다.

나는 그 지역의 특성인 평양 추방민들을 비롯하여 그 지역의 토착민들과 국군포로들을 성심껏 진료했다.

그때로부터 20여 년을 하루와 같이 일가친척 없어 오갈 곳도 없으니 남들이 해마다 받는 정기휴가도 다 바쳐 가며 고장 주민들의 아픔과 생사고락을 함께했다.

병원 의사직은 내게 날개를 달아 주었으며 나는 그곳 주민들에게 성심을 다하였다. 그 고장 주민 구성이 특별하여 왠지 내게 무슨 암시를 하는 듯도 하였다. 우리 고장에는 유난히도 국군포로가 많았고 내가 추방 온 후에도 부단하고 지속적으로 평양 추방민이 토착되는, 어찌 보면 북한으로서는 불랙존이었다. 하기에 내가 더 그들에게 성심을 다하기에 바빴다.

언젠가는 불치의 병을 진단받고도 병원 수술차 가야 하는데 여비가 없어 못 가는 정 아무개 집안에 한 달 월급을 털어 주었다. 빈 월급 쪽지를 가지고 집에 들어와 딸에게 혼이 난 적도 있었다. 나는 지역 주민들과 한 가족이나 다름없이 생활했다. 그들이 마치 내 부모이고 내 형제나 다름없었을 정도로 그곳에 정을 붙이고 헌신했다.

게다가 인근 탄광촌에는 아오지탄광, 고건원탄광, 용북탄광, 농포탄광, 풍인탄광, 상하탄광 등의 크고 작은 CO(일산화탄소) 가스 폭발 사고에 의한 화상 환자들이 수시로 많이 생겼다.

나는 물론이고 딸까지 피부이식술 등의 탄광촌의 고귀한 경험을 했다. 그만큼 우리는 그곳의 기후와 풍토 거친 현실과 삶에 적응되고 동화되어 갔다.

6. 북한의 남한 출신들

우리 지역은 북한의 최북단으로 일명 조선의 시베리아로도 통한다. 하기에 평양에서 그 옛날 류배살이 지역으로 많은 추방민들이 보내어진 곳이다. 일명 불랙존(black zone)이라고도 공유한다. 지상에는 불랙리스트들이 살았으며 지하에는 검은금이라고 불리는 석탄의 매장지라는 의미의 불랙존은 합당한 지명이다.

우선 불랙리스트인 북한의 불온분자들은 모두 이곳에 보내졌다.

대표적으로 60년대 북한의 무임소상으로 명성 높았던 이국노(남한 출신)의 일가가 모두 다 70년대 중반에 추방돼 내려와 1동 3세대 가옥의 가운데서 양쪽 보위원가족의 감시를 받으며 생활하였다. 김일성의 회고록 3권에 이국노에 대한 언급으로 간신히 半회복되었다.

그의 아들 이억세는 약학도로서 서울대 약대 출신설도 있었으나, 연령대상으로 볼 때 평의대 약대설이 더 유력한 듯하다. 그는 추방돼 와서 우리 군(郡)에는 제약공장을 건설하고 그가 제약공장장으로 있었다. 그때에야 비로소 우리 군에 제약공장이 새로 건립되어 부족한 한약을 비롯한 약품들을 생산하여 공급하였다. 우리 군의 제약산업을 진일보하는 데 지대한 역할자라고 하여도 과언이 아니었다. 그 후 그는 회복되어 청진의학대학 약학대학 교수로 전근되었다.

그의 며느리 리원형은 내가 평의대 다닐 때 모스크바 의대 유학(유학생의 오소문(?)에 의한)에서 소환돼 우리 대학 5학년에 같이 다닌 반가운 사절이어서 동병상련을 나눈 적 있었다.

그는 당시 보건상이었던 리병남의 따님으로 위세 또한 하늘을 치솟았다. 그러나 서울 출신 동향인의 동병상련으로 우리들 간의 상호관계는 남달랐다.

리원형 선생은 이곳에 와서야 평생 산(山)이라고는 난생처음이니 약초 동원차 산에 가서 했던 에피소드는 이 고장 토박이 보건일군들의 조소거리로 유명했다.

"고사리가 까만가 했더니 파랗네?"

이 문구는 우리 지역 보건의료인들의 여가에 폭소거리로 여운이 오래가 일명 공식으로 전파되어 가기도 하였다.

그 당시의 시골 동네의 비난과 조소, 따가운 시선들이 얼마나 사무쳤는지를 반증하는 사례가 있다.

그가 후에 회복돼 청진의사재교육대학 러시아어, 정신과 교원이 되었다. 나는 급수시험차 가서 만나서 회포를 나눈 적 있다. 그때 그가 하는 말….

"…그때 제일 재미(?)들여 나를 놀려 대고 눈 흘기던 의사들 급수시험 친 거 내가 다 낙제 주었어……. 결국 승급 못 했지. 얼마나 깨고소하던지……."

의사들은 급수시험이 있는데 초기 대학 졸업하면 6급 의사이다. 4년 격으로 급수시험에 결격사유가 없으면 1급씩 승진한다. 이는 월급에 반영된다. 4급 의사부터는 도(都)의사재교육 대학, 또는 의학대학에 가서 시험을 치른다. 거기서 낮은 점수이면 승급 못 하고 유급된다. 결국 급수시험 탈락자들은 유지시험이 되기도 한다.

고소한 큰 복수를 한 쾌감으로 많이도 통쾌해하는 그의 모습이 아직도 눈에 선하다.

그때 그 고장, 추방지에서의 따돌림과 눈 흘김이 얼마나 사무쳤으면 이런 통쾌한 복수의 일면을 내게 공유하며 고소해할까.

그의 말을 들으며,

'…너는 그래도 복수할 기회라도 있지만……

그런 것 따위는 난 계산도 안 하구 살아…….'

얼마나 기구하고 억이 막혔던 남한 출신 하나하나의 인물들인가…….

그런가 하면 함께 추방되어 온 이국노의 양아들 부부 내외는 추방 올 때만 같이 내려오고 회복될 때는 남겨 두고 저네끼리만 청진으로 회복시켰단다.

이들은 그 시골 생활의 노예로 몹시도 힘들게 생활을 유지하면서 가끔 내가 병원에 혼자 있는 때면 찾아와 향수를 나누기도 하였다.

그 양아들은 김책공대를 졸업한 평양의 이름난 연구소의 연구사였지만 탄광기계기술학교의 교원이 고작이었는데, 생계는 전혀 무관심이고 '이름난 글뒤주'라고 소문이 자자하였다.

그의 처는 '권원한'이었다.

병원 신상 접수하다가 우연히 들은 그 이름을 듣고 나의 기억에 서울에서의 여고 시절 〈성춘향〉 뮤지컬 배우 이름 — 권은한 — 과 유사하다고 입속말로 중얼거렸더니……

그가 재차 내 말을 되받으며,

"그게 우리 언니예요!"

"네? 그럼?"

라는 청천벽력의 사절도 병원에 내원한 내 환자였다.

그를 비롯한 서울 동향 인물들과 조우한 수많은 이야기들이 생략되고 그냥 얼굴의 옅은 미소만이 환희였다.

그 미지의 옅은 미소 속에

'얼마나 고생 많았냐.'

'언제면 우리 고향 갈까,'

'우리 과연 고향 갈 날 있을까.'

'통일되면 꼭 고향 가서 부모님 만나고 함께 웃자…….'

이런 무언의 아룀을 간직하고 있은 듯하였다.

얼마나 말 못 할 사연의 공유자들인가…….

그는 평양 만수대예술단에서 유명한 안무가였는데 우리 탄광촌에 내려와 유치원 교양원으로 취직돼 유치원 원아공연을 지도하여 평양축전에 참가시키며 자신의 안무 실력의 두각을 과시하기도 하였다.

흔치는 않았지만 그 북방의 시골 정서로는 꽤 흔하였다고 보이는 남한 출신 동향인의 연민의 정은 가끔 내게 활력소가 되기도 하였다.

평양 추방 중에 함께 온 일행으로 앞뒷집에 살았던 '홍정○' 역시 자나 깨나 자기 고향은 서울시 북아연동이었다고 노래하듯 부르짖었다. 평양서 20년 인민학교교원으로 '인민교원' 추천서까지 올라간 상태에서 추방되었단다.

남편이 외무성 출신이었는데 아마도 두 부부가 남한 출신 건으로 추방되었다고 단정하였다. 우리는 더없는 이웃으로 많이도 친하게 지냈고, 생활과 정서, 그리고 사고(思顧)와 걱정 근심의 모든 걸 함께하였다. 그는 해마다 김장철이면 꼭 내 집 김치를 함께 해 주며 나를 염려해 주는 걸 잊지 않았다.

서울 출신의 또 한 여성이 있었는데 그는 아주 어린 시절 친아버지가 학교 체육교원을 하다가 국회의원 후보까지 되었던 어린 시절 기억을 생생히 하고 있었다.

평양에서 큰 병원의 간호장으로 아주 잘나가는 가정이었단다. 80년대 들어 평양시 대대적인 추방사업 시에 큰아들이 인민군 군관하고 가정을 꾸린 상태였지만, 그의 처도 함께, 그리고 작은 아들도 대학공부하는 중에, 두 딸까지 네 자녀와 함께 일시에 대가족이 추방돼 우리 동네에 와서 살았다.

한번은 내가 병원서 숙직(宿直) 서는데 온몸에 두들겨 맞은 상태로 벌벌 기어오다시피 병원에 찾아왔다. 그는 내가 병원에 숙직 서는 날을 찾아 일부러 왔다고 하면서 하소연을 시작하였다.

시도 때도 없이 작은아들과 큰아들의 매 세례를 감당해야 한다는 것이다.

"엄마, 네가 서울 출신으로 성분 나쁘기에 우리가 평양서 더 살지 못하고 추방돼 와서 여기서 이런 개천대 죽을 고생을 한다."

"너 죽어야 우리 가족이 편하다. 죽으라."

라고 자꾸 죽게 때린다는 것이다.

그 슬픔의 호소를 유일한 서울 출신임을 알고 하소연하는 그에게 나는 아무 도움이 되어 줄 수 없었다. 다만 나에게 그런 거칠고 무서운 아들이 아니고 딸이 있음에 안도할 뿐이었다.

그러고는 남편 쪽으로 생긴 중국 친척이 사사여행으로 친척 방문 오면 중국 수건 같은 선물도 몰래 챙겼다가 갖다주곤 하였다. 유일한 동병상련의 나눔이었다고 할까,

그 하소연의 눈물 어린 선물을 내가 어이 호락호락 사용할소냐. 눈물과 하소연이 치쌓인 그 선물들을 나는 차곡차곡 건사해 두었다. 그 눈물의 사연들에 차마 손이 안 갔기에….

그 고장의 서울과 남한 출신들의 혹자는 나를 감시하는 이도 있는가 하면, 혹자들은 자기 고향이 남한이라고 오픈 안 하고 묵묵히 내게 별치 않은 치료를 받았음에도 신세 갚음이라고 잊지 않고 고귀한 찬거리와 먹거리와 희귀품들을 갖다주며 마음을 함께하고 싶어 하였다.

내게 유달랐던 그는 후에 깊이 알고 보니 이남 출신의 남다른 동병상련으로 나에 대한 친밀감을 깊숙이 하였던 것이다.

고향이 남한 출신인 그들의 내게 대한 각별한 밀착감에 무언의 고향 사랑과 두고 온 부모 형제에 대한 남다른 지향이 녹아 있었다.

단지, 그들의 관심과 사랑은 누군가에게 읽힐 정도의 밝은 곳이 아니고 눈감은 상태의 어두운 곳에서의 각별하고도 진심 어린 사랑과 관심이었다.

남한 출신은 그에 그치지 않고 워낙 토박이나 다름없이 기거하는 남한의 경상도, 충청도, 전라도 사람들이 있은바 그들은 국군포로들이었다.

그 고장은 전후에 전쟁국군포로수용소가 자리하고 그곳에서 각 북부 지구 탄광으로 분파되어 나갔다고 한다. 그들의 완고한 사투리로 하여 그 지역의 복합 사투리는 볼만하였다.

북한의 유명한 불랙존에 나도 뿌려져 10대의 서울 말씨를 유지하는 나와 '양치'라고 놀린다고 평양 사투리를 그토록 저주하며 빨리도 함경도 사투리를 곧 잘 소화해 낸 내 딸에게 나는 사투리 하지 말라고 늘 잔소리로 못살게 굴었다.

그런 무지한 함경도 탄광촌의 어둡고 검은 지역에서 내 유일한 피붙이인 딸도 나의 어두운 남한 출신이라는 굴레로 인해 학교 전 과정 성적이 최우등이었지만 상급학교 추천이 안 돼 어렵고 힘겹게 대학을 추천받았으며 졸업하고 같은 병원 약제사로 배치되었다.

원만하지는 못했지만 남들이 다 가는 출가도 하여 두 딸도 출산했다. 여기에 딸애에게 전문직을 안겨 주려 약제사 직업을 위한 상급학교 추천과 입학까지의 간고했던 이야기를 좀 적어 보고자 한다.

7. 딸애의 진로를 위하여

내게 하나뿐인 딸!

현재는 경기도의 자그마한 도시에서 365일 약국을 운영하고 있다.

북한의 12년 약사직은 한국에서 인정되지 않아 나는 딸에게 한국서 새로운 약사면허를 취득할 것을 권유했다. 북한이라는 그 어둠의 세상에서 간고하고도 어렵게 이루어 낸 약제사 전문직을 그냥 무용하게 할 수는 없었다.

하나원을 갓 퇴소한 딸을 앞세우고 서울대 의과대학 황상익 교수님(북한 보건의료에 대한 수차의 인터뷰로 익숙해진 인연으로)께로 향했다.

"교수님, 그저께 바로 하나원에서 나온 제 딸입니다. 북에서 병원 약제사로 10여 년 근무하다가 탈북했는데 한국서 약사를 다시 할 수 없을까요?"

내 말에 딸은 의자에서 용수철이 달린 듯 빠르게도 튕겨 일어났다.

"나, 이젠 기억력도 다 퇴화해서 공부는 못 합니다!"

"…공부는 본인이 하는 거지 어머니가 하는 게 아니니…."

하고 말끝을 흐리는 황 교수님께 무거운 인사만 드리고 할 수 없이 곧 의대 교수연구실을 도망치듯 나오게 되었다.

1시간여 걸려 찾아간 황 교수님 연구실에서 불과 5분도 못 돼 튀어 나온 나의 상실감….

아무 말도 없이 침묵으로 나는 딸의 뒤를 따를 수밖에 없었다. 그날의 상실감으로 나는 뜬눈으로 밤을 새웠다. 과연 두 딸을 거느린 여성가장이 자본주의 남한에서 아무 기술, 면허도 없이 어이 이 세상을 살아갈까, 막막하였다.

그러나 그날의 강경한 거부가 끝이 아니었다.

나의 의향을 늘 귀히 여기는 딸은 늦깎이 마흔이 훨씬 지난 불혹의 나이에 약학대학에 도전했다. 그리하여 자기 자식뻘 되는 애들과 학업을 같이하여 한국에서 그 어렵다는 약학대학을 졸업하고 끝내는 간고분투하여 약사면허를 취득하게 되었다. 하여 유일무이의 남북한 약학대학을 이수한 남북한 1호 약사가 되었다.

어려움을 이겨 내며 기어이 해내고야 만 딸이 자랑스럽고 고마울 뿐이다.

내가 기울인 무언의 의도를 항상 거스르지 아니하고 모지름을 써 가며 인내하는 게 참 대견했다. 결국에는 불혹의 나이인 50세에 약사면허와 북한학 박사학위도 끝내 해내고야 말았던 것이다.

딸은 약국을 운영하며 내게 하루에도 몇십 번 고맙다를 연발한다.

내게는 딸이 희망이고 삶의 전부였다.

평양의 편한 생활이 강탈되고 촌으로 가게 되었을 때도 안쓰러워 유○네 집에 맡기고자 했던 딸애다.

하지만 막무가내로 나와 안 떨어지겠다기에 달고 온 게 미안함의 무게로 남았다. 중학교 졸업 당시 성적은 학기마다 학년마다 최우등으로 학급의 1등으로 늘 날 기쁘게 해 준 나의 전부이다.

그런데 당국이 주도하는 대학추천(추천제: 1. 성분, 2. 실력)을 못 받고 고뇌하는 모습을 지켜보는 건 산전수전 다 겪은 나에게 또 다른 견디기 힘든 고문이었다.

북한의 특수성으로 해마다 고중 졸업생들은 집단배치 하기에 학부모들을 긴장하게 한다. 고등학교 졸업생배치가 작년에는 농장에, 재작년에는 탄광에, 이번에는 대건설에 등등 이렇게 당국이 집단배치를 한다.

당시 학교 졸업생 전부가 도(道)건설대에 집단배치 된다는 정보를 앞서 입수하고 나는 군(郡)에서 문건을 빼내는 데 성공했다. 이럴 때는 탄광이라는 유리한 점이 나를 도왔다. 탄광 자녀로 하여 탄광 배치자로 학교 졸업서류를 빼돌릴 수 있었다.

인근 탄광에 입사한 지 며칠 안 지난 어느 날,

갱내 안전교양 실습 간다고 삽 메고 나가는 뒷모습을 보는데 맘이 아팠다.

또 나의 오기가 발동되었다.

나는 또 탄광에서 주변에 있는 탄광노동보호기구공장으로 문건을 빼내는 데 성공했다.

여기에 안주하지 않고 군내 간부들 만날 기회가 생기면 때와 장소를 가리지 않고 시시때때로 의견을 제기했다.

이 의견은 내가 이미 중앙당에 신소 편지 쓸 때부터 언급한지라 군내에서는 익히 알려지고 학습된 딸애의 상급학교 추천 건이었다.

내용인즉슨

"…내겐 딸이 하나 있다. 통일되면 딸애 하나 데리고 고향에 가야 하는데 대학공부를 꼭 시키고 싶다. 대학공부 하러 부모 형제 다 버리고 온 내가 하나뿐인 딸조차 대학공부를 못 시킨다면 무슨 면목으로 고향의 부모 형제들에게 나서랴, 도와주십시오…."

그때 딸애가 중3이었다.

나는 간부들에게 울며불며 읍에 회의 가는 날이면 잊지 않고 대학 모집과에 찾아가 성화를 부렸다. 하여 나는 읍에 회의 가는 날이 제일 좋았다. 내 의견과 욕망에 노크할 수 있는 절호의 기회였기 때문이다.

부단하고 지속적인 노력 끝에 겨우 경성 의학전문학교 폰트를 하나

받아 오는 데 성공했다.

한편 딸은 공부와는 담쌓고 입당한다고 평양돌격대에 가 있었다. 몇 달 안 돼 나의 설득에 항복하여 학교입학시험에 임하였다.

입시시험 후 시험 합격발표(당시 입시비리가 많아 시험 다음 날 발표 조치)까지 받아 오는 쾌거를 이루어 냈다.

나는 딸에게 추방민 생활을 안겨 준 장본인이었고 또 모든 진로의 걸림돌이었다. 이런 암울하였던 집안 분위기에 모처럼의 화기가 돌았다.

이제나저제나 입학통지서만을 기다리던 중 8월 말이 되어 남들은 입학통지서를 받고 입학한다고 요란을 떠는데 통 소식이 없었다.

입학통지서 도착 여부를 수차례 군 대학모집과에 문의하였으나 도에서 안 내려왔다는 말뿐이었고, 문의 때마다 외면하고자 하는 눈치가 역력하였다.

이런 경우도 있나, 하긴 하도 짓밟히는 처지이오니…….

나는 무언가 이상하다는 생각과 동시에 비장한 각오가 생겼다. 위기에 출구를 돌파하기로 마음먹었다. 도(道) 교육부에 직접 찾아가서 시험 합격자의 입학통지서 도착 미달의 이유를 알아야겠다는 오기가 또 생겼다.

주저 없이 곧 청진(도 소재지)행 열차에 몸을 실었다. 갑자기 열차가 정차한다. 청진역까지는 기차로 1시간 정도 걸리는 반죽역이란다. 열차 승무원은 폭우로 철교가 끊겨 더는 운행을 못 한다고 모두에게 하차를 선언했다.

청진시까지는 산길 도보밖에 없다는 것이다. 목적지가 같은 일행들이 삼삼오오 모여 지름길인 산으로 향했다.

갑자기 6.25 전쟁 당시 후퇴 때가 연상되었다.

그들과 동행하다가 작은 움막집 같은 데 들어가 옹크린 채 밤잠을 자고 깨어 보니 나의 소지품 가방은 도둑에 의해 털리고 나는 빈털터리가 되었다. 돈 한 푼 없었지만 포기하고 싶지 않았다.

물 한 모금 먹지 못하고 청진에 도착하여 대학 모집처 문 앞에서 나는 드디어 도착했다는 안도감에 그 복도에 쓰러졌다.

실신하여 쓰러진 나의 자초지종을 경청하고, 담당 부서 간부들은 문제를 신중하게 수습하여 주었다.

실정을 요해하여 본 결과 도(道)급에서 내려보낸 입학통지서는 군(郡)급에서 — 군내에서는 진료소장감 제대군인 당원의 입학이 절실하다고 내 딸 합격증과 바꿔치기(?)로 — 도 교육처와 협의 수정돼 미래의 진료소장 대상자(제대군인)에게 부정입학통지서가 발급된 것으로 밝혀졌다.

도(道) 교육부의 담당 부서원은 거듭 죄송하다며 내 손에 입학통지서를 꼭 쥐여 주었다. 이제는 안심해도 된다며 빨리 내려가서 입학 수속을 서두르고 입학하라고 말해 주었다.

딸의 상급학교 추천과 진학은 요소마다 이렇게 천신만고(千辛萬苦)로 해결되었다. 화살이 과녁을 맞혔던 것이다.

지옥문을 제치고 천국에 닿은 쾌감!

날아갈 듯한 내 마음 그 어디에 비기랴.

그때의 성취감 온 우주를 가진 듯 날 듯하였다.

급히 귀가해 입학 준비를 서둘러 학교로 동행해 출발했다.

이때 내게 이런 시간을 조건 없이 허락해 준 병원장에게도 고마웠다. 하긴 나도 그곳에서 단 하루의 휴가도 받지 않고 10여 년을 헌신했으니 그럴 만도 했다. 모처럼 내 하나뿐인 딸의 미래를 내건 휴가신청서였기 때문에 쾌히 승낙했다.

나는 나는 듯한 기분으로 딸과 함께 학교에 동행했다. 개교일보다 늦게 입학하였다고 혹여 불이익이라도 생길까의 우려보다 내 딸이 의료인이 된다는 기쁨이 더더욱 함께 동행하고 싶은 내 발걸음을 재촉하였다.

학교장과 학교 초급당 비서를 만나 입학이 늦은 연유와 꼭 의학과가 아닌 약학과로의 배정을 요구하였다.

의학과보다 약학과를 고집한 이유는 의사였던 내 경험으로는 권력과 돈의 힘이 작용하는 ― 배경이 부실한 의사직은 너무나 힘난한 행로임을 체험하였기 때문이었다.

학교 측에서는 의학과에 배정을 요하는 학부형(도당 간부 비롯)은 있었어도 약학과 배정을 요구하려 동행한 학부모는 처음이었다고 나의 의견대로 약학과로 수월히 배정하여 주었다.

이렇게 하여 딸의 약학도로의 첫 출발이 시작되었다.

뒤늦은 입학이었지만 딸은 학업성적이 우수하여 4년 전 기간을 최우등으로 졸업했다.

200여 명 졸업생 중 최우등생은 3명(의학과 1명, 약학과 2명)이란다. 최우등 졸업증은 약학과생에게는 함흥약학대학으로 편입의 환희가 있었다. 지칠 줄 모르는 공부욕은 딸도 물려받았는지 또다시 북한에 하나뿐인 함흥약대 편입으로 이어졌다.

당당한 약학도로의 탄탄대로를 활보하게 되었다.

약대 졸업반의 졸업배치에서 평양 추방민이라 평양이 안 되면 그 근처 평성이나 앞쪽으로 받았으면 싶어 또 나의 의욕이 발동되었다. 약학대학 간부과를 비롯한 각 방면으로 노력했지만 역시 그건 내 힘으로는 불가능한 일이었다.

하는 수 없이 내가 근무하는 탄광병원에 조건 없이 약제사로 취직되었다. 내 고장에서 모녀가 나란히 의사와 약제사로 근무하게 되었다.

우리 모녀는 한반도 최북단 탄광촌 병원의 의사와 약제사로, 이곳 지역 주민들의 건강 돌보미 친구로 친숙히 자리매김했다.

역시 살아 있는 인간 냄새의 시골 향기가 안정과 인생 향기를 더해 주었다.

딸은 우리 고장의 성분 좋은 해군 제대군인 총각과 결혼하여 두 딸을 출산했다. '공부의 신'인 가족의 명맥을 이으며 다복한 생활을 영위했다.

함경북도 경원군 ○○노동자구. 그 고장은 내게 천당과 지옥을 강렬히 맛보게 하였으며 한편 오늘과 같은 본향으로 안내하는 멋진 인생행로를 안겨 준 고마운 곳이었다. 나의 90 평생의 적지 않은 20여 년사를 차지하는 잊지 못할 인생의 분절 토막이었으며, 한반도의 시베리아 지역으로 불리는 최북단의 엄혹한 인생 현장이었다.

제2부

딸이 이어 가는 엄마 이야기

제1장 나서부터 우상숭배

나의 지난 시절에 대한 추억은 슬픔과 기쁨의 여운을 상기하고 끌어내기도 하지만 그 서술은 무수히 많은 점점들을, 때로는 풀어내는가 하면 때로는 압축하기도 할 것이다. 이는 바깥공기를 산책하면서 글줄의 사색을 달리기보다도, 때론 펜으로 끌어내지 못한 닫힌 창문 안에서 울리는 답답한, 아니 암울하고도 참담한 고소이기도 하다.

실로 북한이라는 나라에서의 태우고, 달리고, 벼르고, 미루고, 맡기고, 화내고, 부르짖고, 달래며, 인내하는 잊을 수 없이 내 체질에 판화된 30여 년이었다.

그러나 이런 점점들의 모집들은 순수한 북한의 숨결과 호흡, 더하거나 빼지도 않은 지극히 진실된 그대로일지니라.

1. 부모보다 더 친근한 김일성 원수님

평양시 서성구역 중신동 35반!

천리마 시기에 건설한 비파거리에 자리 잡은 여기가 바로 내가 태어나 태를 묻은 곳이다. 멀지 않은 곳에 서평양역이 있고 80년대에는 지하철 혁신역도 생겼다. 아파트 옆에 제일 큰 건물로 18층 서평양 여관이 들어서고 10층짜리 외무성 아파트들이 새록새록 생겼다.

탁아소를 마치고는 하신유치원에서 중신유치원으로 이동했다. 유치원 초급반 시기에 나는 늘 경비아저씨와 함께 캄캄한 밤까지 엄마를 기다렸다.

항상 늦은 밤이 되어야 엄마가 데리러 와 경비아저씨는 늘 나와 함께 했다. 그때 경비아저씨는 한쪽 팔이 없었는데 두 팔이 멀쩡한 사람보다 더 자유로워 보였다. 작은 경비실에서 늘 담배 연기 자욱하게 피웠었는데 담배를 피울 때면 성냥갑을 두 발가락 사이에 끼웠다. 그러고는 한쪽 팔로 성냥가치를 그어 대 불을 붙여서는 입에 문 담배에 가져갔다. 그 모습이 아직도 눈에 선하다. 어린 내게는 한없이 신기하고 멋져 보였다.

밤늦게 경비실에서 나를 데려간 엄마는 미처 밥을 지어 드시기도 전에 구급차가 오는 날도 있었다.

"○○ 선생, 중환자예요!"

하면 엄마는 곯아떨어진 나를 옆집에 맡기고는 구급차를 향하여 뛰어갔다.

그러기를 유치원의 두어 달 되었을까, 평양시에 주일 유치원 제도가 도입되었다. 1960년대 후반기로 천리마 시기였을 것이다. 북한은 "천리마를 탄 기세로 달리자!"라는 구호를 내걸고 남녀노소(男女老小) 할 것 없이 누구나 사회주의 건설장에서 고군분투의 나날을 보냈다.

이와 때를 같이하여 자녀 양육도 나라가 해 주겠다며 "사회주의 대건설 총동원 앞으로", "천리마를 탄 기세로!"라는 구호로 어른들을 다그쳤다.

나는 그때 주일 유치원생이 되었는데 이는 부모가 한 주에 한 번씩

옷 갈아입히러 오는 것 외에는 유치원에서 먹고 잤다. 지금 생각하면 엄격한 심사를 거쳐 주일 유치부를 선발하였던 듯싶다.

북한의 유치원.
김부자 혁명역사 교양실에서 만경대 초가집부터 우상숭배로 세뇌받고 있다.

당시 유치원의 숙식 조건은 매우 우수했다. 주일원생이 아닌 아이들이 부러워할 정도였다. 달걀이며 고기와 생선 그리고 꽃과자, 사탕, 과일 등 공급은 최고였다. 단지 엄마가 그리운 것 말고는 부족함을 몰랐다.

부모는 보지 못해도 하루 종일 김일성 사랑으로 꽃과자와 사탕과 달걀, 과일 등을 먹는다고 "김일성 원수님 고맙습니다!"를 매끼 큰 소리로 외우고 밥시간과 공부시간을 보냈다.

주일 유치원이 시작된 날부터 나는 항상 창문에 매달렸다. 엄마가 언제 올까, 우리 집 창문은 언제 불이 켜질까, 생각하며 밤늦도록 바라보았다. 하지만 끝내 불빛을 보지 못하고 창문에서 떨어져야 했다. 워낙 어려서 그랬을까. 유치원에서 보일 만큼 가까운 집으로 도망갈 생각은 왜 못했는지 알 수 없다. 그만큼 도전력이 없었던 것인지 아니면 조직 생활의 강도에 짓눌려 있었던 것이었을까.

썩 다 자란 후에야 안 일이지만 엄마는 그 당시 병원근무를 마치고 조선노동당 입당을 위하여 당시의 보통강 기슭의 '체육관' 건설에 동원돼 밤을 새우며 일하였다고 한다. 부모는 김일성이 뺏고 그 자리에는 김일성을 대입하여….

부모 이름보다 김일성 이름을 더 먼저 배우고 하루에도 몇십 번을 되뇌어야 하는 북한의 탁아 아동들의 현주소이다.

북한의 우상숭배는 아주 어렸을 때부터 훈련되고 훈육된다.

2. 상신인민학교와 만수대언덕

중신동 주일유치원을 졸업하고 곧 인근에 있는 상신인민학교에 입학했다. 학교는 우리 아파트에서 신작로를 건너 바로 건너다보이는 곳에 있었다. 엄마는 차(車) 조심할 것을 매일 당부했다. 며칠이 지나 학급 반장(학급회장) 선거가 있었는데 내가 선출되었다. 나는 우리 아파트 앞에 둥그런 공동 김치움(아파트 전체 주민이 공동으로 사용하는 김칫독 저장 장소) 콘크리트 구조물 위를 모임 장소로 정했다.

거기서 아침 8시 정각에 애들을 집결시켰다. 대열을 맞춰 대열합창을 부르며 집단 등하교했다. 그럴 때면 우리 아파트 엄마들이 매 층마다 복도(1호부터 20호까지)에 나란히 서서 내려다보았다. "5층 13호 집 딸이 반장이네." 하며 칭찬도 아끼지 않았다.

우리 학급은 5호동부터 13호동까지 9개 동의 아이들이었다. 여기서 10호동은 일본 귀국자 아파트, 9호동은 영화배우, 11호동은 비행사 아파트였다. 그러다가 옆에 새로 10층짜리 외무성 아파트가 건립되었다. 후에 외무성 애들까지 합치고 보니 우리 학급은 제일 부유층인 비행사, 외교관, 영화촬영소, 귀국자 자녀로 구성되었다.

외무성 출신 자녀들은 쓰는 학용품부터가 달랐다.

외무성 가족인 임은○은 엄마의 뜨개실까지도 학급 반장(회장)인 내게 종종 갖다 바치곤 했는데 고급스러웠다.

또 양미○은 자기 언니가 소년궁전 성악 소조인데 김일성이 제일 고와하는 예술인 중의 한 사람이라고 자랑을 달고 살았다. 그녀의 말에 의하면 언니는 무척 살결이 하얘서 외국공연 갔다 오면 김일성도 손을 털고 악수한다고 우리에게 으스댔다.

또한 비행사 가족학급이고 보니 답사나 원족(캠프) 같은 걸 조직하면 선생님들은 모두 우리 학급에 모여들었다. 비행사 가족 자녀들은 원족 갈 때 아버지들 간식으로 공급되는 초콜릿을 무조건 가져오기 때문이다. 초콜릿은 북한 사회에서 흔치 않아 아무나 볼 수 없는 희귀품으로 비행사들만이 구경할 수 있었다.

우리 역시 네모 칸으로 반듯하게 줄이 그어진 갈색 초콜릿을 한 조각씩 얻어먹었다. 반장인 내게는 반쪽, 아니 때론 한 판이 차려지기도 했다.

1학년 때 담임선생님은 나를 무척이나 예뻐했다.

심지어는 갓 출산한 당신 딸 이름을 내 이름으로 지을 정도였다. 그 당시 새로 나온 예술영화 〈보람찬 나의 일터〉의 주인공이 나와 똑같이 생겼다고 하며 "우리 딸도 너처럼 똑똑하단다."라고 하시며 2학년 2학기 출산휴가를 마치고 나왔다. 선생님은 나를 작은 선생님으로 지정하고 학급 애들의 모든 학업을 내게 검열하게 했다. 나는 공부에서는 한 치의 양보도 없었다. 한것은 담임으로부터 철저한 검열을 받을 것이고 나의 책임감 때문이었다. 또한, 선생님의 믿음을 저울질하고 싶지도 않았다. 어려서부터 책임성에서는 누구에게도 지고 싶지 않았던 게 내 철학이다.

인민학교 시절에 빼놓을 수 없는 기억 중 하나는 만수대언덕이다.

그곳은 김일성 동상과 조선 혁명박물관이 있는 평양의 성지라고도 한다.

눈곱을 뜯으며 만수대 동상 청소에

우리는 매일 새벽 5시면 채 떠지지 않는 눈을 비벼 가며 버스를 타고 만수대에 도착했다. 그러고는 꽁다리 빗자루로 눈이 오나 비가 오나 그곳 콘크리트 바닥을 빡빡 쓸었다. 새 빗자루를 사용해도 그곳이 콘크리트여서 며칠 지나면 금세 닳아 몽당 빗자루가 되었다. 꽁다리가 될 때까지 사용하는 건 예사였다.

청소를 마치고 나면 경비실(작은 건물)에 학교와 학년, 학급 이름까지 적고 왔다. 그런 모습을 엄마들은 나무라지 않았다. 오히려 충성심의 열도이며 사상성 배양이 되는 좋은 활동이라고 칭찬을 아끼지 않는다.

김부자 동상이 있는 만수대 동상과
그 주변을 빗자루로 깨끗이 쓸며 충성운동을 하는 어린 학생들

청소하고 집에 도착하면 엄마는 벌써 출근하고 안 계신다. 차려 놓은 밥을 게 눈 감추듯 먹고… 허겁지겁 학교로 향한다.

엄마와 생활함에도 엄마의 따뜻한 밥 한 그릇이 이상 현상이었다.

12월 31일 밤은 밖에서

평양의 만수대언덕 기억 중 잊지 못할 이야기가 또 있다.

1972년 12월 31일 인민학교에 입학하여 첫 학기 말이 되던 해였다. 학교에서는 돈 1원씩을 12월 1일까지 바치라고 했다. 그로부터 한 달이 된 31일 저녁 8시 밤에 학교에 등교하라는 지시가 있었다.

학교에 가자 만수대언덕에 꽃다발을 증정할 거라며 교장 선생님이 말씀하신다. 학생들이 1원씩 낸 돈을 모아 전교생 1,500명의 마음을 담은 꽃바구니를 만들었단다. 그 꽃바구니를 김일성 동상에 바치는 행사라고 했다. 많은 이들의 마음이 모인 거라 그런지 어린 마음에도 그렇게 이쁜 꽃바구니가 세상에 다시없을 듯 예뻤다.

꽃바구니의 중앙 상단에서 두 갈래로 드리운 빨간 댕기 한쪽에는 금

박으로 '경애하는 김일성 원수님의 만수무강을 삼가 축원합니다!' 또 다른 쪽에는 '평양시 서성구역 상신인민학교 교직원 학생 일동 1973년 1월 1일'이라고 쓰여 있었다.

그렇게 우리는 어렸을 때부터 김일성에 대한 충성심과 열정이 싹트고 체질화되었다. 꽃바구니 증정 사업은 관례화되어 매해 12월 31일이면 진행되었다.

학교 운동장에 8시에 모인 전교생은 여러 번 연습을 거친 후 대열 지어 만수대언덕까지 도로로 걸어갔다. 어렸던 터라 힘들었던지 무척 멀게 느껴졌다.

만수대언덕에 도착하니 평양시의 각 기관과 학교들이 집합하여 순서를 기다리고 있었다. 모든 단체가 동원된 까닭에 그 일대는 인산인해를 이루었다. 처음이라 신기했고 어렸지만 숭엄한 마음이 생기는 세뇌교육의 생생한 현장이었다.

전교생들이 학급별로 정렬해 있다가 31일 12시 즉 새해 1월 1일 0시를 기점으로 꽃바구니 증정 행사가 시작된다. 순서가 어떻게 이어지는지는 파악할 수 없었다. 그냥 차례를 지어 서 있다가 한 단체씩 빠지면 그 자리를 메우면서 앞으로 나아갔다. 집에 도착하니 거의 아침이 되었던 것만 기억에 생생하다.

북한에서의 두 김부자에 대한 충성심과 우상화 작업은 이렇듯 어려서부터 '가갸거겨'와 함께 세뇌되고 체질화되었다.

해마다 12.31일이면 만수대 동상 앞에는 평양시내 학교 학생들과 기관기업소가
정렬하여 김일성 동상에 순번대로 꽃바구니를 증정한다.

3. 공포의 사인(死因)토론회

나는 인민학교에 입학한 후 공부가 끝나면 엄마가 근무하는 병원에 가곤 했다. 처음에는 엄마가 주일 근무에 걸리면 버스 타고 같이 가는 정도였다. 그런데 한번은 엄마를 따라갔던 길을 기억해서 보통강 유보도 길을 걸어가 보았다. 없는 돈 내고 버스를 타지 않아도 되었다. 그 후에는 학교가 끝나면 자주 유보도 길을 따라 거닐며 서성구역 장경동에 자리한 구역병원 내과에 찾아가 엄마를 놀라게 했다.

병원에 가면 나는 환자들과 간호원들, 의사, 준의 선생님들에게 귀공주 대접을 받았다. 그게 좋아 빈방에서 엄마를 기다리지 않고 병원에 찾아가기를 즐겼다.

그러던 중 하루는 근무시간이 지났는데 회의 때문에 퇴근 못 한다며 엄마가 안절부절못했다. 병원의료인 전원이 참석하는 큰 회의가 강당에서 열린단다. 엄마는 입원실 호실들마다 여기저기에 나를 맡기려 하였지만 나는 왠지 불안해서 응하지 않았다. 결국 엄마 옆에 앉아 회의가 진행되는 걸 구경하게 되었다.

어렸기 때문에 내용은 잘 알지 못했지만, 분위기가 이상한 건 느낄 수 있었다. 주위가 술렁거리더니 무대에 한 사람이 올라선다. 웬 사람들이 나와서 머리를 무슨 기계로 밀어 버려 민머리를 만들었다. 다음은 손에 무엇인가를 철썩(수갑?) 채운다. 무서웠다. 주위가 조용했고 이상한 기류가 맴돌았다.

모두 공포에 떨고 있음이 역력했다. 엄마를 꼭 붙잡고 나 역시 달달 떨었다. 엄마가 놀라 떠는 나를 꼭 붙잡고 달래려고 애를 썼다. 공포에 질려 있는 나에게 설명했다. 환자를 잘못 치료하여 사람이 죽어서 처벌받는 거란다….

그제야 비로소 엄마의 의사 직업이 좋은 것만은 아님을 깨달았다. 엄마도 환자치료를 잘못해 사람이 죽으면 저렇게 머리를 깎이고 감옥에 갈 수도 있다는 걸 알았다. 무서웠다.

그때부터 나는 더더욱 엄마가 걱정되어 학교가 끝나면 매일같이 곧장 병원으로 달렸다. 그러고는 내과 성원들과 환자들을 통하여 엄마의 상황을 파악하려고 애썼다. 특별히 엄마 기분이 안 좋아 보이면 나는 바로 질문했다.

"엄마, 오늘 또 사인토론회 하나요?"

내과 부과장 선생의 외동딸이라고 환자들은 저마다 면회 때 받은 희귀한 과일이나 당과류를 비롯한 식품과 귀한 물건을 내게 주려고 했다.

하여 못 먹어 본 과일과 당과류가 없었다. 단지 엄마가 승인하는 환자의 면회물만을 받았다. 한것은 부유한 집안과 가난한 집안이 의식되던 듯하였다.

그런 속에 엄마의 크나큰 소명과 임무가 뒤따라야 한다는 걸 점차 깨쳐 가게 되었다. 그리하여 어린 마음에는 늘 그늘이 자리했다.

한번은 병원에 엄마가 없어 아는 사람마다 붙잡고 물어보았다. 모두 멋쩍어하며 모른다고 외면했다. 이상한 느낌이 들어 더 집요하게 캐어물었다. 결국, 세탁소에서 노동하는 엄마를 찾아 그 앞에 나타났다. 어떻게 알고 왔느냐며 많이 쑥스러워한 적도 있었다.

그래서 더 엄마의 일거수일투족에 신경을 곤두세우며 주시했다.

일가친척 없고 이남 출신인 엄마의 평양 생활은 늘 불안정했다. 때론 세탁소에, 어느 날은 안전부 취조실에도 오갔다. 살얼음을 딛는 듯한 전쟁판이었음을 어린 시절 일찍부터 알아차리게 되었다.

엄마의 사인토론회에 대한 공포는 어려서 일찍이 학습되어서인지 성인이 돼 함경도 오지의 병원 보건의료인이 되어서는 별 거부반응 없이 적응이 수월했다. 90년대 후반기 북한은 고난의 행군 시기였다. 그렇지만 사인토론회는 사망환자가 있을 때 매주마다 어김없이 치러졌는데, 특별히 기억에 남는 토론회는 '기아사'에 관한 것이었다.

1996년도라고 기억된다.

사망환자의 주치의는 통 융통성이 없고 고지식한 전형적인 인텔리겐치아였다. 사인이 '기아사(飢餓死)'라고 우기는 주치의에게 회의 도중 병원장과 세포비서는 책상을 탕탕! 치며…

"69세 환자에게 고혈압이나 동맥경화증 등 붙일 병명이 없어서 그런 사인을 붙이는가, 동무 사회주의 사회 의사 맞아? 우리 사회에서는 도저히 있을 수 없는 사인이다."라고 난리였지만 담당 주치의는 "환자가 10여 일간 곡물이라곤 입에 대 보지 못해서 생긴 사망이니 사인을 기아사에서 더 수정할 수 없다."라고 고집하였다.

주치의가 고집하여 끝내 사인을 '기아사'로 붙였다.

병원장과 세포비서는 사회주의 사회에서 있을 수 없는 사인이라고, 엄중한 사람이라고 훈시하는 것으로 회의를 급히 마무리하였지만, 결국 그는 '엄중 경고'를 받았으며, 벌칙으로 3개월 자격정지와 분토생산령으로 처리되는 일도 경험하게 되었다.

4. 평양 학생소년궁전

엄마는 하나뿐인 나를 남다르게 키우고 싶어 했다. 어쩌다 돌아오는 휴일에도 나를 위해 하루를 보냈다.

아마도 서울에서의 여고 시절 활동한 적이 있었기에 음악적 재능을 자식에게 투영하고 싶은 심리가 아니었을까 싶다. 하여 어렸을 때부터 내가 피아노를 배우길 원했다.

차학○ 작곡가 선생님

처음에는 인근 마을 하신동에 사는 차학○ 작곡가에게서 레슨을 받기로 했다. 하신동은 내가 사는 중신동 아파트에서 5분 거리였다. 어렸던 터여서 차학○ 선생이 작곡가라는 정도만 알았을 뿐, 그의 진가에 대해서는 별 의식이 안 되었다. 후에 알고 보니 차학○ 선생은 북한의 문화계의 거물로, 현재는 인민예술가로 문화예술계에서는 요란한 인물이었다. 예술영화 〈청춘의 심장〉의 주제가 '포연이 날리는 전선길에서~'를 작곡하였다고 하였다.

당시 그의 집에는 피아노가 있어 매일 7시경에 가서 1시간 레슨을 받기로 되어 있었다. 나는 매일 가긴 했지만, 남자 없는 집안에서 자란 때문인가, 왠지 그 집에 들어가 남자로부터 레슨 받기가 죽기보다 싫었다. 아니, 용기가 안 났다. 그래서 매일같이 그 집 복도에 앉아 시간을 보내다가 집에 와서는 작곡가 선생님이 안 계셨다고 엄마에게 거짓말을 했다.

엄마는 내 맘도 모르고 "왜 맨날 그 시간대 안 계시지? 약속할 때에는 가능하다고 하셨는데…." 하며 속아 주었다.

그러던 어느 날 휴일, 엄마는 나를 데리고 그 집에 찾아갔다.

"얘가 항상 집에 안 계셔 돌아왔다고 하기에 오늘은 일부러 시간을 내어 찾아왔습니다."

엄마의 말에 차학○ 선생은 뜨악해하며 요즘 매일 집에 있었노라 했다. 그리하여 내 하얀 거짓말이 가볍게 드러나고 말았다.

엄마는 답을 찾았는지 즉석에서 더 따지거나 꾸중하지 않았다. 더는 강요도 안 했다.

어쩌다가 휴일이면 나는 좋았다.

엄마와 같이 다닐 수 있어서였다. 구구표를 외우며 길거리에 나서면 사람들이 저저마다 우리 모녀에게 인사했다.

"엄마, 왜 저 사람들이 모두 인사하나요?"

나는 의아해서 물었지만, 왠지 기분 나쁘지 않았다. 그만큼 엄마의 환자들이 많았다는 증거였다.

그건 기분 좋은 일이었다.

또, 엄마는 백화점이나 상점 같은 곳에 가면 진열품(북한은 70년대에 공산품이 쏟아졌어도 공산주의 시스템이라 상점에는 진열품과 판매품이 구별돼 있었다)들을 아무것이나 손가락질만 하면 다 내리는 게 가능했다.

지금 생각하면 환자들이 자신의 주치의에게 하는 인사로 여겼던 것 같다.

그때 평양 상점의 진열품들은 그 누구도 감히 내리게 할 수 없던 때였다. 단, 외국 손님만은 가능했다. 한것은, 그들에게는 우리나라의 위상과 명예가 달린 문제라 그들의 의견에 순응하는 것을 사회주의 사회의 철칙으로 삼았다. 그 때문에 어린 나에겐 의아한 일이었다.

1970년대 들어 평양에 설치되기 시작된 TV도 내가 사는 아파트 ― 비행사 아파트 ― 에서 제일 먼저 우리 집에 설치되었다. 지금 생각하니 의사였던 엄마의 능력이나 위상이라 할까, 그만큼 사회와 주민들 속에서 평의대 졸업생 내과 전문의사의 명망이 높았음을 새삼 느낀다.

엄마가 병원 일로 늦는 날이 많아 나는 인민학교 시절에도 외로움을 많이 탔다. 그러나 TV로 하여 우리 5층에서 내가 제일 세다고 으스댔다. 우리 아파트는 비행사 아파트인데 그들의 집에는 TV가 단 한 대도 없었으니 애들의 부러움을 샀다.

소년궁전 김혜○ 선생님

그로부터 한 달이 지났을까. 휴일인데 엄마가 학생소년궁전에 가자고 했다.

"야~~ 진짜야? 좋다~~~"

나는 예쁜 옷을 골라 입고 신나게 따라나섰다.

평양 학생소년궁전은 70년대 당시로는 학생 과외 교양 기지로 대단하였고, 또 유일했다. TV에서만 볼 수 있는 유명한 아이들의 최고의 요람이었다.

북한에서는 이를 소개할 때마다 '장대재 언덕 위에 높이 솟아 있는 평양 학생소년궁전'이라고 소개했다. 그 시기 학생소년궁전은 누구에게나 '그림의 떡'이었다. 권위 있는 집은 자녀들에게 예술, 미술, 체육 등 특기 적성의 음악적 소양과 재능의 싹을 틔워 주고자 앞다투어 이곳에 입학하는 게 로망이었다. 이런 유명한 궁전에 간 건 당시 우리 학교서는 내가 유일했던 거로 안다.

평양 학생소년궁전은 평양시 중구역 서문동에 위치한다. 5만 평 규모로서 다양한 과외활동 지도장소로, 1963년 9월에 세워졌다.

이 건물에는 과학기술 부문, 예능 및 체육 부문의 '소조실(少組室)' 등 200개의 활동실을 포함하여, 500여 개의 방이 있다. 1,100석의 극장, 수용 능력 500명의 체육관과 10층 옥상에는 천문대도 있다. 학생들의 과외는 '소조 활동과 대중 활동' 형태로 지도되고, 정치 시사강연회·과학토론회·강습회·발표회 등 교양 학습도 이루어진다.

평양 시민들은 누구나 자녀들이 이곳에서 과외받기를 희망했다. 과외 교양 기지라 학교에서 기본 수업을 마치고 난 후 버스로 이동한다. 오전반을 마치고 오후에 오는 그룹과 학교 공부가 오후반이면 오전에 오는 그룹으로 갈렸다. 비록 과외 기지이지만 오전, 오후가 전부 운영되는 시스템이었다.

당시 전국의 학교들이 2부제(오전/오후반)로 운영되던 사정을 반영

해서였다.

 이런 곳에 엄마와 함께 간다니 마냥 날아갈 것 같았다. 궁전에 도착하자 여태까지 학교 건물에만 익숙했던 내게는 별천지 같았다. 격이 다른 우아하고 웅장한 큰 건물만으로도 그 능력과 위상을 실감했다. 엄마는 체육무용실의 김혜○ 선생님을 찾아간다고 했다. 당시는 체육무용의 음악 반주를 담당하고 있었다.

 엄마는 아마도 환자를 통해 인맥이 닿은 듯했다. 아무개가 소개한 ○○병원 의사라 말하고 나를 소개하며 인사를 나눴다. 그녀는 자기와 이름이 비슷하다고 반가이 초면 인사를 나누었다. 그리하여 다음 날부터 나는 학생소년궁전 체육무용실로 가게 되었다. 피아노 연습의 첫날 훈련으로는 손 풀기 운동으로 피아노의 기초훈련을 했다. 온몸의 모든 힘을 손가락 끝으로 모으는 연습이었다. 팔을 공중에서 건반에 내리 떨구는 동작으로 2시간을 보내고 돌아왔다.

 두 번째 날이었는데 김혜○ 선생님이 외국 손님 방문 공연 때문에 바쁘다고 했다. 연습을 못 할 것 같다며 "그냥 갈래?" 하기에 놀다가 가겠다고 하니 좋을 대로 하라 했다.

 체육무용반 애들은 연습하느라 여념이 없었다. 나는 구경만으로도 신났다. 애들은 피아노 선생님의 반주에 맞춰 벽에 설치된 허리 높이의 난관을 쥐고 따라갔다. 때론 그 라인에서 벗어나 중앙에 모여 라운드 형식을 연출하기도 했다.

 그러던 중 누군가의 신호를 받았는지 선생님은 급히 나에게 준비실 — 탈의실에 들어가라고 했다. 외국 손님들이 오니 숨으라는 신호였다. 몇 분 뒤 외국인 10여 명이 들어왔다. 나는 무대장치 겸 칸막이인 큰 벨벳 커튼 안에 들어가 눈만 내놓고 밖을 주시했다. 연습에 열중하던 체육무용조 애들은 실전에서는 더욱 빛이 났다. 감탄이 절로 나왔다. 구경하는 손님들의 표정에도 감탄과 감동이 서렸다. 그렇게 나는 거의 20분간 무대 뒤에서 손님과 공연을 구경하였다.

평양시 중구역 서문동에 위치한 평양학생소년궁전

그때 기억을 더듬다가 바로 1972년 7월 4일 공동성명 직전의 남조선 대표 이후○ 선생님의 학생소년궁전 학생들의 공연 소식이 생각났다. 그때 학생들은 공연 후 이후○ 선생님 일행에 휩싸여 매달리며 "선생님! 우리 조국이 언제면 통일됩니까?"라고 심리전을 펼쳐 눈물을 흘렸다고 했다. 이 내용이 일파만파 퍼져 여기서도 학생들이 그런 교육을 받았다.

학교에 가면 학급 애들에게 신나게 자랑질도 했다. 그 시기 소년궁전이 나에게 주는 에너지로 나는 하늘을 날 것 같았다.

다음 날, 역시 궁전으로 갔다. 그 시기의 궁전행은 내게 생기를 회복하는 좋은 현장이고 시간이기도 했다. 학급담임이 갑자기 바뀌어 기분이 좋지 않았기 때문이다.

3학년이 되자 나를 유독 믿고 예뻐해 주시던 담임이 어디론가 전근(추측에는 추방인 듯했다)을 가 버렸다. 바뀐 담임은 함경도에서 승급돼 올라온 가족의 한 사람으로 '한영희'라는 처녀 선생님이었다. 나는 이전의 '장선실' 선생님을 늘 그리워했다. 후임 담임은 진정 어린 애정이 없었다.

학교에서 받은 나의 상실감은 소년궁전에 오는 것으로 회복되었다. 처녀 선생이니 방과 후에 애들을 데리고 집에 와서 '작은 선생님' 부산 떨지 않아도 되었다. 그러므로 고스란히 내 공부만을 하고 곧 궁전으로 갈 수 있었다. 피아노 레슨 3일째, 도레미파솔라시도 손가락 연습을 했다. 도레미까지는 엄지, 검지, 중지로 짚고 다시 엄지가 뒤로 가면서 파솔라시도로 다섯 손가락을 마무리하는 옥타브 연습이었다. 체육무용 반주하고 휴식시간인 20여 분의 여가를 이용하여 3회를 연습했다.

선생님이 그런 시간을 할애해 가르쳐 주는 게 고맙다며 엄마는 무척 좋아했다. 내가 하루도 빠지지 않고 궁전에 갔다 와서 매일같이 재잘대는 모습이 흐뭇했던 것 같다. 당시에는 우리 학교에서도 소년궁전 과외 받는 애들이 없었던 듯싶다. 그러니 엄마는 전 우주를 다 가진 기분이었을지도 모른다.

우리 학교의 자랑이라면 서애라가 있었는데 3학년 때 애들이 "애들아! 애라 왔다!"라고 하면 모두 정문 쪽으로 눈길이 쏠리곤 했다.

그녀는 다른 애들보다 머리 하나가 더 컸다. 생김새도 길쭉하게 서양

적이었다. 왜 애라에게 시선이 집중되는가 물으니 혁명가극 〈꽃파는 처녀〉에서 어린 시절 꽃분이 역을 맡은 뮤지컬 배우란다.

그날은 동유럽 공연 갔다 왔다고 학교에서 크게 플래카드를 걸고 전교생이 환영했다. 부러웠다.

'나도 언제면 애라처럼 저렇게 멋있게 가극배우가 되어 많은 이들의 환호를 받을까? 나는 왜 이렇게 밉게 생겼지?'

예술영화 〈목란꽃〉의 '맹꽁이' 집에서

우리 학급의 추계숙이 하루는 자기 옆집에 맹꽁이가 산다고 하였다. 우리가 "거짓말, 거짓말…" 하니까 진짜 맞다고 자기 옆집까지 데리고 가 증명시켜 주었다. 복도에서 하도 시끄러우니 집주인이 내다보는데 정말 '맹꽁이'였다. 그는 그 옆집서 동거살이 중 이었다.

우리는 대번에 "와! 맹꽁이! 맹꽁이!" 하며 놀려 댔다. 맹꽁이는 '너네 그러지 말고 우리 집 들어와 애나 봐 주라' 한다.

우리는 이게 웬 떡이냐 하고 희희낙락대며 저저마다 돌 지났을까 한 애기를 이 애 저 애에게 넘겨주며 좋아라 놀아 댔다.

맹꽁이는 "내일도 또 와서 놀아도 돼."라고 하며 와서 애기 봐 주라고 한다. 그 후로 그 옆집 추계숙은 매일이다시피 학교 공부 끝나고 그 집 애기 봐 주기를 즐겼다.

광목천처럼 쉽게 물들고, 보는 대로 반응하던 천진난만한 평양에서의 나의 유년 시절 상신인민학교 시절이었다.

5. 토막 난 평양의 행복

당국의 행복 탈취

학교에서 수업받는 시간에도 내 마음은 늘 소년궁전에 가 있곤 했다. 수업이 끝나기를 몹시도 기다렸다. 레슨 4일째 되는 날, 나는 오전반 공부를 마치고 집으로 급히 왔다.

그런데 우리 집으로 가는 복도에 전에 보지 못했던 볏짚 오라기가 너저분했다. 늘 굳게 닫힌 현관문을 열기 위해 목에 맨 열쇠를 꺼내면서 다가갔다. 그런데 무슨 일인지 문이 활짝 열려 있었다.

들어가 보니 볏짚 오라기의 근원지는 우리 집이었다. 엄마가 아기자기 꾸며 놓은 집 안은 아수라장이었다. 엄마는 서울의 정취를 느끼고 싶어 원탁을 방 한가운데에 두고 비너스 조각품을 비롯해 한껏 서울식으로 집을 꾸며 놓곤 했다. 하지만 그 정교함은 사라졌다. 방 안에는 가마니짝이 널려 있고 모르는 사람들이 신발을 신은 채 들어와 짐짝을 열심히 만들고 있었다.

방 한쪽 구석에 울먹울먹한 표정으로 엄마가 앉아 있었는데 내가 들어오니 울음 섞인 표정을 감추려는 모습이 역력했다. 뭔가 불길함을 알아차리고 나는 애써 외면했다.

급히 밖으로 나와 한 층 아래인 4층 11호에 사는 은순이네 집에 갔다. 은순이를 불러내어 갓 신설된 식당으로 이끌었다. 외무성 아파트가 새로 생길 때 아래층 1층은 식당으로 신설되었다. 호기심이 생겼던지 은순이는 좋아하며 따라나섰다. 내 사정을 알 리 없는 그 애는 비행사의 딸이었는데 후에 그들은 순안비행장 근처로 이사했단다. 은순이는 내가 추방당하고 난 후에도 주기적으로 편지를 보내 우리의 우정을 돈독히 했다.

그 애는 나와 헤어진 후 무척 슬펐노라고 편지에 적었다. 그 후에 자기는 미술대학 학전과(고등중학교 2학년에 가졸업하고 입학)에 갔다고 했다. 80년대에 건립한 인민대학습당의 단청작업에도 동원되었다는 등 평양 소식을 경이롭게 전해 주었다.

똑똑한 데다 글씨도 또박또박 잘 써 은순이의 편지는 내가 다니던 학교 선생님들과 애들에게 자랑거리였다. 그 애는 편지를 꼭 중학교 학년 학급으로 보냈다.

은순이와 국수 한 그릇을 사 먹고는 오후 내내 그의 집에서 놀았다. 그리고는 밤이 되어서야 집에 들어가니 엄마가 이사 간다고 말씀하신다. 전학증은 벌써 뗐으니 거기서도 학교는 계속 다닐 수 있단다. 이유도 묻고 싶지 않았다.

더 이상 말하고 싶지 않았다.

으슥한 밤이 되었는데 누군가 문을 두드렸다. 나가 보니 같은 반 애 O이네 엄마였다. 리애O은 나와 함께 학교에서는 제일 먼저 만경대 김일성 생가에 가서 소년단 입단을 한 유일한 단짝이었다.

소년단 입단은 인민학교 2학년부터 단계적으로 시킨다. 1차는 4월 15일에 2차는 6.6절 조선소년단 창립일에 그리고 3차에 전원이 넥타이를 맨다. 4.15 김일성 생일(그때만 해도 김정일의 출현 전이니 4.15가 처음이었고, 김정일 정권 — 1974년 — 이후에는 2.16이 처음이었다)에, 만경대 생가에서 거하게 진행된다. 전국 소년단연합단체모임에서 소년단 입단 선서를 한다. 그러면 항일투사들이 붉은 넥타이를 매

주는 행사였다.

우리 학년은 13반까지 있었는데 총 7명이 입단했다. 그중 우리 학급이 2명으로 애○이와 내가 선출되었다. 유독 매고 다니는 소년단 넥타이는 다른 아이들의 부러움을 사기도 했다.

애○이 엄마는 모자위원장 자격으로 내가 입을 동하(冬夏)용 교복을 구해 왔다. 교복 공급 시즌이 아니지만, 촌으로 이사 가는 학생이 있는데 꼭 교복을 입혀 보내야 한다며 상품도매소에 가서 온종일 사정했단다. 동복은 상의가 스웨터였고, 하복은 테트론 반팔 셔츠로 연보랏빛의 세련된 색깔을 골랐다며 울먹였다.

"왜 이사 가요? 우리 애○이가 제일로 좋아하는 친구인데요."

소년단 입단 선서를 하는 어린 학생들.
항일투사들이 나와서 소년단 넥타이(스카프)를 목에 매어 주는 행사를 통해
조선소년단에 입단한다. 우상화의 최초 조직이다.

이상하고 신기한 괴담

북한에는 이사에 관한 이상한 괴소문이 있다.

특히 촌에 추방 간다거나 감옥 같은 데 가게 되면 가깝던 사람들도 동정하거나 돌아보지도 않아야 한단다. 만약 동정하고 관여하게 되면 그 사람도 그렇게 된다는 소문이 나돌았다. 그래서인지 그렇게도 가깝던 서울 출신 유○네조차도 우리 집에 오지 않았다. 유일하게 소문에 어두운 일본 귀국자 집 애○이와 애○이 엄마만이 평양 물정을 알 리 없으니 찾아온 것이다. 그때 준 공책 20권과 교복은 촌에 가서 무척 귀하게 쓰였다.

그런데 그 애○이네가 2년 후 우리 마을과 좀 떨어진 새별군 ─ 고건원으로 추방되었다. 죄명은 아버지의 뇌출혈 후유증으로 인한 반신불수(半身不隨)가 이유였다. 김일성 수령이 있는 수도 평양에는 장애인이 생활하면 안 된다는 논리 때문이었다. 희한하게도 괴담이 맞아떨어진 셈이다. 괴이한 북한 괴담의 신통함을 먼 훗날 현실로 실감하며 북한의 정치염증에 동화되며 나는 성장했다.

애○이는 추방 후 우리 집에 찾아와 감격적인 만남을 가졌다. 나도 일요일이면 그녀의 집을 오가며 유일한 유년의 정을 돈독히 했다. 일본에 있는 엄마의 형제는 애○이네가 추방 가 산골 오지서 산다고 유난히도 이 집만의 방문이 잦았다 한다. 그 애는 일본 방문단이 주고 간 물건에서 항상 내 몫을 챙겨 왔다. 당시에 보잘것없다고 여겨진 평양 친구이지만 이는 생활이 어려울 때 큰 도움이 되었다.

평양을 떠나는 날이 되었다. 유○네는 그제야 얼굴을 내밀고 울먹이며 자기네 집에 나를 맡기면 남부럽지 않게 키워 주겠다고 한다.

촌에 가면 힘들 수도 있으니 유○ 언니네 집에 있으면 어떻겠느냐고 엄마가 내게 의향을 물었다. 자주 만나면 되지 않느냐고 하였지만 난 엄마와 떨어지기 싫어 막무가내로 따라가겠다고 했다.

엄마도 못 이기는 척했지만 내가 따라가겠다니 좋아하는 눈치였다. 이렇게 우리는 2.5t 트럭인 '승리 58' 자동차에 짐을 싣고 운전칸에 올라탔다. 이삿짐은 조촐했다. 찬장이나 이불장 가구류들은 원래 아파트에 있던 비품들이라 두고 가야 한단다. 짐이라고는 달랑 책 보따리만 가마니로 5짝인가 되었다.

엄마는 시시때때로 필요한 걸 상점에서 살 수 있으니 상품들을 집에 사 두는 성미가 아니었다. 그러니 이삿짐은 몹시 초라했다. 경리과의 이삿짐꾼들이 짐이 너무 없다고 침대라도 가져가라고 억지로 차에 실어 보냈다. 훗날 그 침대로 인해 평양 집 냄새가 제법 풍겼다. 가장집물의 빈곤으로 심지어는 석유곤로에 사용할 냄비도 두 개가 고작이었다.

캐러멜과 하이힐

그런 와중에도 웃지 못할 에피소드가 하나 있다. 자동차로 한 시간쯤 달렸을까. 기차역에 당도했다. 삼석구역 송신역이었다. 짐꾼들이 짐을 객차에 실으면서 우리더러 올라타라 했다. 기차에 타려는데 엄마가 잠깐 내려갔다 오자고 한다. 따라가 보니 철길 건너편에 있는 간이매점이었다.

엄마는 거기서 캐러멜 10㎏, 그레이색의 하이힐을 사 들고 나왔다. 1970년대 중후반만 해도 캐러멜이 자유 판매되던 평양시의 황금기였다. 사탕, 과자 한 알도 없이 촌에 가면 내게 줄 게 없을 거라는 생각이 스친 모양이었다. 여태까지는 귤이며 희귀한 남방 과일과 당과류들이 떨어지지 않았다. 엄마가 환자들로부터 받은 간식들을 늘 가방에 가지고 왔는데 나 혼자라 다 먹지 못해 상해서 버리거나 유○과 우○네와 동네에 나눠 주곤 했다. 그런데 정작 촌에 가면 지천이던 탕과류도 입에 붙일 수 없을 거라는 생각이 갑자기 엄마를 매점으로 이끌었던 것이다.

또한 하이힐은 환자치료에만 정신을 쏟다 보니 여자라는 데 신경을 못 쓴 게 후회가 되었던 듯싶다. 그러나 추방지에 사탕, 과자가 없을 것이라는 판단은 옳았지만, 하이힐을 신을 수 있을 거란 엄마의 생각은 오산이었다.

촌에 와서 나는 그 캐러멜 때문에, 이빨이 모두 썩어 고생했다. 평소 먹어 보지 못한 샛노랗고 딱딱해 숟가락이 안 들어가는 강냉이밥이 먹기 싫어 캐러멜을 한 달 내내 달고 살았기 때문이다. 그 후로는 캐러멜이나 사탕을 단 한 번도 입에 대 보지 못했다. 엄마의 하이힐은 오랫동안 신발장만 지켰는데 어찌 되었는지.

엄마로서도 참 아픈 추억이었을 터, 종적을 알 길이 없다.

전국이 하이힐을 신을 수 있는 평양과 같을 것이라는 천진한 엄마의 착각!

제2장 한반도 최북단에

1. 지겨운 기차 여행(2박 3일)

북한지도, 평양시에서 경원군으로 추방

추방민을 태운 열차는 한동안 이삿짐의 도착 여부와 상차(上車) 정형을 점검하느라 아수라장 같더니 어느덧 기적소리가 울린다. 300가족이라는 말을 얼핏 얻어들었다. 경원군은 조상대대로 소설에 나오는 유배지로 이 나라의 최북단에 자리한 조선의 시베리아 지대이다.

기차가 출발하자 우리 기차 칸에 있는 아이들 일행은 좋다고 재잘댄다. 다행히 같은 내 또래 아이들이 있었다. 그 애들은 오누이로 리광○(남)과 리은○(여)이였다. 광희는 나와 동갑내기였고, 은○은 두 살 아래였다. 후에 알았지만, 그의 어머니는 루마니아 유학생이었다.

우리는 기차 칸을 오가며 철부지처럼 떠들어 댔다. 어려서의 처음 기차 여행은 마냥 낭만(?)이였기에 철부지들은 어떤 기차 여행인지에서 도망가고 싶었다고 할까, 시끄러울 정도로 희희낙락거렸다.

그런 와중에도 어른들의 표정이 천진한 애들의 눈에 스치며 들어왔다. 그들은 하나같이 얼굴에 수심이 그득했다.

어떤 이는 지도를 펼치고 창밖을 주시했다.

기차역에 새겨진 지명을 보며

"우리가 지금 ○○를 떠났소."

"아주 깊숙이 들어가누만…."

이라는 대화가 귀를 따갑게 의식했다. 우리는 지금 북쪽으로 깊숙이 들어가고 있다는 점, 모두가 어디인지를 모르고 그저 열차에 의지하고 있다는 걸 어린 마음에도 감지할 수 있었다.

그들에게 거절은 잊히고, 저항은 마비되고, 공포에 짓눌려 있었다.

엄마는 어렸을 때부터 자나 깨나 집에 있는 트렁크(거기엔 귀한 물건만을 차곡차곡 채움)를 가리키며 통일이 되면 저 트렁크와 내 손을 잡고 고향에 갈 거라고 입버릇처럼 말했다. 그런데 지금 남쪽이 아닌 북쪽으로 깊숙이 들어가고 있으니 대체 어찌 된 영문이란 말인가.

나는 놀이에 정신이 팔려 있었지만, 의문이 계속 맴돌았다.

칸칸을 뛰어다니며 놀다가 우리 자리에 와 보니 엄마가 보이지 않았다. 나는 대번에 울음을 터뜨렸다.

"울 엄마 어디 갔어요? 엉? 엉?"

"응, 방송에서 급한 환자가 있다고 오라 해서 환자를 진료하러 갔단다."

앞에 앉아 있던 사람들이 알려 주었다. 그들이 말하는 객실로 찾아갔더니 엄마는 수중에 약이 없으니 한방진료로 침을 놓고 계셨다. 비상약이며 침(針)이 없던 터라 옷핀으로 대신한 침술요법이었다. 역시 실력자의 임기응변이었다.

'저렇게 해도 죽지 않나?'

라는 의문이 들었지만, 엄마를 찾은 기쁨에 또 소리 내어 울어 버렸다.

"울지 마, 여기 엄마 있는데 울긴…?"

엄마는 애써 나를 달랬다.

그때부터 나는 엄마 곁을 뜨지 않았다. 자리에 돌아와 반나절인가 보냈을까. 또 엄마를 찾는 방송이 들렸다.

호출하는 칸에 가자 이번에는 임산부였다. 아마도 추방대열에 내과의사는 엄마뿐인 듯싶었다.

"출산은 해산방조 시 이상출혈이나 쇼크 같은 돌발변수가 생길지 모르니 일단 인근 기차역에 내려 병원 협조를 받는 게 좋겠다."라고 엄마는 말했다. 혹 출혈이나 이상 해산 등이 발생하면 엄마도 자신 없다 하여 인근 기차역에 하차해 병원의 정상적 해산방조를 받게 하는 것으로 산모의 안정적 해산을 돕고자 하였다.

엄마의 이런 결정 의견에는 추방민의 기차에서 태어날 아기에 대한 측은지심이 더 발동하였을 것이다. 하여 그 불행한 임산부는 하차하여 인근 병원의 해산방조를 받게 했다.

인간 생명의 기사 — 의사는 지혜와 덕망의 전일체가 아닐까.

이렇게 2일 밤과 3일 낮을 보내니 도착지라고 한다.

밤 10시가 지난 시간이었다. 어른들이 내려서 밤하늘의 별을 보며 주고받는 대화가 내 귀에 담겨진다.

"저~ 기가 소련이래."

"저쪽은 중국이래……."

"그러니까 우리가 중국과 소련을 사이에 둔 삼각지점에 도착한 셈이네. 참 멀리도 왔어…."

한탄인지 감탄인지….

어린 나로서는 분간하기 어려웠다.

그때 누군가 말했다.

"여기가 바로 함경북도 경원군이래요."

금방 대열 인솔자가 나타나더니 대기시켜 놓은 버스에 올라타라고 고함친다. 어른들이 제각기 자기 가족을 챙겨서 모두 버스에 탑승했다.

30분을 달렸을까?

도착지는 금방이었다.

버스에서 내리자 큰 건물이었는데 후에 알고 보니 영화관이었다. 아수라장 인산인해였다. 거기서 명단을 쥐고 인민반장(?)들에게 서너 가족씩 맡겨졌다. 우리 일행은 세 가족에 일곱 명이었다.

우리 일행의 한 가족은 할머니 한 분이셨고, 한 가족은 여태 기차에서 같이 뛰놀던 광○과 은○네 가족이었다. 그의 아버지는 안 계셨고 어머니와 할머니, 오누이 이렇게 넷이 전부였다.

그 일행들과는 거의 일주일을 동거하며 살았던 기억이 난다. 그 고장 토박이 집의 윗방에서 옹크린 채 자고 일어나면 인민반장이 냄비에 곯슴한(가득 채우지 않은) 샛노란 강냉이밥을 가지고 와서 식사하라고 깨웠다. 부스스 일어나 밥상 앞에 마주 앉다 보니 서로 어성버성한 속에 어쩔 수 없이 마주하게 되었다. 세 가족은 어느새 한 식구가 되었다.

일주일이 지난 후에야 인민반장은 우리를 각기 적당한 집들에 분숙시켰다.

이렇게 하여 함경도 오지 생활은 경원군 ○○구 목욕탕 근처 51반에 구질구질한 몸과 마음, 그리고 짐을 풀게 되었다.

2. 양치, 양치 평양에서 쫓겨 왔지?

놀림을 즐기는 동심들

촌에 왜 왔는지, 누구 때문에, 무엇이 문제인지 이런 걸 따지기에 나는 어렸다. 그러나 학교에 가서 공부하며 애들과 놀고 싶었다. 짐이 도착하고 숙식할 장소가 정해지자 엄마는 학교에 가자고 하며 전학증을 찾아 들었다.

학교에서 교장 선생님과 인사를 나누고 학급을 배정받았는데 제일 모범학급인 5반이란다. 전 과목 10점인 내 성적이 한몫한 듯했다. 소개받은 학급에 교무부장 선생님의 인도로 들어가니 담임선생님(김영○)이 반갑게 맞아 주며 애들과 인사를 나누게 했다.

"애들아, 평양에서 이사 왔단다. 앞으로 친하게 놀아야 한다."

"네!!!"

힘찬 대답 소리가 교실을 울렸다. 나는 울먹한 마음으로 선생님이 가리킨 자리에 앉았다. 서먹서먹함을 참으며 하루 공부를 마치고 집으로 향했다. 엄마는 공부가 끝날 때까지 밖에서 기다렸다. 내가 혹시 집을 못 찾을까 걱정된 모양이었다. 하지만 엄마는 그리 반갑지 않았다. 내일부터 함께 학교 오자며 동네 애들은 재잘재잘 약속했다.

아이들은 새로 온 나에 대한 호기심이 많았다. 평양이 살기 좋은데 왜 이사 왔냐며 저저마다 귀찮게 물어 댔다.

그렇게도 재잘거리던 애들이 다음 날이 되자 태도가 확 바뀌었다.

자기들끼리 쉬쉬하며 내게 곁을 주지 않았다. 말을 걸어도 애들은 연합하여 나를 외톨이로 몰아갔다.

"말하지 마, 평양에서 쫓겨 온 주제에…."

면박만이 돌아올 뿐이었다.(아마도 그날 밤 집에서 부모들로부터 이상한 사람들이 평양에서 쫓겨 왔다고 교육되었나 싶다.)

따돌림은 날이 갈수록 심해졌다. 게다가 길에서 만나는 애들까지 나를 괴롭혔다.

학급에서의 수모는 약과였다. 모르는 아이들도 길가에서 내 그림자만 보고는 "양치, 양치, 평양에서 쫓겨 왔지?" 하며 놀려 댔다.

하는 수 없이 나는 무작정 앞에서 사람이 오면 길옆으로 비켰다가 상대가 지나간 다음에야 길을 갔다.

엄마에게 가해진 3중고

이런 수모를 당하면서도 나는 엄마에게 절대로 우리가 왜 이사 왔는지를 물어보지 않았다. 엄마가 나보다 더 슬퍼할 거라는 걸 알기 때문이었다. 그 불만으로 나는 집에 가면 엄마에게 곁을 주지 않고 학교에서의 일도 절대 재잘거리지 않았다. 집안은 초상집처럼 침울했다.

어머니의 '불행'에 2중고, 3중고를 씌운 셈이다. 이런 내 침묵을 감내하느라 엄마는 얼마나 더 힘들고 아프셨을까?

나중에야 엄마에겐 내가 전부였다는 걸 알았다. 그런데도 나는 원망하고 원수 보듯 행동했음이 후회된다.

이제야 고백하는바, 난 성장하면서 적대국의 나라 — 남한이 고향인 엄마가 혹여 간첩이 아닌가도 경계하며 때론 많이 감시(?)하기도 했다.

이런 메마르고도 회의적인 가정의 모녀간 생활의 연장이고 연속이었다.

그러잖아도 서먹한 나날 중에 또 한 번 애들의 웃음거리가 된 일이 있었다. 하루는 똥(분토)을 주워서 가져오라는 학교 과제가 있었다. 나는 어디에 담아 갈까 한참을 고민하다가 세숫대야를 발견했다. 그건 평양에서 가져온 빨간색 세숫대야였는데 길가에 얼어붙은 똥을 거기에 담아서 학교에 가져갔더니 애들이 물 만났다고 놀려 댔다.

"똥을 어디 그런 고운 대야에 담니? 양치니까 모르지."

그러잖아도 일상의 1분 1시간이 뭔가 모르는 불만덩어리(유족했던 평양을 왜 뒤로해야 하는지?)로 보내는 찰나인데 화가 나고 창피함이 몰려와서 똥이 담긴 대야를 마당에 있는 힘껏 내동댕이쳐 버렸다.

겨울이라 얼어 있던 폴리에틸렌 대야가 금세 산산조각이 나 버렸다.

좋아라 낄낄대는 애들보다 나는 엄마에게 야단맞을 일이 더 걱정되었다. 세숫대야라고는 그거 하나뿐인데 깨 버렸으니 어떻게 하랴, 난감했다.

하는 수 없이 밤늦도록 여기저기 길가를 방황하며 시간 보내며 돌아다녔다. 밤이 깊어서야 갈 곳이 없어 간신히 집으로 들어가 울음부터 터트렸다. 영문을 모르는 엄마에게 학교에서 있었던 이야기를 하며 또 엉엉 울어 댔다.

그동안의 말 못 할 불만과 모든 설움을 합쳐 아마도 나는 엉엉~ 슬피도 울었다.

자초지종을 듣고 엄마는

"일없어, 일없어. 걱정 마."

하며 오히려 나를 위로해 주신다. 이외에도 눈물 나는 이야기는 수도 없이 많으나 생략한다. 그러나 이 이야기만은 꼭 하고 싶다.

3. 평양에 갈 수 없는 1등생들

평양에서 내려오자 얼마 안 돼 나는 담임선생님 집에서 기거하게 되었다. 한 것은 엄마가 다니는 직장(엄마를 비롯한 평양 추방민 일행)이 문답식경연에서 군(郡)적으로 1등하여 도(都)에 경연하러 간다는 것이었다.

하루는 퇴근해 온 엄마의 고심이 컸다.

"내가 청진에 며칠 출장 가야겠는데 너를 어디에 맡겨야 할까?"라는 중얼거림을 지나는 소리로 흘렸는데 내용은 이러하였다.

1974년 2월 19일 문헌 "당의 유일사상체계 확립의 당사상 사업에서 나서는 몇 가지 과업에 대하여"에서 '당의 유일사상체계 확립의 10대 원칙'을 제시하고 이를 전국각지에서 문답식 학습 통달경연으로 붐을 일으키게 하였다. 북한에서 유명한 2.19 문헌이고 문답식 학습경연 깜빠니아이다. 바로 그 깜빠니아(캠페인식)적 문답식 경연에서 군(郡)적으로 1등하였던 것이다. 그도 그럴 것이 혁명화집단으로 구성된 '농촌건설대'는 추방민이 주류였다. 이들은 평양의 한다하는 대학졸업생으로 중앙부처의 주요 부서에서 두각을 나타내던 인물들인데 오지의 산골촌에 이들을 추월할 수재들이 어디 있을까?

5일을 약속하고 떠난 엄마가 10일 만에 돌아왔다.

도(都)에 가서 한 경연이 또 1등을 하여 결국에는 중앙경연에 참석하게 되었단다. 그런데 최종 심의에서 평양에 갈 수 없는 대상(평양 추방민 구성)들이라고 유보되고 2등권자의 타 기업소가 평양에 가게 되었단다.

평양 추방민들의 통달경연 1등!

당국으로부터 강탈당한 평양에 다시 가게 된 이들의 가슴이 얼마나 설레이고 부풀었을까.

경연조의 구성에는 갓 출산해 돌이 안 된 애기가 있었던 평성 리과대학 졸업생으로 어느 과학원 연구원도 있었다. 그는 수유부로 불어나는 젖을 짜내면서 기차행군과 문답식경연 통달경연을 간고하게 이겨 냈단다.

엄마를 비롯한 10여 명 경연조원들의 상실감,

경연 1등으로 쫓겨난 수도 평양행에 들어갈 수 있다니, 그 기쁨은 형언할 수 없는 설렘 그 자체였을 것이다.

그러나 평양 추방민 집단이라고 단호히 심사 조종되어 결국에는 평양 중앙경연에는 못 올라간다는 소식!

이들에게 과연 무슨 죄가 있어 자신들의 실력 발휘로 이루어 낸 1등생의 영광 — 평양행 — 이 무산되다니…

10일 만에 귀가해 시무룩해하는 어머니의 울적함의 당시 생활은 아직도 어린 마음에 겪었던 경험이지만 눈에 선하였다.

이해 안 되는 평양의 화려한 도시생활의 이탈과 다시 갈 수 없는 구별된 사회생활이 내게는 참 믿을 수 없고, 인정하고프지 않은 철부지의 무덤덤 잔혹사이었다.

이러한 북한사회에 대한 염증은 그때부터 하나하나 이해가 안 되고 또 나는 내색하지 아니하고 인정하고프지 않은

나의 숨길 수 없는 정체였던가.

4. 소년단원의 날과 1번 바이올린수

단체복장의 구별분리

북한 학교의 토요일은 인민학교나 고등중학교 모두 '소년단원의 날'이다.

주 토요일에는 토요 소년단원의 날 행사를 진행하는데
사진과 같이 학급별로 복장정렬로 사열행진을 진행한다.
집체복장이 없으면 대오에 참석할 수 없다.

 이날은 주중의 4~6시간이 아닌 2시간만 수업하고 '토요행사'로 시간을 보낸다. 우리 학급은 모범학급이라 규율이 강했다. 어느 날 선생님이 32원씩 학급에 내라고 한다. 그 돈으로 스웨터와 나일론 리본을 단체로 구입한단다. 우리 학급에는 군(郡) 상품 공급소 도매 과장인 아버지를 둔 남희○이라는 애가 있었다. 담임선생님은 학부형인 그에게 모범학급의 사정을 설명하고 쾌히 승낙을 받았다. 결국, 학급 인원 28명이 모두 32원을 내고 단체복장을 맞추게 되었다.

 그런데 유독 나 혼자만 빠졌다.

 평양에서 갓 추방되어 온 우리 살림은 말이 아니었다. 엄마의 월급이 고작 30원이었는데 그것도 계획을 달성했을 때만 가능했다. 미수행 시에는 월급을 받지 못해 쌀 배급대 2원조차 없었다.

 그나마도 간장, 된장 등의 소비품과 일부 공산품들을 사고 나면 빈털터리였다. 월급 마감날쯤에는 지인에게서 꿔서 쓰고 갚곤 하던 실정을 뻔히 알았기에 나는 엄마에게 돈 32원을 달라 손을 내밀 수 없었다. 혼자 슬픔을 삼켰다.

담임은 교실에 들어오면 늘 고개를 떨구고 있는 내가 안쓰러웠던지 다른 애들에겐 혹독하게 재촉했는데도 내겐 별말씀을 하지 않았다. 결국 나는 단체복장을 입지 못하였다.

당연히 나는 단체복장을 입는 행사 날이면 교실 청소 당번이었다.

단체 교복이 없으니 내가 대열에 섞이면 오점(汚點)만 될 뿐이었다. 나는 3층 교실 창가에 앉아 늘 토요일이면 청소 당번으로 남아 교실 청소하고 운동장 행사를 구경만 해야 했다. 그럴 때마다 여러 가지 생각으로 눈물이 볼을 타고 흘렀다.

나는 왜 평양서 살 수 없어 이사 왔으며, 애들에게 놀림받아야 하며, 이토록 험한 생활을 감당해야 하는가.

왜 나는 내가 어려서 다녔던 학생소년궁전 생활을 지속할 수가 없고 여기 촌에서 이런 모욕과 수모에 적응되어야 할까.

어린 마음에도 착잡함은 떨칠 수가 없었다.

하지만 또 다른 역전되는 기분도 있었다.

학급담임은 한편 내게 특별히 왼심을 쓰셨는데 유일하게 나를 당신의 갓 출산한 애기 보모로 삼으셨다. 시험공부 기간에는 자기 아기를 내 등에 업혀 주고 운동장에 나가서 놀고 있으라 하고는 내 답안은 선생님 당신이 작성하며 교과서에 밑줄을 그어 주었다. 그래도 내가 능히 따라잡는다고 생각하는 것 같았다.

선생님의 애기 보기 보모는 분명 특혜였다. 다른 아이들은 감히 만져 보기도 힘들었기 때문이다.

그런 선생님이 여러모로 고마웠다. 이로 인해 교실에서의 애들의 놀림은 점차 둔화되기도 하였다.

세 구멍 난 신발과 횟가루 바지

평양 추방민의 생활고에는 '세 구멍 난 신발과 횟가루 바지' 사연도 있다. 나는 천 편리화 신발을 신었는데 하도 낡아서 발가락이 세 개나 밖으로 삐져나왔다. 내 짝꿍인 고옥○이가 보기가 딱했던지 자기가 신다가 버리려는 신발과 바꾸자고 한다. 그 신발은 조금 더 성해서 엄지발가락의 발톱 부위만 구멍 나기 시작한 상태였다. 신발을 받아 신고 나는 좋아서 깡충깡충 뛰었다.

그런데 그게 오히려 화가 될 줄이야.

그로부터 며칠 뒤…

담임선생님께서 말씀하셨다.

"얘들아, 우리 학급에 신발이 제일 험한 애가 누구니?"

애들이 이구동성으로 이름들을 불렀다. 내 이름도 지명되어 앞으로 나갔다. 그런데 며칠 전 친구와 바꾸어 신은 신발이 그네들 신발보다 더 나아 보였다. 그날 학교에서 우리 학급에 배정된 신발은 두 켤레였다.

공교롭게도 나는 세 번째로 대상이 안 되었다. 평소에 나를 안쓰러워하던 담임도 아쉬워하셨다. 공평성을 유지하기 위해 애들에게 추천하게 한 건데 혜택을 못 받게 되어 아쉽다며 개별적으로 이야기해 주셨다.

모든 게 운명의 조롱 같기도 해서 분했다.

그날 나는 집에 들어와 빈방에서 실컷 울었다. 빗겨 간 신발배정 대상이 안 된 아쉬움에 하늘땅이 들으라고 악을 쓰며 울었다.

또 '횟가루 바지'라는 별명도 나의 대명사였다. 농촌에서 바지가 기본 복장인데 난 평양의 옷차림으로는 교복 치마뿐 바지가 없었다. 옷이 워낙 없다 보니 엄마가 평양서 의사 공급지로 받은 회색 양복지 천으로 바지를 만들어 주었다. 그때만 해도 연회색 바지를 입는 정서가 전무하여 촌스러운 이미지로 입을 게 못 된다고 생각돼 검은색 물감을 들였는데 염색술이 안 좋아 물이 잘 들지 않아 얼룩덜룩했다. 마치 횟가루가 묻은 것처럼 보여 붙여진 별명이었다. 그런데도 엄마가 해 준 바지라 부끄럽지 않았고 당당하게 입었다.

 그걸 입고 고건원에 사는 애○이네 집에도 간 적이 있다. 애○이네는 우리보다 2년 늦게 평양서 추방되어 왔는데 일본서 가엽다고 그 집만 방문단이 지원해 주었던 것이다. 그때 하반신 마비로 운신 못 하는 그의 아버지가 내 바지가 험하더라며 바지감을 끊어 주라고 했단다. 덕분에 새 바지를 얻은 적도 있었다.

 나에게 학교생활의 오아시스는 성적 총화 날이었다.

 내 성적은 학기마다 항상 1등을 하고 나니 놀려 대던 애들도 풀이 꺾였다. 차차 놀림도 줄어들었다.

 하지만 다른 학급 애들은 길에서 만나면 여전히 놀렸다. 기억이 희미한 5년이 지났어도 계속 놀려 대던 한 남자애가 있었다. 그 애가 잊히지 않았는데 훗날 통쾌한 복수를 하게 될 줄이야…….

 내가 약제사가 돼 병원 약국 주사제제실에 근무할 때이다. 자기 아내가 파라티푸스에 걸렸다며 약제실에 찾아와 약을 달라고 사정했다.

 파라티푸스 약은 주사제제실에서만 나올 수 있는 0.25% 레보수였다. 오직 나만이 행사할 수 있는 '특권'이었다. 나는 이 핑계 저 핑계로 그에게 끝내 약을 주지 않았다. 비록 10여 년이 지난 시기였지만 나름 통쾌

하고 고소한 복수였다.

　그런 천신만고(千辛萬苦)를 감내하면서 고등중학교에 진학했다. 고등학교에 진학하자 인민학교 때 왕따 분위기가 전보다 더 빠른 속도로 사라졌다. 고등중학교부터는 과목 선생님이 매번 바뀌는 터라 그들은 내가 평양 추방민이라는 걸 잘 모르기 때문이었다. 그도 그럴 것이 나는 억양도 완전히 함경도 할라꽁이 억양으로 완벽하게 소화하였다. 한결 수업에 임하는 내 자세가 반듯하고 당당해졌다. 매 과목 담임선생님들과의 교감이 잘돼 마치 맨투맨 수업을 방불케 했다.
　점차 학교생활에서의 생기를 찾으며 나를 일으켜 나갔다. 그러던 중 하루는 학교 교무실로 오라는 전달을 받았다. 평양미술대학 김은○에게서 내게로 편지가 온 것이었다. 나는 긴가민가하다 교실에서 개봉했더니 내가 수신인이 맞았다. 그녀는 이따금 일반 봉투가 아닌 A4 용지만큼 큰 봉투에 예쁜 글씨로 편지를 보내 온 학교에 소문이 요란하게 나기도 했다.
　훗날 나는 평양 갈 기회가 있어 그녀의 기숙사 ─ 평양예술인 숙소에 찾아간 적이 있다. 그때 그녀는 자동차형 5㎝ 굽 높은 새 구두를 내게 안겨 주었다. 세계 제13차 청년 학생 축전 때(1989년) 평양시 대학생들에게 공급된 일명 자동차 구두였다. 자동차 구두는 내가 사는 마을에서는 드물었다. 그녀는 내게 선물해 주고 싶어 아껴 둔 거라 했다.
　그래서 특별한 날이면 구두를 신고 다녀 그 촌 동네의 부러움을 샀다.

오아시스 - 수학·음악 소조

나의 고등학교 시절 또 다른 오아시스는 소조 활동이었다.

1,500여 명 학교의 음악 소조 활동과 학급의 수학 책임자 역할은 윤활유였다. 고등중학교는 인민학교보다 거리가 배로 멀었다. 주변 농촌 지역을 포괄하는 관계로 농촌 밭 한가운데 자리 잡고 있었다. 도보로 20분이 실히 걸렸다. 두 개 분교와 우리 인민학교에서 공부하던 애들이 모여 고등중학교가 구성되었다. 학교 인원도 많아졌다. 학급 수는 그대로 7개였으나 지리적으로는 노상에 철길이 있어 학부모들의 근심도 많았다.

그러던 어느 날이었다. 수학 수업 2시간을 했는가 싶었는데 선생님이 나를 분과실로 호출했다. 찾아갔더니 수학 과목 책임자로 추천한다는 것이었다. 수학 책임자는 수학 시간 시작 전에 전(前) 시간 제시된 수학 숙제 검열을 한다. 선(先) 숙제검열 정형을 선생님에게 보고하는 일이므로 학급의 작은 수학 선생님이나 다름없단다. 그러니 등교하면 나의 숙제 정형을 선생님께 먼저 검열받고 푸는 방법과 답을 대조해야 하는, 책임성이 강한 중요한 임무라고 했다.

그런 중임을 맡은 자부와 긍지로 나는 수업시작 첫 시간 전에 수학 선생님을 찾아가서 내 숙제를 답은 물론 풀이 방법까지 검열을 받았다. 이를 계기로 수학 소조 책임자로의 학급에서의 위상이 한층 높아졌다. 2학년에 수학 과목을 졸업하고 기하, 삼각 과목이 나왔는데 나는 여전히 그 과목의 책임자가 되었다. 수학 과목 책임자로서의 중임을 기대에 어긋나지 않게 열심히 했다.

3학년 때는 더 큰 책임이 주어졌다. 군(郡)에서 우리 학교가 우수학교로 선정돼 선물로 악기가 전달되었다. 탄광 지역의 학교들에 특별히 당 중앙에서 보낸 선물이란다. 바이올린 15대와 소해금 10대, 콘트라베이스 2대, 첼로 3대, 13현 가야금 10대, 손풍금(아코디언) 1대가 성대한 전달식과 함께 학교에 전달되었다. 학교에서는 교직원회의를 소집하여 각 학급마다 음악 소조원들을 선발하여 가야금까지 총 40대의 악기로 기악합주단을 조직하고 추진할 야심 찬 계획을 세웠다.

교원총회에서 이 문제가 상정되어 음악 소조원 선발 문제로 학교는 신경전이 벌어졌다.

결정 내용인즉슨, 일부 학급에 편중되지 말고 학급당 1~2명을 선출하되 이들에 대해서는 일체 사회노동을 비롯한 학급의 행사들에서 빼주기로 했다. 수업만 끝나면 음악실로 보내는 걸 철칙으로 삼았다.

일부 학급담임들은 투덜댔다. 왜냐하면, 방과 후에 진행되는 모든 작업과제는 학급 재적 인원수에 맞게 할당되는데 음악 소조 인원에 대한 할당량까지 감당해야 하니 불만이었다.

음악 선생님은 남선생(박봉○), 여선생(전희○) 두 분이셨는데 서로 음악 소조 유치가 대단했단다. 여선생은 사범대학 음악과를 갓 졸업하고 왔는데 후에 안 일이지만 학부모들의 치맛바람 때문에 여 선생님의 집 문에 불이 일었단다.

남자 음악 선생님은 국어문법수업을 겸했는데 그 선생님이 나를 유난히 잘 봐주는 눈치를 알아차리게 되면서 괜히 미워(거만스러워?)졌다.

그래서 문법수업에 일부러 떠들거나 소설책을 숨겨서 보는 등 불량한 수업 태도를 보였다.

하루는 자꾸 내 쪽으로 눈길을 주기에 더 주동적으로 떠들었다. 그래선지 내게 자꾸 질문을 공격적으로 던졌지만 나는 떠드는 중에도 질문들에는 완벽하게 대답했다. 흠잡을 데가 없자 수업을 마치고는 내게 지시했다.

"여! 동무 별난 동무야, 이따 분과실에 오라."

나는 또 삐쭉거리며 '흥, 내가 뭘 잘못했다고 그러지? 난 질문내용을 다 맞게 대답했는데, 흥.'

하면서 투덜거리고는 가지 않았다.

방과 후에 우리학급의 변영○(父-석탄연구소 연구원)이 나더러 국어 문법선생님이 찾는다고 함께 가야 한다고 했다. 그 애는 노래를 잘해서 성악부에 다니는 음악 소조였다.

학급 애들은

'저 걸라 너, 욕 많이 하자고 작정하셨구나.'

하면서 측은해했다.

그런데도 나는 믿는 구석이 있어 당당하게 따라나섰다. 그는 나를 분과실이 아닌 음악실로 인도했다.

목숨보다 귀중한 선물 악기

음악실에 들어서니 선생님은 뜻밖에도 나에게 바이올린을 주시며 "이제부터 이 악기는 네가 주인!"이라고 했다.

"12번 바이올린! 이건 네 목숨과도 같은 선물 악기이니 조심히 잘 관리하고 다뤄야 한다. 그리고 열심히 연습하여 악기에 정통하고 1번수가 되어라."

뜻밖이었다.

그때부터 나는 1,500명 학생 속에서 40명에 선발되는 행운의 주인공이 되었다.

전교 36개 학급이라 한 학급에서 한 명이거나 없는 학급도 있었다. 따라서 음악 소조는 내로라하는 간부 자녀들이 넘보는 자리였다. 음악부가 되면 우선 해마다 봄, 가을에 동원되는 농촌지원에 안 나가는 특혜에 모든 사회적 작업 동원에는 일절 불참하는 것이 합법화되었다. 한마디로 특권이나 다름없었다. 학교에서도 음악부 다니는 애들은 구별되었다.

북한의 바이올린 연습시간

길을 가다가도 애들이 알아보았다.

'야! 쟤 음악부다!'

라며 선망의 눈길을 보냈다. 그러므로 믿기지 않았다. 과연 내가 전교생들이 그렇게도 부러워하는 음악부에 아무런 배경도 없이 선발되었단 말인가? 신기했다.

이렇게 조직된 음악부 기악조는 많은 조건을 요구했다. 우선 과목담임들이 학업 때문에 문제를 제기하지 않을 정도의 성적우수자들이어야 했다. 방과 후 음악부는 밤 1~2시까지 훈련하였으므로 숙제할 시간적 여유조차 없었다. 그렇다고 숙제를 하지 않거나 성적이 낮으면 교원총회에서 바로 지적되어 자격이 심의되었다. 그 학생은 바로 음악부에서 제명되었다.

그러므로 기악조에서는 자정을 넘어 새벽 2시까지도 과제를 못 하면 집에 안 보냈다. 피곤하고 힘들었지만 이겨 낸 자들만이 마지막까지 음악부를 고수했다.

또한, 매일같이 개별 테스트를 진행했고, 테스트의 성적은 1주 1회 월요일에 진행되는 교원총회에 공개했다. 이런 방식은 학급담임과 학생의 동기 부여와 참여 의욕을 위한 것이었다.

바이올리니스트와 첼리스트는 테스트에 의해 점수가 매겨졌다.

나는 열심히 연습하여 다른 애들보다 한 달 거의 늦게 들어갔지만, 매주 있는 개별 테스트에서 높은 점수를 받았다.

결국, 1번수가 된 것이다.

현악기 연주에서 첫째는 음정이다. 둘째가 박자다. 손가락이 0.1㎜만 잘못 짚어져도 음정이 어긋난다.

"음정은 12번수(내 악기번호)를 따를 자 없다!"라고 남자 음악 선생님은 항상 칭찬을 아끼지 않았다. 나름 자신이 선발한 학생에 대한 무한한 자부인 듯하였다.

다른 과목 선생님들조차도 우리 학급 수업에 들어오면 "니가 바이올린 1번수라며?" 하는 식으로 알아봐 주었다. 3학년에서 5학년까지 나는 음악부에서 학교 시절의 고된 노동을 피해 갈 수 있었다.

우리는 3년 동안에 기악 합주와 중주로 '반일 전가', '소년 빨치산의 노래', '만경대의 노래', '조선의 노래', '4월의 봄', '조선은 하나다' 등을 비롯하여 중창과 합창 반주곡들을 완성했다. 해마다 열리는 설맞이 공연과 지역의 연합 충성의 노래모임 반주도 도맡았다. 그뿐만 아니라 유치원 어린이들의 6.1절 공연 반주와 농촌지원 선전 서클, 탄광 위문 공연 등을 주기적으로 진행했다.

나의 1바이올린수의 실력은 상급학교 기간에 3대 혁명 붉은기 학급 쟁취의 악기훈련에도 빛을 발했다. 전 학급생들 바이올린 합주로 높은 점수 평가에 기여한 것이다.

그런데 나는 실력에선 1번수였지만 무대 인상이 제로여서 여자 음악 선생님이 앙상블 지도 시에는 나를 자꾸 뒤로 보냈다. 바이올린수는 몸을 흔들며 연주해야 하는데 나는 꼿꼿이 앉아서 웃지도 않으니 무대 인상 제로라고 꼬투리 잡혀서였다.

알고 보니 내용적으로는 자기에게 뇌물 바치고 선정된 학생이 아니라고 티 나게 차별당했던 것이다.

또 남몰래 울기도 했다. 어디 가나 눈물은 장장 내 친구였다. 그러기에 학교 전 기간 담임들의 학적부에 '우울하다'가 나에 대한 평점이었다.

어린 나이에 겪은 추방 바람 속에서 북한의 정치 악습이 아마도 내 마음에 응어리로 남았던 것 같다.

그러니 얼굴에서 사라진 웃음이 좀처럼 돌아오지 않았다. 다행히 고등중학교는 음악부 소조 활동 덕분에 향기롭게 보낼 수 있었다. 우울하고 생기 없던 내 생에 불어온 그나마의 내적인 균형지향의 기회였을까,

틴광촌 학교의 '우쭐한?' 소조 활동은 나의 '메마른 사막의 오아시스'였다.

5. 국가 정무원 시험과 졸업반의 고배

고등중학교 4학년

1979년도라고 생각된다.

전국적으로 학생들의 정무원 시험(학력고사?)이 있었다.

이는 2년 간격으로 전국적으로 치러지는 학생들에 대한 학업능력 평가였다. 그러니 중학교 시기에 누구나 2회 이상은 경험하게 되는데 이때는 학교마다 치열한 학습 전투를 벌였다. 왜냐하면 당국은 이 시험을 통해 교원들과 학교의 실력평가(등위판정 등)로 삼기 때문이다.

또, 여기 성적은 대학폰트(T/O)를 받는 데 유리하다. 예하면 성적순으로 군적으로 중앙대학과 일반대학 등 대학수가 학교마다 할당된다는 것이다.

이 당시 교원들의 목소리가 정상이면 부끄러울 정도였다. 기본 수업 후에 밤 10시까지 목이 터지도록 설명하는 바람에 모두 음성이 석쉼함이 정상이다. 교원들이 정무원 시험 준비에 사생결단했다는 증거였다. 밤 10시 넘어서까지 그동안 배운 걸 재복습시킨다. 자체 시험(Quiz)도 부지불식간에 이뤄졌다.

물리 선생님(최천○)은 내가 학습장을 휴대하기 쉽게 반으로 잘라 시험문제로 간단히 정리한 것을 보고는 전교생에게 모범답안으로 돌리고 싶어 했다. 생각지 않게 나의 답안 정리본을 전 학년 아이들이 베끼기 시작했다. 겉봉에 이름 적힌 대로 학급마다 돌려지고 보니 우리 학년의 내 이름 위상도 절로 홍보되기도 하였다.

어느새 소문이 바람 타 다른 과목 선생님들까지도 자기 과목 답안지 작성을 부탁하는 바람에 과목마다 답안 작성하기에 바빴다. 정무원 시험 분위기는 후끈 달아올랐고 저녁 시간이면 부모님들이 자기 자식들 도시락을 집에서 날랐다.

또한 군당 교육과에서는 식료공장에 과업을 주었다.

간식용 엿을 생산해 야간 보충학습하는 학생들에게 공급하라는 지시였다. 공부 덕에 밤에 엿 배급을 받는 것도 재미났다.

엿 배급은 개인당 200g 실히 되었다. 밤 9시쯤 되면 애들이 꾸벅꾸벅 졸기 시작했는데 그때가 바로 간식시간이었다. 아이들은 대부분 엿을 다 먹지 않았다. 동생에게 갖다주려고 조금 떼어 먹고는 비닐봉지에 꽁꽁 싸서 가방에 넣었다. 그럴 때마다 동생 있는 애들이 부러웠다. 내게도 동생이 있다면 얼마나 좋으랴, 하는 아쉬움을 가지고 절반쯤 먹고는 엄마께 갖다드렸다.

시험 때는 공부하는 것보다 애들과 밤늦게까지 학교에서 보내는 재미가 더 좋았다. 책걸상을 한쪽에 밀어 놓고 바닥에 모포 깔고 나란히 누워서 지지배배 말하며 잠드는 재미도 쏠쏠했다.

드디어 정무원 시험 날이 왔다.

같은 지구 내 학교들인 사수 중학교와 훈융 중학교 4학년생들이 모두 우리 학교에 모였다. '국가정무원 시험장'이라는 교실마다 크게 명패가 나붙고 엄격하게 진행되었다. 학교 교원들은 보조 감독일 뿐 시험관은 모두 타 기관에서 파견되었다. 엄숙한 가운데 선생님들의 눈빛에는 초조와 긴장이 어렸다. 시험이 시작되자 선생님들은 보조를 핑계 삼아 시험관의 눈을 피해 살짝살짝 답을 알려 주기도 했다. 혁명력사 시간에는 시험관이 출입문 앞에 의자를 내놓고 앉아서 조는 듯하자 우리 선생님이 뒷짐에 아예 교과서의 출제 부분을 편 채 애들에게 보여 주기도 하였었다.

이처럼 교원들이 시험 점수에 목숨을 거는 이유는 학생들의 학점이 교원 자신들의 실력평가로 이어지기 때문이다. 이렇게 4학년 과정의 수학, 물리, 화학, 혁명, 국어, 외국어 등 전반적인 과목시험을 모두 치렀다.

국가정무원 시험순위는 훗날 학교별 대학폰트(T/O) 할당에 결정적 조건으로 작용한단다. 그러니까 학교 평점에 따라 대학추천 수의 여부가 결정되는 것이다. 학교 교직원들의 신경이 온통 쏠릴 수밖에 없었다.

며칠 후,

엄마가 퇴근하시더니

"너 정무원 시험에서 2등 맞았다며?" 하신다.

"모르겠는데요?" 하고 영문을 물었다. 등수가 나왔는데 기차 역전마다 순위 10위권까지 공개되었다는 것이다. 어느 환자가 역전에서 내 이름을 보고는 병원에 와서 일러 주더라는 것이었다.

"선생! 선생네 딸이 이번에 정무원 시험 잘 봐서 역전에 이름이 나붙었어요."

엄마가 전해 준 이야기는 이러했다.

나는 역전으로 달려갔다. '국가정무원 시험 성적 우수학생들'이란 제목 아래 내 이름을 발견하자 마치 날아가는 기분이었다. 저절로 어깨가 으쓱해졌다. 이렇게 나는 공부하는 재미에 묻혀 설움은 희석되고 몸과 마음은 자랐다.

그러나 이런 학점은 그것으로 끝났다.

성분 불량의 프레임

얼마 못 가 나는 또다시 난관에 부딪혔다.

졸업 학년에 학교 교무당국이 발표하는 대학추천대상에서 배제되었다. 여기서 추천조건의 첫째가 성분이고 둘째가 실력이다. 실력이 아무리 출중해도 성분이 걸리면 추천대상에서 제외된다. 성분이라면 아버지, 어머니가 조선로동당원이고 그보다는 간부급이면 더 좋은 성분소유자이다.

내가 졸업 당시 나보다 10위권 아래에 있던 동창생(김옥○)이 김일성종합대학에 추천받고 합격했다. 그 결정적 요인은 그의 아버지가 탄광지배인 2급 기업소(천 명 이상 회사: 중앙당 비준대상) 지배인이었기 때문이다.

북한의 이러한 대학 진학률은 졸업생의 6~8% 정도를 차지하며 이들은 민족 간부로 등용한다. 민족 간부는 철두철미하게 사상성이 검증되고 손색이 없어야 한다는 지론이다.

대학추천 일반규정을 놓고 볼 때 나는 평양 추방민이니 성분이 걸리므로 추천대상에서 탈락되었다. 음악 소조라고 우쭐대던 나의 속 빈 '위세'도 5학년에 와서는 된서리를 맞았다. 학급 애들이 또 조소하고 흉보기 시작함을 직감했다.

5학년이 되고 9월에 개교하니 교실이 썰렁했다. 자리가 군데군데 비어 있었다.

"애들이 더러 어디 갔냐?"라는 물음에

"너는 왜 거기 못 뽑혔냐?"라면서 비아냥댔다.

나중에 안 일이지만 우리 학급 25명 중 5명이 대학입시 공부하는 그룹으로 갔다고 한다.

50여 석 물리실험실이 그들만의 대학입시 공부교실이라고 했다.

졸업인원 200명 중 거의 40명이란다. 그때부터 나의 번민은 걷잡을 수 없었다. 지하감옥의 죄인인 양 이상한 전율을 느꼈다. 침묵으로 그것에 순종하고 긍정해야 하는 수밖에.

매번 시험 때마다 만점 채점지를 받아 들고 5년 동안 얼마나 으스댔던가. 그러던 내가 대학추천자 대상에 못 들었으니 애들은 눈을 흘기며 정면에서 깔본다.

평양에서 추방되어 처음 이곳에 왔을 때 심정 그대로이다.

그땐 철부지여서 덜했지만 다 자란 뒤의 수모와 차별은 더 힘들었다. 다행히 나에게는 견딜 응력 방어면역이 생겼던지 현실을 인내하면서 하루하루를 버텨 나갔다.

그러는 가운데 5학년 졸업반에게 인근 농장(30㎞)에 담배 따기 동원령이 내렸다. 동원된 학생들은 대학공부에서 제외된 대상들이었다. 대학추천자 대상은 학교에 남아 공부를 계속했다. 즉, 학생들이 공부와 비공부편으로 갈린 셈이다.

그 나머지 학생은 공부가 필요 없다. 그저 노동력인 셈이다. 이제부터는 국가가 노동으로 필요인력이다. 즉시 농장의 담배 따기에 동원령이 내렸다. 담배 따기 동원은 숙식준비까지 필요했다. 월급을 준다기에 말없이 수격수격 잘 나갔다. 담배 따기에 결근하고 집에 혼자 있어 봤자 머리만 복잡하고 더 힘들어질 걸 알기에 수격수격 담배 따기 동원에 하루도 결근 없이 만근하여 월 급여 25원에 자체 위안하였다.

그러는 와중에 떠도는 소문은 5학년 7반의 정 아무개가 자살했단다. 대학추천자 대상이 되지 못한 데 대한 심리적 충격을 이겨 내지 못한 것이었다 한다. 위험이 나와 무관치 않음에서 등골이 오싹하였다. 듣고 보니 아버지가 옛날에 지주 신분이었다고 했다.

얼마나 힘들었을까.

그리고 또 두 사람은 뇌전증 환자가 되었다. 모두 대학추천 대상 배제에 대한 심적 스트레스였다. 무서웠다. 이상한 전율을 느꼈다. 스스로를 지키지 않으면 안 된다는 경각심이 생겼다.

나 또한, 극도의 스트레스를 받고 있었지만, 극단으로 치닫지는 않았다. 신기할 정도로 심적인 동요가 일어나지 않고 의외로 차분하게 대처했다. 단지 공부와 학교에 대한 회의가 나를 지배하여 결박하였다.

공부와는 담쌓으리라!
내게 조용히, 그리고 잔혹하게 다가오고 다져진 다짐이었다.

6. 非공부 — 탄광

쓸쓸한 고등중학교 졸업식을 마치고 사회에 진출했다. 내가 사는 마을은 탄광과 농촌이 어우러진 반(半)농, 반탄광 마을이었다. 그러니 탄부나 노동자, 농민의 자녀는 직업을 대물림받았다. 나는 비록 엄마가 의사지만 대학에 못 가면 무조건 탄광밖에 없었다.

우리 졸업생들에게는 전부 대건설령이 내려 도(道)건설대에 집단배치되었다. 전년도(1979년)에는 청년분조 바람으로 전국이 농촌에 탄원하는 붐이 일었다. 그리하여 대학진학과 군입대를 제외하고 전원이 농촌으로 진출했다.

당시 군당 책임 비서의 딸도 농촌에 시범적으로 탄원해 졸업생들에게 선전 선동이 요란했다. 실제로 군당책임비서의 딸까지 농촌에 지원하면서 '청년분조', '청년작업반' 운동으로 전국적인 붐(boom)이 일기도 하였다.

그나마 신께서 보우하사 우리 학년은 대건설령으로 도(都)건설대에 집단배치여서 선배들보다 조금은 양호하다고 생각했다.

엄마는 탄광이라는 특수성을 활용하여 '도건설대' 집단배치에서 서류를 빼는 데 성공했고 덕분에 나는 탄광 건설사업소에 배치되었다.

탄광 노동과에 도착한 우리 동창생 4명은 노동 안전을 받았다. 둘째 날이 되어 도시락 가방과 삽을 메고 수직갱에 나가게 되었다.

나를 좋아하였던 명○이의 영향

그런 내 모습을 단짝이었던 명○이가 자기 집 창가에서 본 모양이다. 훗날 그녀의 일기장에 적은 내용을 내게 이야기해 주었다. 그녀의 아버지(작은 공장장)와 어머니(구 도서관장)는 당원으로 명○이는 공부를 썩 잘하진 못했지만, 학급 반장이었다.

집이 우리 동네인 까닭도 있겠지만 명○은 유난히 나를 좋아했다. 자기 집에 애경사가 있을 때면 특별한 음식은 물론 심지어는 배급 국수까지 가방에 넣고 와 매일같이 내게 먹을 것을 공급하여 주었다.

그녀는 어머니가 도서관장이어서인지 책 읽기를 좋아했다. 두툼한 소설책을 수업시간에 읽고는 신이 나서 떠들어 대는 문학소녀였다.

덕분에 나는 그를 통해 그 시기에 벌써 『제인 에어』도 알게 되었고 '뉴욕의 빈민가' 이야기도 들었다.

"야, 미국의 빈민가는 우리보다 더 잘사는 것 같애. 우리는 텔레비전 없는 집이 과반수인데 뉴욕의 어느 할머니 집엔 '재산이라곤 다 낡은 텔레비전과 냉장고가 전부'였대? 미제국주의 나라 미국은 우리보다 훨씬 잘사니 이게 뭔지 헷갈린다야…."

그녀는 내게 미국에 대해서, 그리고 남한의 추상파 미술 이야기 등 문학과 세계상식에도 눈을 뜨게 해 주었다. 명○이는 사범대학시험에 낙방했으나 또 다른 기회가 있었다. 군(郡)에서 부족한 교원 수급을 위해 6개월 반 교원양성소가 있었는데 거기에 재추천되어 준비 중이었다.

그러니 자신은 두 번의 기회를 얻었는데 자기보다 공부가 월등한 내게는 아무런 기회가 없으니 미안한 모양이었다. 불합리와 부조리의 사회악으로부터 자신과 나와의 차이를 미안하게 느끼고 가엽게 생각해 주는 어린아이의 순수함이었다.

내가 삽을 메고 탄광에 나가는 모습을 몰래 보는데 눈물이 나오더라고 했다. 나는 그런 것쯤에는 이미 훈련되어 무반응이었다. 하지만 그 고마움만은 오래 잊지 않고 담고 있다가 답할 기회를 활용하였다.

그녀가 군내에서 부족한 교원수급목적으로 개설한 교원양성반 6개월 반을 졸업하고 어느 시골 교원으로 있을 때 담당 학급 학생이 장난으로 산에 올라 불을 낸 적이 있다. 그때 나는 학교 교장 선생님께 그녀를 선처해 달라는 간곡한 마음을 담은 편지를 보냈다.

그 의리가 정히 이어져 그녀는 내가 훗날 대학에 다닐 때 시골 학교 기숙사에서 강냉이닦개(강냉이 알을 달구어진 가마솥에 넣고 볶으면 고소하고 맛있어 군것질로는 일품 — 북한의 유일한 간식)를 2kg씩 소포로 보내 주곤 했다. 우리 우정은 끈끈하게 지속되었다. 편지의 마침 글에는 꼭 '너의 ○○'이라 적을 정도였다.

죄인 아닌 엄마의 극성

탄광 배치 3일째 되는 날, 우리는 수직갱에 도착하여 싸리로 엮은 광주리 모자를 쓰고 고무로 된 조끼바지와 겉옷을 입었다. 그리고 노동안전 교양원의 지시에 따라 케이지(사람이 타는 큰 쇠바가지)를 타고 무시무시한 지하 수직갱에 들어갔다. 수직갱은 일제강점기에 건설하여 탄을 생산했는데 몇십 년 동안 방치된 상태였다가 1980년 들어 제대군인 2천 명 정도를 대거 투입해 복구하는 중이었다. 위에서는 물이 뚝뚝 떨어지고 이러다 죽는 건가 싶을 만큼 열악한 환경이었지만 나의 지지리도 비참한 운명에 맡겼다.

우리는 여자 둘, 남자 둘로 총 4명이었다. 남자 한 명은 인근 중학교 졸업생이었을 것이다. 전체적으로 10대 어린 연령대였다. 이렇게 하여 나는 북방의 수천 척 지하 수직갱 막장의 무시무시한 경험을 했다.

한 달이 안 돼 엄마는 또 군 노동과의 인맥을 이용해 탄광노동보호기구 공장으로 옮길 수 있게 해 주었다. 노동보호기구 공장에서는 병원의 김 선생 딸이라고 사면팔방 나에 대한 기대감이 컸다. 그 후에도 엄마는 내가 대학에 못 간 게 당신 탓이라며 자책했다. 그래서 기회 있을 때마다 군(郡)급 간부들에게 요구했다.

나는 나대로 직장에서 최선을 다했다. 그런 결과로 드디어 경성의학전문학교(前 주을의전)에 추천받아 입학하게 되었다(제1부 제5장 7).

경성의학전문학교는 예로부터 주을의전이라고 소문나 함경북도 도당

가족들까지 호시탐탐 노리는 학교였다. 그러니 추천부터 입학까지의 과정이 만만치 않았다. 나의 입학통지서 쟁취에서도 엄마의 불사조 같은 투혼과 열의가 한몫했다. 당국의 한 개인에 의해 탈취된 입학통지서를 상급기관인 도(道) 대학생 모집과까지 찾아가 해결함으로써 입학이 성사될 수 있었다. 남들은 순조로이 잘되는 일들이 내게는 왜 이다지도 어렵고 꼬이기만 하는지,

그럴 때마다 좌절과 절망에 빠졌다. 하지만 더 악착같이 살아야 할 이유가 되곤 했다.

무덤덤 – 나의 활주로

중학교 졸업 후 한때는 공부와는 담을 쌓고 입당하는 것으로 나의 성취욕을 채워 보고자 했다. 스피커로 들은 안주탄전의 어린 처녀의 미담을 듣고는 안주 지구 탄광연합기업소 당 비서에게 편지를 쓰기도 했으니 말이다. 또 수개월 평양돌격대 일도 엄마의 상급학교입학 극성에 머리를 수그릴 수밖에 없었다. 나는 경성의전 합격통지서를 들고 105돌격대 함북여단 정치부에 찾아가 귀가를 승인받았다.

평양돌격대에서는 처음에 30층 아파트(본 평양역 30층짜리 부장아파트) 미장조력공으로 밧줄에 몸을 의지한 채 후들후들 떨며 일을 익혀 나갔다. 하지만 곧 나의 악기 재능과 능력, 낭중지추(囊中之錐)의 실력이 알려지면서 기악조로 선출되었다. 함북려단 서클조에서 나는 유일한 여성 바이올리니스트였다.

그리하여 평양돌격대 전 기간인 6개월 동안 바이올린만 가지고 연습과 공연을 했다. 그러는 과정에서 입당문제를 봐주겠다는 간부도 있었

지만 난 뒤로하여야 하였다.

참 희한한 일을 도착 순간부터 경험하게 되었는바, 청년당원 사로청 위원장은 내가 도착하자 열흘도 안 돼 초급단체 부위원장(입당 1순위)으로 발탁했다. 그로 인해 기다리며 고생했던 고참(3~5년 차)들의 적지 않은 시기를 받았다.

날이 가며 외적, 내적으로의 인정을 받을수록 내게는 상처뿐이었다. 그곳 생활을 더 지속하게 되면 오히려 비공개인 성분이 안 좋다는 나쁜 소문만 무성해질 것 같은 음성적 위기를 느꼈다. 여러 변수를 고려하여 더 있기를 단념하고 출구로 학교입학을 선택했다.

결국에 나는 그토록 살고 싶고 처녀 시절을 즐기고 싶었던 내 고향 — 수도 평양을 잔인하게 뒤로하고 엄마의 염원인 상급학교 — 시험 합격이 된 지방으로 내려오게 되었다.

"공부와는 담을 쌓으리라."

라는 나의 잔혹한 다짐은 부단하고도 애처롭게까지 느껴지는 어머니의 완고하고도 끈질긴 노력과 열정의 무기에 그만 맥없이 항복하게 되었다.

제3장 어머니의 염원

1. 약학도의 출발

경성(주을)의학전문학교

학교에 입학하니 학급의 학생 수가 26명이었다. 여자 20명, 남자 6명인데 직발생(중학교 졸업생) 20명과 현직생(사회생활 후 입학생) 6명의 구성이었다. 그중 제대군인 여당원도 있었다. 그녀는 초급단체 위원장이었다. 처음에는 애들의 시선이 여자 제대군인에게로 쏠렸다. 당원이라 말도 잘하고 제법 뽐냈던 것이다.

하지만 그녀가 말만 반지르르하고 공부도 뒤처지자 2학년에 와서는 모두 현직생인 나에게로 기대가 쏠렸다. 3학년에 약초 동원 기간 중 기숙사에서 누군가의 일기장을 보고 내게 이야기를 해 준 이가 있었다. 학급의 정 아무개 양은 일기장에 '말 많은 공산주의자!'라는 제목으로 그녀에 대한 기대와 환상이 허상이었다는 기록을 봤다는 것이다.

당시 사회에서 일하다가 온 남학생이 소대장이었고 내가 부소대장이었는데 차츰 나의 성실함과 성적우수를 학급학생들은 물론 교직원들까지도 인정하게 되었다. 1학년 때는 공부가 좀 힘들었지만, 선생님들의 평가와 수업에 임하는 자세와 악기실력 등 우수한 내가 있는 우리 기숙

호실을 더 선호했다. 예를 들면 남자애들은 김치가 생기면 우리 호실에만 전해 주곤 했다. 학교 주변 주민가옥의 김치움에서 남자애들은 김치를 털어 오는 경우가 흔했는데 매 집집마다의 김치 맛을 다 파악했을 정도로 자주 있는 일이었다.

기숙사 생활은 무(北-무우) 습격의 에피소드도 있었다. 기숙사 식당에 무가 들어오는 날이면 애들은 합심해서 무를 도둑질해 날랐다. 다음날 아침 전교 모임에서 경리 부교장 선생님은 주석단에 출연하여 "밤사이 무가 2t이나 없어졌다."라고 하면서 학급 소대장들에게 자수를 요구했다. 처벌은 학교경비와 청소 등이었다. 별로 좋지 않은 기억이지만 추억에 남는 처벌도 있었다.

경비를 일주일 서는 데 지쳐 버린 학급 애들이 경비 도중 테이블에 엎드려 2시간을 자다가 교대했다. 그런데 어느 날 아침에 소동이 났다. 학교 중앙 홀 복도에 걸려 있던 큰 거울 — 체경(體鏡: 북한식 표현)이 없어졌다는 것이다. 전부 2시간씩 자다가 교대했으므로 언제 없어진 건지 파악이 어려웠다. 하는 수 없이 경성 읍내의 이·미용원과 집들을 모두 조사했지만 찾을 수 없었다. 덕분에 우리는 한 달간 처벌 근무를 더 서게 되었다.

이 밖에도 아침저녁 대열점검 시 부족인원(명절 전야에 애들은 자주 도둑기차를 타고 집에 무단여행)이라든가, 여러 명목으로 처벌근무는 셀 수 없는 일이었다.

도둑기차(여행) 타고 명절이나 주말이면 무단으로 집에 가는 일이 비일비재하였는데 주로 청진이나 주변 애들이었다. 엄마가 학교 선생님으로 청진시 포항구역이 집인 김혜○은 일요일이면 꼭 집에 다녀오곤 하였는데 어느 추석명절에는 금촉 만년필을 벌었다고 자랑했다.

내용인즉, 열차 사정이 안 좋아 초만원인 열차에 추석에는 붕붕 떠밀려 오곤 하였다. 여전히 사람들 속에 떠밀려 오는데 머리카락을 누군가 잡아당기는 느낌이 들어 머리를 만지니 만년필이 잡혀 당겨서 보니 금촉 만년필이었다. 결국 붐비는 인파 속에 양복 앞주머니에 꽂고 열차에 올랐던 금촉 만년필 주인이 앞사람인 혜영이의 머리칼에 박혀 빼앗기게(?)되었던 것이다.

의전 공부는 처음에는 몹시 힘들었다. 학업에서 이탈된 시간이 좀 있던지라 제자리 찾기가 버거웠다. 예로부터 공부에는 자신 있다 장담했지만, 수학 문제 풀이를 비롯해 기억이 현 상태로 복귀되는 데 시간이 좀 걸렸다. 직발생들을 붙잡고 질기게도 달라붙어 학기말 시험에는 우수한 성적을 얻었다. 이렇게 1학년을 힘들게 보내고 나니 2학년부터는 발동이 걸려 직발생들보다 더 앞서 나갔다. 그러나 체육성적 때문에 늘 담임선생님과 함께 과목담임을 찾아가 성적사정을 하여야 최우등이 가능했다.

학교는 공부보다 기타 작업이 적지 않은 비중 차지가 있었다.

봄, 가을의 약초 동원 기간에도 두 개 조로 나뉘었는데 한 조는 소대장이, 그리고 다른 조는 내가 책임지고 서로 인근 동약관리소에 동원되었다. 내 책임 조는 학업성적도 작업실적도 훨씬 높았다.

그뿐만 아니라 전문학교시절 우리 학급이 '3대 혁명 붉은기' 쟁취에 대한 과업을 사로청 조직으로부터 받게 되었다.

학교는 큰 숙제를 안고 있었다.

'3대 혁명 붉은기 쟁취 운동'

1960년대 천리마 시기에 당시 주을의전은 북한의 교육부문에서 '천리마 학교' 칭호를 제일 먼저 받았단다. 그러나 '3대 혁명 붉은기 쟁취 운동'이 시작된 지 10년이 되도록 아직도 한 학급도 달성하지 못한 게 학교의 더없는 수치였고 크나큰 고민거리였다.

이에 대하여 입학 때마다 초급당과 사로청위원회는 어느 학급이 적합한가를 늘 고심하던 차에 우리 학급이 선정되었다. 이 운동은 사상, 기술, 문화 등 3대 혁명의 모범 기수가 되는 것으로 70년대 초에 김정일이 발기하고 추진시킨 운동이었다.

일단은 이를 쟁취하자면 첫째, 학급담임이 조선노동당에 화선입당하게 된다. 이를 위하여 급선무는 학급 전원의 성적이 우등생 이상이어야 한다. 우리 약학과는 간부집 자녀들이 비리로 많이 지원되는 의학과에 비하면 순수 학점으로 입학한 실력파들이었다. 기본 실력을 갖춘 집합체였다. 그러니 성적에서는 문제 될 게 없었다.

그러나 문화 분야에서는 학급 전원이 악기를 다룰 줄 알아야 하며 스포츠 부문에서는 인민 체력검정에서 90점 이상을 만족시켜야 한단다.

어려운 과제 앞에 누구든 엄두를 내지 못했다. 일단 학업도 버거운데 문화예술 소양과 스포츠, 그리고 좋은 일 하기(선행)까지 다방면에서 완벽성을 요구하기 때문이었다. 선생님들과 학생들 모두 혀를 내둘렀다. 하지만 학교 당 조직과 사로청 조직에서는 그 시범을 우리 학급이 맡아 해 주길 바랐다. 2학년에 올라오자 학교 당위원회에서 신중한 논의를 거쳐 우리 학급이 정식으로 선정되었다.

우선 학급담임부터 바뀌었다.

학급담임은 이 운동과는 좀 거리가 먼 듯한 갓 결혼한 22호 관리소(경성정치범 수용소?) 보위원 자녀인 여선생이었다. 그는 우리 학급을 맡자마자 시집가고 곧 출산하였다. 학교 선생 혁명가 직분보다 아주 생활지향적이었다.

학교당국은 대신 입당이 유력한 남선생으로 교체하여 의욕을 부추겼다. 학습제일주의를 내걸고 학업에서의 낙오자를 없애기 위해 총력을 기울였다. 학급 담임선생님은 방학이 돼 집에 가는 여행증도 학습과제를 주어 통과된 순으로 주어 공부욕을 채찍질하였다. 하여 모두가 우등생 이상이 되었다. 학교는 환성을 올렸다.

다음은 문화부문 평가인 예술 공연이었다.

문제는 학급 전원의 악기 다루기였다. 이를 위한 악기훈련이 어려운 문제였다. 이럴 때 나의 악기 실력이 빛을 보게 되었다.

우선 아코디언과 기타를 할 줄 아는 2명을 제외하고 7명에게는 남자 소대장이 하모니카를, 나머지 10명에게는 내가 바이올린을 가르쳤다. 악기구입은 자율적으로 수월하게 진행되었지만 음치인 애들을 배제하였다. 이는 음치인 애들은 악기도 음치 음을 짚는다고 앞서 중학교 음악부 시기에 음악 선생님으로부터 학습된 실력에서 비롯되였다.

솔/레/라/미 바이올린의 4선 긋기부터 활 쓰는 연습 등 현악기의 기초훈련은 눈에 안 보이는 전쟁이었다. 그들은 열심히 연습하여 방학기간도 반납하고 드디어 음악선율을 연주하는 데 이르렀다.

하여 중학교 때 하였던 기악 합주 '만경대의 노래'를 나의 중학교 편곡 그대로 완성했다.

이를 위해 우리는 방학에 집에 가기를 단념하고 겨울방학도 추운 기숙사 호실에서 언 손을 녹여 가며 훈련으로 시간을 보냈다. 악기의 그림조차 못 본 아주 시골학교 출신에게 현악기의 음계훈련과 편곡대로의 앙상블 훈련까지는 혹한의 추위 기숙사방에서 참 어려운 과제였다. 김책서 온 강화○은 손발이 얼어 집에서 보내온 검정콩으로 장갑과 양말에 채워 넣고 언 손과 발을 넣고 계속 울면서도 악기훈련에 열중하였다.

나머지 시간은 왕재산 협동농장의 사적 기관을 찾아가 좋은 일 하기(선행) 실적을 쌓았다. 이 역시 운동의 간과할 수 없는 조항이었다.

3학년에는 드디어 우수한 성적으로 도(道) 사로청 판정을 받게 되었다. 이는 전 학교 교직원들과 전교생들의 참석하에 온 학교가 동원돼 응원하였다. 그들의 지지와 환영 속에 진행되었다. 문화예술과 체육판정이 판정성원들과 전교생들 앞에서 진행돼 전교생들의 응원과 지지 속에 진행되었다.

우리 학급 리숙○과 같은 학교 생이 우리학교 의학과에 있었는데 그녀의 학교는 화대군의 풍계리(무수단 핵기지) 시골 학교라 악기며 음악 선생님도 없어 낙후된 곳이었던 모양이다. 그러나 리숙○은 판정공연에서 기악 합주며 중창과 합창시 등 다재다능한 기본 배우로 출연했다.

'야 너 언제 그렇게 발전했니?'

하며 의학과의 같은 학교생이 부러워했다는 후문이 있었다. 기세를 모아 중앙판정에 임하기로 했다.

그러나 4학년이 되어 전공실습 6개월을 나가고 보니 우리의 부풀었던 꿈과 환상은 거기서 멈추게 되었다. 그렇더라도 전문학교 전 기간에 3대 혁명 학급이라고 전교의 교직원학생들 속에서 각광받을 수 있었다. 한없는 자부였다.

그 한없는 자부를 더 들썩이게 한 소식이 있었으니 나는 전문학교 4년 전 과정을 최우등으로 졸업했다.

우리 졸업생 228명 중 최우등생은 3명으로 약학과 2명, 의학과 1명이었다. 약학과인 우리 학급의 최우등생은 나와 리숙○이었는데 그의 아버지는 화대군 풍계리의 핵물리학자(학급에서 서류제출 시에는 화대군 수산연구소 실장)였다.

그녀는 명석했으며 내게 늘 "언니는 대단하다."라고 하며 많이도 따르고 좋아하였다. 많은 정보를 함께 공유하며 도움을 주고받았다.

최우등 졸업생에게는 졸업성적증 상단에 최우등 도장을 찍어 주었다. 덕분에 나는 재차 함흥 약학대학 3학년에 편입(일반편입 2년)할 수 있었다. 또 다른 최우등생은 의학과의 김옥이었다. 그녀는 9점 하나 없는 10점 최우등생으로 '부의사' 자격을 받고 졸업했다. '부의사'는 도 교육부와 의학대학의 간단한 실력 테스트를 통과하면 곧 의사도 가능하다고 하였다.

함흥약학대학 약제학부 편입

의학전문학교 최우등 졸업생의 특혜로 하여 받은 대학입학은 내게 너무나 황홀한 환희였다. 엄마가 더 대단하다고 기뻐하였다. 그저 내게 보내는 눈길 속에 수많은 기대를 담고 미더워하셨다. 무언의 지지와 응원을 읽는 내 마음 '공부의 신'이신 엄마께 효도한 자부로 한없이 설레었다.

함흥약학대학의 3년 편입은 신비롭게 생각되었던 것에 비하면 공부는 훨씬 수월했다. 그러나 여전히 처음에 터를 닦기란 전문학교와 마찬가지로 힘들었다. 일단은 낯선 애들과 얼굴을 트는 과정부터 다른 교정의 학과를 익히는 문제가 어려웠지만 전문학교 입학 시보다는 수월하게 금방 적응되었다.

편입하니 우연인지 필연인지 중학교 때 음악 소조에서 2번 바이올린수였던 신섭〇이 안전부 위탁 공부생으로 2학년에 재학 중이었다. 반가움과 동시에 그와 함께했던 기억이 떠올랐다. 그의 도움으로 방학이 되면 맛의 일품으로 유명한 함흥 간장을 가지고 귀가하게 되었다.

그도 그럴 것이 그는 제대군인 당원으로 학교 연대후방부 간부였다. 그 연고로 방학 때마다 식당에서 몰래 빼 주어 동 지역과 음악 소조 생활의 여운을 더해 준 기억이 생생하다.

후에 그 역시 우리 병원에 배치돼 당원이므로 약국장이 되었다. 그는 중학교 때 1, 2바이올린수인 연고와 동교 — 함흥약대 졸업생인 남다른 연고로 나와는 각별한 사이였다.

함흥에서는 경성에서보다 행사가 많았고, 꽉 짜인 생활로 인해 한층 성숙해 가는 느낌이었다. 경성은 김일성의 특각이 있어 해마다 5~6월이면 1호 행사(김일성 현지 지도)로 학생들을 들볶아 댔다. 그런데 함흥도 만만찮았다. 명절 때마다 집회와 시위 등으로 다양한 행사에 익숙해져야 했다. 직발생들과도 구별된 대학편입 생활은 점차 적응되면서 비교적 순탄하게 어느덧 졸업 학년에 이르렀다.

졸업 학년에는 졸업시험을 빼곤 '3대 혁명 붉은기 학급 쟁취'의 전문학교시절보다 훨씬 양호한 나날이었던 듯싶다.

졸업시험요건으로 지정된 두 김부자 노작 200 제목 발췌 작업은 서로가 치열한 승벽 내기였다. 잠을 안 자고 누가 더 많이 발췌하는가가 관건이었다. 지정 제목 50개는 필수였다. 그를 제외하고는 각자 임의의 제목들을 발췌해야 했다.

또한, 외국어시험 준비였는데 나는 고등중학교부터 러시아어를 꾸준히 했다. 우리 대학에서는 당시만 하여도 제2외국어가 의무적이지 않아 제2외국어 소유에는 외면하였다. 그때 제2외국어에 좀 적극적이었다면? 오늘의 한국에서의 영어절벽으로 고생이 좀 순화되지 않았을까.

전문학교 때 러시아어 하는 애는 학급에 4명이었는데 대학에 오니 6명이 고작이었다. 나는 시종일관 러시아어를 시험과목으로 정했다. 그런데 오히려 의학계의 라틴어 수업과 또 한국입국 후 영어에 능통하지 못한 건 많이 걸림돌이 되었다. 외국어 시험자격을 갖추자면 200쪽의 원서번역을 마쳐야 했는데 내가 제일 먼저 해냈다. 각기 다른 원서를 번역하는 일이었으므로 베끼고자 하는 애들이 없어 좋았다.

졸업 학년이 되니 담화가 있었다.

졸업 담화는 주로 전국각지에서 모집된 학생들이라 다양하게 갈라졌다. 간부부에서의 기초담화를 거치고 대학당위원회에서 최종 결정되었다. 중앙급을 비롯한 평양시의 임용과 배치에 모두가 신경을 곤두세웠지만, 나는 내 거주지 ― 한반도 북방으로 가게 되었다. 군당 간부과에 1인으로 배치된 나는 군 병원은 집에서 통근해야 하므로 인근 병원에 보내 달라고 요구했다.

그것도 역시 직원폰트가 있어야 받는데 폰트를 하나 달라고 원장이 울상이었다. 하는 수 없이 군 약품 공급소에 2달 통근하고서야 겨우 자리를 만들어 거주지 병원에 입직하게 되었다.

드디어 엄마의 염원대로 여자들에게 신성한 직업의 하나인 보건의료직 ― 약제사가 돼 동일병원의 의사와 약제사로 나란히 출퇴근하게 되었다.

2. 새 가정

대학을 졸업한 뒤 하는 수 없이 울며 겨자 먹기로 엄마가 계시는 곳으로 돌아오게 되었다. 그때 내 나이 만 28세였다. 처녀 나이 28세면 파철값이었다. 북한에는 처녀들의 나이에 따라 가치를 매긴 유행어가 있다. 22~23세가 금(金)값이고 24~25세는 은(銀)값, 26~27세는 동(銅)값, 28세부터는 파철값이나 똥값, 30세는 '해당 사항 없음'이었다. 30세까지 처녀이면 더는 시집 못 가고 종신 처녀로 늙게 되는 것이다. 그런데 나는 파철값이니, 물론 병원의 약제사라고 하지만 아무 축에도 낄 수 없는 신세가 되어 갔다.

무덤덤에 꽂힌 애수의 시그널

내가 탄광로동보호기구공장에 다닐 때 같이했던 또래는 모두 시집가고 김애○이만 남았다. 방학이라고 집에 오면 혼자 남은 애○의 집에 가서 시간을 보냈다. 그런데 뜻밖에도 그녀의 오빠가 나에게 마음을 둘 줄이야.

그의 오빠는 황해도 과일군에서 10년간 해군복무 후 갓 제대된 제대군인이었다. 그의 집은 성분이 좋다고 동네에서 소문났다. 아버지가 예전에 군당에서 당일군으로 근무했고, 현재는 건강상 문제로 산림보호원직에 계셨다. 그의 큰삼촌은 평양에서 안전성 정치부장이란다. 또 다른 삼촌은 청진시 모 구역의 보위부장이라 했다. 큰 오빠는 인근 보안서의 간부였다. 우리 동네만 해도 이러한 우수한 성분(국군포로에 평양 추방민이 주류이기 때문)은 눈 씻고 찾자고 해도 없었다.

그러니 나는 애○이를 동네 친구로만 여겼다. 그녀의 오빠에게 혼처 대상의 마땅한 처녀가 없어 고민 중이라 할 때도 내게는 해당 사항 없다고 생각했다. 애○이는 오늘은 누구를 데려갔는데 싫다 한다며 매일 푸념을 늘어놓았다.

그러면서도 나에 대해서는 무관하게 여겼다. 그러던 중 방학이라 매일 놀러 가던 집에 하루 가지 않았더니 그녀가 우리 집에 찾아와 자기 집에 가서 놀자고 했다. 생각 없이 갔는데 그녀의 오빠가 반가이 맞아 주었다. 멋쩍었지만 가볍게 화답했다. 조금 있다가 오빠가 밖으로 나갔다. 나도 조금 있다 화장실에 갈 겸 나왔는데 내 신발의 방향이 내가 들어온 방향에서 나가는 방향으로 신발이 돌려져 있었다. 그 오빠밖에 나간 사람이 없는데 그렇다면 그가 내 신발을 돌려 놓았나? 그건 관심 있다는 표현 아닌가?

나는 가슴이 후두둑 뛰었다.

사랑보다 성분을

파철값이어도 오로지 혼인 상대만에서라도 지겨운 성분에서 도망가고픈 심정은 강렬하였다. 애틋하고 애달픈 사랑의 서사시는 내게 있어서 하늘의 무지개를 잡으려는 철부지의 망상에 불과하기에,

성분이 너무나도 차이 나는 집안이라 그런 쪽으로 전혀 상상한 적이 없어서였다.

하여 그 후 다음부터는 그 집에 갈 때 조금씩 의미가 부여되었다. 한편으로 혹시 나와 애○이네 집이 엮일 수가 있을까, 그날 밤은 착잡한 마음으로 잠을 이룰 수가 없었다.

이렇게 하여 파철값 처녀 약제사의 가슴에 서서히 애수(愛水)의 충동이 샘솟기 시작했다. 혼기 찬 청춘남여 우리 사이는 차츰 진척되었고, 그 집 부모님들도 다년간 지경 없는 자신의 딸 친구인지라 "○○라면 나무랄 데 없다."라고 협조하는 눈치였다.

그런데 상상치도 않았던 우리 엄마가 오히려 "키가 작다. 공부를 못했다."라며 불만족스러워하고 반대를 거듭하며 나를 통제했다.

나는 혼인에서만이라도 어두운 성분의 굴레에서 도망가고 싶었다. 단 한 가지만 고집했다. 사회적 안정감 하나만으로 나는 만족할 듯했기에.

그런데 엄마는 우리 사이가 깊어짐에 따라 더 강하게 반대했다. 안타까웠다. 온갖 성분 때문에 무시와 핍박받은 걸 생각하면 공부가 무슨 소용인가.

북한에서는 고도의 독특한 정치사회여서 혼사에서 공부(학식이)가 전부는 아니었다. 물론 엄마에겐 공부가 모든 것을 이겨 내고 살 수 있는 방편이었지만 내 지론은 달랐다. 북한에서는 공부를 못해도 성분이 좋으면 사람 취급을 받고 으스댔다. 나는 오히려 그들의 세계가 부러웠다. 굽히지 않고 주장을 밀고 나갔다.

왜?

나라고 청춘 남녀의 이상과 포부에 찬 희망과 열정의 불같은 사랑을 좇고 싶지 않았을까. 그러나 내겐 그 역시 금지사항이었다. 어려서부터 자제되어 온 삶의 철조망이었고 아마도 쇠사슬이었을지도….

하기에 대학교정의 제대군인 총각들이나 평양에서도 외형적인 내 현상을 좇는 기계적인 사랑의 구애자들마다에 나는 고의적으로 무덤덤하였다. 아니, 잔인한 배제였다.

왜? 나의 숨겨진 성분불량은 호응하고 심화되는 사랑의 과정 속에 걸

잡지 못하는, 큰 실연이 곧 죽음으로 몰고 갈 수 있다는 비약 상상이 나의 모든 선분비들을 자제하고 말라 들게 추종하였다.

그냥 평범한 가정을 이루어 일반인들이 누리는 보통의 안정에 안식되리라.

이런 인식하의 내게 나타난 결혼 대상자는 무릇 시선의 공부 못하고 키 작은 것 따위는 아무런 조건이 되지 아니하였다. 되레 오랫동안 나를 사로잡은 성분불량가족을 재포장시켜 한층 격 있는 대상, 기본계층으로 각인되는 지대한 역할자였기에 더없는 환희였다.

이로 인해 병원 근무도 더 편안해졌고 얼마 안 있어 우리는 약혼했다.

한편 결혼 상대에 대한 구름 위에 뜬 엄마의 상상을 거스른다는 마지못한 승낙이었지만 나는 마냥 즐거웠다.

병원에서는 나의 혼사를 축하해 주었고 무엇보다 병원장의 태도가 돌변했다.

당시 엄마는 연로 보장자로 오전에만 근무하고 오후에는 휴식하는 (당시 김정일의 지시: 기술로 반(半) 월급을 주면서 60세 이후에도 근무 지속 방침) 반 근무였다. 이남 출신이고 별다른 빽이 없다고 그렇게도 깔보고 무시하던 병원장의 태도가 달라지더니 심지어는 아첨의 기미까지 보였다.

진정이었던 남편의 사랑

엄마의 거부는 실사구시로 그때부터 수긍하는 자세이다. 그 집의 덕망이 엄마를 안정시켜 드린 듯했다. 이렇게 나는 반려자에 대한 사랑의 싹을 지적(知的), 미적(美的)인 기준이라기보다는 오로지 공산사회의 정치명분인 성분 하나에만 만족했다. 그리고 덤으로 그 집안의 후더운 인정(仁情)을 보고 나의 일생을 맡기기로 마음먹었다.

나의 결혼 상대 — 일생의 동반자!

왜 죽을 만큼 사랑하고 청춘의 열정과 낭만, 불같은 사랑….

왜 영화 같고 소설 주인공 같은 애달픈 사랑을 나라고 왜 해 보고 싶지 않았을까. 그러나 이런 단어로 점철된 환희의 만남은 아니었다. 그런 소설 같은 사랑은 내게 하늘의 무지개를 잡으려는 망상이었기에….

그냥 인생행로에서 의무를 다하고자, 시대의 구별 분리된 무릇 시선의 편견에서 도망가고 싶었다. 그냥 평범한 이들과 함께 웃으며 그들과의 세상에 함께 노 젓고 싶었다.

그런데 애○이 오빠도 내 선택을 매우 만족해하는 눈치였다.

"성분은 무슨? 내 그늘이 크면 되지…."

그는 네게 없는 아빠, 오빠, 남편이 되어 주고 싶다고 참 많이도 좋아하였다.

과분하게도 나를 대학을 두 개나 졸업한 박식한 여성이라고 친구들께 자랑 일색으로 침이 마르지 않았다. 집에 찾아오는 친구들마다에는 사진첩을 꺼내 보이며까지 자랑을 일삼는다.

돌이켜 보면 우리 집에서의 가시집살이도 그토록 좋다고 수용하고 내색 없었는데 나는 고마운 남편에게 오히려 힘들게 했다고 생각된다.

그럼에도 아무런 내색 없이 그이는 내게 과분하게 잘해 주셨다.

단지 병원에서 담당구역을 돌면서 전해 들은 말에 의하면 시어머니가 아들의 처가살이를 안쓰러워했다는 전언이 나돌아 조금은 만족지만 않았음이 슬쩍 거슬렸다.

이렇게 나의 새 가정 새 살림은 시작되었고, 우여곡절 속에 나의 결혼과 생활에서는 한결 안정감이 흘렀다.

3. 엄마의 무게

잘 자라 우리 아가

결혼하기 무섭게 첫째 아이를 갖게 되고 출산에 이르렀다. 분만은 모두 엄마가 도와주셨다. 복통(腹痛)이 시작되자 엄마는 당신의 수십 년의 의사 경력에도 불구하고 정작 딸의 출산이니 겁이 앞선 모양이었다. 출산휴가 중인 산부인과 의사 조실○ 선생을 불러 나의 출산 키퍼(keeper)를 하게 했다. 저녁 7시부터 시작된 복통은 차츰 주기를 당기다가 새벽 3시에 양수가 터지고 드디어 첫딸이 탄생했다.

출산해 내 옆에 눕혀 놓은 아기를 보자 마음이 착잡했다. 과연 내가 생명을 출산하였는가, 험한 풍파가 몰아쳐도 아이를 지켜 낼 수 있을까.

흐르는 눈물을 주체할 수 없었다.

첫딸은 살결 흰 것이 장점이었다.

너는 내게 엄마가 되는 환희와 기쁨을, 아니 위대함을 선사하였다. 참, 첫딸의 탄생으로 나는 성숙을 준 그대에게 맹세하였다.

좋은 엄마가 되어 줄게. 너는 내게 좋은 자녀가 되어 줄 거지….

출산의 순간은 참으로 이 세상 모두를 안겨 주었다.

북한에서 그 시기에 마침 북한의 예술영화 〈곡절 많은 운명〉이 나왔는데 그 영화의 주인공 이름이었다. 그 주인공은 귀화 일본인으로 일본 이름은 '마사꼬'였다. 탁아소(託兒所)에서 아이를 찾아 업고 병원 저녁

총화에 참가하면 우리 선생들은 "마사꼬 왔냐?" 하면서 저마다 안아 본다며 부산을 떨었다.

엄마가 큰애에게 처음으로 가르쳐 준 노래가 한국 노래 자장가였다.

"잘 자라 우리 아가
앞뜰과 뒷동산에…
달님은 영창으로…."

하필 남한 노래를 가르치냐며 나는 불만을 토로하기도 했다. 이 자장가의 구절들을 한 자도 안 틀리게 수십 년이 지난 후에 손녀에게 가르쳐 주신다. 잊지 않고 담고 산 애달픈 고향 생각, 엄마 마음에 조각의 혜량 없이 불만만이 가득했다.

사무친 고향 산천과 부모 형제에 대한 향수를 꾹꾹 눌러 이겨 내신 그 아픔과 설움에 나는 왜 다소라도 혜량해 드릴 수 없었을까.

아!

참으로 강렬하였던 엄마의 애달픈 향수의 몸부림이자 갈구였다.

그 아릿한 향수애가 스민 손녀에게 가르쳐 준 자장가에 왜 나는 불만으로 표할 수밖에 없었을까. 북한 생활의 일거수일투족이 나에게 그 위대한 엄마의 모든 것은 불만이고 부족으로 자리했다.

선물 – 자매

맏딸은 가정의 꽃으로 끈끈한 우리 부부의 매개체 역할을 했다.

그런데 두 번째까지 딸을 출산하고 보니 조금은 아쉬운 감이 없지 않았다. 남편은 둘째를 갖고 싶다는 내게 만류했다. 딸 하나라도 제대로 키우자는 것이었다. 3남 2녀의 다자녀 집안서 성장한지라 많은 자식에 대한 부정의식이 없지 않았던 것이다. 그러나 나는 "하나를 키울 바엔 없는 게 낫다. 하나는 죄악이다. 외동의 설움이 얼마나 큰 줄 아느냐."라며 강한 거부로 반박했다.

90년대 후반기라 식량난으로 어려움을 겪을 때였다. 하지만 내 의지는 꺾이지 않았다. 모두 "너 죽자고 임신했냐?"라며 죄다 말렸다.

나는 피식~ 웃을 뿐이었다. 태어날 둘째와 크면 좋아할 형제애에 대한 연민의 정으로 자못 행복했다.

첫딸에 대한 나의 기대는 컸다. 피아노를 배우려 했으나 평양추방 때문에 못 한 게 한이 되었듯 나도 그 일을 크게 후회했다. 날마다 탁아소에 아이를 맡기면서 딸이 무엇을 잘해 낼 수 있을지가 늘 고심거리였다.

그러던 어느 날 큰애가 그 전날 텔레비전에 나온 음악을 흥얼거리는데 나보다 음감을 더 잘 잡아 냈다. 그때 나는 무릎을 탁! 쳤다.

'바로 이거다!'

남다른 청음(聽音)이 딸의 특기였다.

나는 그 특기를 살려 주고 싶었다.

탁아소 높은 반(5세) 때 가졸업을 시켜 손풍금(아코디언의 북한식 표현)을 배우게 해 달라고 유치원 원장을 찾아갔다. 원장은 집에 악기가 있느냐고 물었다. 아직 준비하지 못했노라고, 장차 할 거라고 하자 개인 악기 없이는 곤란하다고 반신반의했다. 하는 수 없이 포기하고 애는 다시 탁아소로 보내졌다.

큰딸의 특기 - 탁월한 청음

어느덧 큰애가 유치원에 입학하게 되었다. 그러나 1년 후에도 여전히 손풍금은 미해결이었다. 그런데 남편이 어떻게 유치원원장을 설득했는지 유치원의 손풍금으로 레슨해 준다는 것이다. 게다가 예쁘고 젊은 선생(읍 분주소 부소장 딸)을 담임으로 배정해 내 딸의 손풍금 레슨을 맡기게 해 주었다.

나의 의도를 포착이나 한 듯 그해에 두 명의 경쟁자가 나타났다. 그런데 이들은 모두 손풍금을 집에 보유한 뒤 유치원에 요구했다. 두 명 중 한 명은 아버지가 보안원이며 엄마는 병원 약국 동료였다. 또 다른 대상은 우리 병원 경리과에 근무하다가 식량배급소 경리로 간 대상의 딸로서 엄마들이 모두 병원 출신인 부모 배경이 쟁쟁한 측들이었다. 우리 딸만이 유치원 악기에 의존했다. 이렇게 자녀들 교육 경쟁이 음성적으로 시작되었다.

딸은 유치원의 스파르타식 손풍금 레슨이 힘들었는지 날마다 아침이 되면 "머리가 아프다.", "배가 아프다."라며 집에서 소동을 일으키곤 했다. 알고 보니 유치원에 가지 않기 위한 '잔꾀'였다.

그럴수록 나는 큰애를 강압적으로 둘러메고 유치원으로 향했다. 그러면 운동장서 뛰놀던 또래 애들이 "○○이 애기 애기!" 하면서 놀렸다.

그때마다 나는 "야, 아파서 그런다."라고 했고 딸은 등에 업혀 발버둥을 쳤다. 아랑곳없이 나는 교실 앞까지 갔다. 그러면 담임선생님이 나와서 "여기 내려놓고 가십시오."라고 시치미를 뗐다.

울며 고함치는 애를 막무가내로 떨구어 놓은 게 마음에 걸려 뒤로 돌아가서 교실 창문으로 살그머니 들여다보면 선생님 앞에서는 꼼짝 않고 앉아 있는 모습에 안심하고 돌아오곤 했다.

바로 어미의 자식에 대한 잔인한 사랑이 아닐까,

'귀한 자식 매로 키우랬다~'라는 속담대로, 그렇게도 진저리를 떼는 그 고역을 왜 시키고 싶을까. 남들이 하지 않는 고진감래를 의식하고 채찍의 고삐를 놓지 않았다.

너무나도 안쓰럽다며 할머니는 "무슨 큰 거 시키겠다고, 그렇게도 진저리 치는 걸 강요하나."라며 아침마다 혀를 찼다.

나는 그때마다 "음악은 스파르타식으로 가르쳐야 해요." 하면서 모질게도 큰애에게 레슨 채찍을 멈추지 않았다.

이는 중학교 시기에 스파르타식으로 우리를 가르치던 음악 선생님들의 교육 경험이 내게도 이식(移植)되어 맏딸에게 고된 훈련을 강요했던 것도 같다. 3명이 시작하였지만, 결국에는 우리 큰애만이 성공하여 드디어 6.1절(국제 아동절)을 경축하는 군(郡) 무대에 출연했다. 6세 나이에 손풍금 독주로 온 군을 떠들썩하게 했다.

딸애는 왼손 48단추(중형: '백두산' 아코디언)를 처음부터 연습하여 자기 키만 한 손풍금이어서 어른들은 팔에만 끼우는 멜빵끈을 다리에까지 끼우고도 거의 자기 키만 하고 자기 체중과 같은 중량의 손풍금을 능숙하게 다루었다.

비로소 할머니는 "그래도 해냈구나." 하면서 감탄을 아끼지 않았다. 큰딸의 손풍금 연주 소식은 소문이 자자하여 거주지역에서 누구든 모르는 사람이 없었다. 이 과정에 어느 정도의 자금을 마련하여 48단추의 손풍금을 마침내 마련해 주었다.

나는 그제야 부모 노릇을 한 것 같아 마음이 뿌듯했다. 딸은 인민학교에 진학했고, 학교에서도 유명해졌다. 어느 학급에 '손풍금수!'

하면 모르는 사람이 없었다.

운동회에서 연주한다고 해도 "병원 일이 바쁘니 잘하고 오라."라는 당부만 했다. 그런 날은 운동장 한복판에서 하는 연주를 보고는 환자들이 모두 병원에 와서 칭찬이 대단했다.

이렇게 두 딸은 내 뜻에 부응하며 잘 자라 주었다. 하오나 나는 아이들의 성장을 위한 채찍을 순간도 놓지 않았다.

기울어진 운동장

90년대 후반기의 북한!

참 기울어진 운동장의 북한 어린이와 북한 인민이다.

그런 열악한 조건이지만 조건에 안주하지 않고 담임선생님을 매일 저녁 찾아가 다음 날 배울 내용을 베껴 오는 번거로움도 열성과 채찍으로 삼았다.

인민학교에 입학하니 고난의 행군 시기라 아이들 학교 교과서도 없다. 새 학기에 교과서며 학습장이 가득 담긴 책가방 메고 입학식 요란 떨던 우리의 과거는 그 옛날 얘기가 되었다. 인민학교 학생들에게 교재 교과서는 담임 교원에게만 있었다.

참 기가 막혔다.

먹을 식량이 없어 등교 못 하는 아픔에 공부할 책과 교과서까지 없다. 온 나라에 쌀 창고를 비롯해 모든 창고가 텅텅 빈 빈창고증후군이다. 그렇다고 학교가 문을 닫은 건 아니다.

하루는 길가에서 중학 동창을 만났는데,

"어디 가냐?"라는 질문에 옆에 따라오는 왜소한 애를 가리키며 집의 애인데 학교서 자꾸 도망쳐 와서 직접 데리고 간다는 것이다. "그럼 가방은?" 하는 물음에 주머니서 연필 하나 보이며 연필만 준비해 가면 쓸 종이는 선생님이 준다는 것이다.

참 놀라는 내 표정에, 그러잖으면 지금 세월에 종이도 어디 있냐? 그렇게 해서라도 학교에 데려가서 의자에 앉혀 놓는 게 기적이다. 애들과 같이 풀 캐러 다니고 장마당에서 심부름이나 시키는 세월에⋯.

어린 자녀의 총명과 남다른 재능에도 나는 늘 굶주렸고 또 바른 세상을 애타게도 갈구하게 했다. 새 가정으로 인한 새 생명은 나를 기아와 무질서와 혼란 속에서도 공포와 좌절, 주저함을 제치고 용기와 인내, 도전과 끈기, 도도함의 담대함을 배우게 해 준 더없는 학교였다.

나의 자녀에 대한 이런 열성은 학급에서도 제일 공부를 잘하고 똑똑하다는 학급담임의 칭찬을 연발하는 자부 속에 자녀에 대한 지적인 보람을 축적해 갔다.

실로 두 딸은 내게 있어서 세상이라는 망망대해를 헤엄치고 나아가게 해 주었고, 삶의 순간순간마다 돛을 달아 준 더없는 보물이었다.

풍파 사나운 망망대해의 인생항로에 새 가정이라는 배에 돛이 되어 준 귀공주들!

4. 어버이 조의기간

북한을 휩쓴 전염병(출혈열, 콜레라, 티푸스, 성병 등)

 1980년대 초라고 기억된다. 갓 중학교를 졸업하고 대학에 못 간 위축감으로 풀이 죽어 인근 공장에 다닐 때였다. 출혈열이 발생했는데 지역의 토착병이라고 했다. 민간에서는 쥐병, 또는 출혈열(出血熱)이라고 불렸다. 전염원은 쥐벼룩이다. 주 증상으로 모세혈관 출혈과 고열을 동반하는 치사(致死)율이 매우 높은 전염병이다.

 이 병은 겨울에 주로 많이 발생했다. 그해에는 함경도 경원지역에서 환자가 가장 많았다. 평양 — 중앙에서는 특별비상방역대책으로 평양의학대학 전염병 강좌장까지 우리 지역에 내려와 상주하며 치료전투와 역학전투를 지휘하였다.

 발병자가 가장 많은 군(君) 병원과 우리 병원을 오가며 치료 전투를 벌였다. 이 병으로 인하여 해마다 동절기에는 이곳 북방지역의 보건의료부문은 초긴장 상태였다. 북한의 겨울철 집중적인 위생방역전의 일환으로 쥐잡이가 초미의 문제로 되었다. 엄마가 내과 의사로 일선투사가 되었다.

 사망률이 높은 이 병으로 인해 엄마는 숙식(宿食)을 병원으로 옮기고 환자치료에 전념했다. 나는 식사를 가져간다는 명목으로 저녁이 되면 고춧가루가 듬뿍 든 새빨간 두붓국을 끓였다. 평의대 전염병 강좌장 선생님과 함께 드시라고 쟁개비째 안고 병원에 가곤 했다. 의무실에서 아무 일 없이 건재한 엄마의 상태를 날마다 확인하고는 귀가해 잠자리에 들곤 했다.

원래 출혈열은 바이러스(쥐벼룩)가 신장에 침범하여 신부전(腎不全)을 일으켜 소변을 생산하지 못하니 나중에 요붕증(尿崩症), 요독증(尿毒症)으로 사망한단다. 이 치료에서 중요한 건 소변 배출이라고 했다. 내가 병원에 갔을 때 어느 환자가 소변 10㎖를 보았다며 기뻐하던 엄마의 모습이 아직도 눈에 선하다.

신부전으로 사경기 환자에게는 정맥주사용 최강력 이뇨제 만니톨(Mannitoll)이 특효약이란다. 이는 수입 수액제로 평양서 직수송되었다. 만니톨이 도착해야 살 수 있을 거란 푸념을 귀에 못이 박히도록 들었다.

마지막 환자인 62세 어느 공장 지배인(신순○) 부인의 출혈열이 완치되었다고 엄마가 그리도 좋아하던 모습도 생생하다. 그런데 그는 합병증인 폐렴(북한-폐염)으로 끝내 숨을 거두었다. 치열한 전염병 전투에 두 자리 숫자의 발병자 중 마지막 단 한 명의 사망자였다. 전염병 전투에서 마지막 환자의 사망으로 힘들어하는 걸 곁에서 감내하는 것도 내 몫이었다.

엄마의 전염병 전투로부터, 아니 어려서부터 나는 병원이 옷이었고 밥이었고, 또 전부이기도 했다.

김일성 사망이 부른 허리케인

그로부터 10여 년이 지난 후 내가 병원 약제사 근무 시절 전염병 전투를 경험하였다. 1994년 7월 8일 김일성의 죽음으로 북한은 아비규환(阿鼻叫喚)이었다. 일단은 정치의 우선 순위였던 배급제가 붕괴했다. 예고 없는 배급제의 붕괴는 민심을 흉흉케 하였고, 가는 곳마다 아우성이었다.

김일성 사후 부고로 전국이 10일간 조의기간이었다. 이때에 의학대학 통신공부 하던 보건 과장이 등교기일이라고 기차역에 기차 타러 나왔다가 단속돼 해임 철칙 된 일이 있었다.

대학 등교수업 간다는 말에 "넌 아버지가 죽어도 학교에 공부하러 가?"라는 된추궁을 받고 그는 해임 철칙 되었다. 김일성 사후 얼마 안 가 온 나라는 배급제가 예고 없이 중단돼 가정마다 기아로 아비규환이었다.

북한에서 김일성 항일투쟁에 나오는 '한 홉의 미숫가루'로 수명이 나누어 먹었다는 '고난의 행군'이라고 명명되었다. 온 나라가 기아로 죽어갔다. 아니, 기아사, 병사가 덮쳐 나라의 곳곳마다 아수라장이다. 기아사는 기약 없이 덮친 허리케인이었다. "어느 집의 누가 죽었대."가 빅뉴스가 아니었다. 대도시의 길가 한복판에도 시체가 심심치 않게 뒹굴었다. 여인들은 식량 구입과 가정 먹여 살리는 데 미쳐 갔다.

그런 속에서 나는 둘째 딸을 출산했다. 주변 사람들은 잘사는 집이니까 자식도 구애 없이 잘 출산한다고 했다. 군부대 가족이어서 물론 배급은 건너지 않고 받았다. 하지만 모두가 풀죽으로 연명하는데 우리도 걸맞게 살아야 할 것 같아 배급 쌀을 시장에 팔아 기호 생활에 보탰다. 대신 우리 집도 죽을 먹고 끼니를 건너기도 했다. 그리하여 끝내는 2천3백 원짜리 손풍금을 마련할 수 있었다. 자녀를 위한 정열은 끝 간 데 없었다.

이런 속에 전국적으로 전염병이 동시다발적으로 발생했다. 전염병의 동인은 영양부족과 위생불결이다. 도처에서 먹지 못해 풀로 연명하고 전기마저 중단돼 수돗물 부족으로 위생불결이 말이 아니었다.

김일성 사망(1994.07.08.) 3달 후인 1994년 10월에 함흥지대에서 출발한 법정 1급 전염병인 콜레라(Cholera)가 전국에 동시다발적으로 확산되었다. 그때부터 모든 보건의료인들은 비상이 걸렸다. 각 위생방역소에 비상역학령과 병원에서는 인민반 담당구역 역학조사에 대한 공문이 내려졌다. 10월 21일 평양 온성행 열차로 여행을 다녀온 사람들에 대한 조사사업이 진행되었다. 그 열차 이용 여행대상은 무조건 21일(3주) '자택격리'였다. 그러고는 그들의 집에 크게 격리(隔離)대상이라고 검은 글씨로 써 붙여 외부인의 출입을 통제했다.

그로부터 연관된 역학관계와 연결고리를 찾아내느라 밤낮으로 전투를 벌였다. 여행자와 출장자들은 아우성이었다. 군(郡)위생 방역소에서 역학확인서까지 경유해야만 타 지역 여행과 출장이 가능하였다.

당시에는 중앙급, 도급에서의 회의나 모임 같은 게 일절 금지되었다. 콜레라는 먹지 못하여 원기가 성치 못한 영양부실 조건에서 더 걷잡을 수 없었다. 급기야 북한당국에서는 보건부문에 공문으로 하달하였는바 '콜레라' 환자를 **'급성설사증'**이라고 통용하게 명하라는 지시가 내려졌다.

이는 외부세계에 전염병 확산의 사회주의 보건의료제도에 대한 안 좋은 이미지를 의식한 조치였다.

콜레라 전염병의 확산은 그야말로 비단보자기에 싼 사회주의 보건의료제도의 오염물이었다.

전염병 전투 - 약제사

전염병 확산으로 병원에서 나는 일선이었다. 콜레라 전염병은 급성설사로 체내 수분의 불균형이 된 환자의 수액보충이 우선이다. 그러니 수액(Ringer, Glucose 등) 생산이 급선무였다. 거기에 고압 멸균기의 잦은 고장과 잦은 정전 등으로 주사제제실 약제사인 나는 고전을 면치 못했다.

전기사정으로 수돗물이 나오지 않아 물도 혼자 길어야 하였고 모든 수액병 세척과 증류수 생산과 수액제제 등을 혼자서 감당했다. 지금 생각해도 대견할 만큼 그때는 초인간적인 힘을 발휘했다.

콜레라 환자가 급증하면서 입원실이 넘쳐나 복도에도 설치한 가설 침대가 정문까지 나오게 되는 진풍경이었다. 환자는 탈수로 혼수성 쇼크에서 체액균형(balance)을 이루지 못해 나중에는 사망했다.

이런 광경의 소용돌이 속에서 왜 이렇게 사회가 되어 가는 건지, 의문이 가시지 않았다. 이따금 알 만한 어른들은 "이게 무슨 일제강점기 시기 콜레라냐? 나라가 망하려나 보다."라고 탄식 섞인 하소연을 내뱉었다.

콜레라는 1994년을 떠들썩하게 하더니 소강상태인가 했는데 그 이듬해인 1995년에는 티푸스(Typhus)가 전국에 확산되었다. 티푸스는 고리를 잡지 못할 정도로 순식간에 퍼져 보건부문에서도 수세에 빠졌다. 여전히 병원에서는 전투를 벌였다. 티푸스는 파라티푸스와 장티푸스에 이어 발진티푸스까지 덮쳤다. 이는 영양부실에 개인위생과 수인성 오염에 의한 위생불결로부터 발현되는 전염병이었다.

물론 1990년도 초부터 망가진 식량 공급제로 인해 청진시, 함흥시 등 대도시에 가면 기아사로 널브러진 시체가 심심찮게 있었다. 그런 환경이었으니 전염병 사태는 그리 괴이한 현상은 아니었다. 이 시기에는 아무렇게나 차라리 죽는 게 상책이라는 일반여론도 보편화되었던 게 사실이다. 병원이 정상으로 가동되지 않는다고 누구도 의이(疑異)를 달지 않았다.

그러나 수액 등 약물 부족으로 사망환자가 생기는 듯하여 나는 책임감을 느꼈다. 둘째 딸이 돌이 되지 않는 상태에서 병원에 살다시피 하며 수액 보장에 애썼다. 병원 제제실은 또 다른 집이나 다름없었다. 애들이 병원에서 지내다시피 하고 남편도 잦은 기계 고장으로 늘 같이 있어야 했기 때문이다. 주사제제실은 세척실, 물탱크실, 증류수실, 사무실, 멸균실, 고압증기계실 등의 구성으로 넓은 덕분에 가능했다.

콜레라 환자처럼 링거 같은 수액 요법은 아니었지만, 그래도 여전히 수액을 필요로 하였으므로, 티푸스는 0.25% 레보미친수(Sol. levomicin)가 특효 치료약이 되었다.

UN약의 Revomicetin 분말로 정제를 찍기보다 수액을 만들어 정맥주사요법을 치료에 도입해 저소비 고효율을 택했다. 역시 제제실인 내 몫이었다. 나는 0.25% 레보수(水) 생산 때문에 밤낮을 또 병원에서 보냈다. 티푸스의 전염병 균들은 광범위항생제(북-광폭항생제)인 레보수에만 말을 들었지 기타 신토미친(sintomycin), 테라미친(teramycin) 같은 항생제는 전혀 무반응, 음성이었다.

또한, 장티푸스와 파라티푸스뿐 아니라 이 시기에는 발진티푸스도 만연했다. 발진티푸스 환자는 열병 후의 광기발작으로 더더욱 괴이한 광기에 노출됐다. 심한 후유증으로 절반은 바보가 되기도 했다.

후유증도 무서웠다.

그리하여 이때의 유행어로 "발진티푸스 앓았더니 사리판단과 주의집중이 흐려진다."라는 유머가 만연하기도 했다.

후유증 환자들은 길가에 무방비 상태에서 누워 있거나 모르는 사람도 아는 체하는 등 기억상실증 환자처럼 행동했다. 얼굴색 하나 변하지 않고 태연해서 사람들은 '발진티푸스 환자'라고 하면 고개를 끄덕이며 통과시켰다.

이 시기의 전염병 계주는 성병(性病: venereal disease)인 임질(淋疾: Gonorrhea)까지 출현해 당황케 했다. 남녀가 커플로 별다른 진단도 없이 자발적으로 항생제 주사를 맞는 사례가 잦아져 의아하던 참에 중앙에서 공문이 내려왔다.

공문내용인즉, 임질환자를 그대로 호명하지 말고 임질의 학명인 '고노(Gonorrhea)'로 암칭·통용하라는 지시였다. 그때부터 임질환자는 '고노환자'로 암칭돼 통용되었다.

임질치료약은 페니실린 항생제 치료가 고작이었다. 보건부문 내부공문을 통하여 전국적인 임질환자의 심각성에 대한 중앙적인 무언의 위기를 직감할 수 있었다. 그때부터 임질환자는 보건부문에서 고노환자로 통용돼 상부에 신발(新發), 유발(誘發), 완치(完治) 등 일일 통계보고가 강요집행 되었다. 역시 사회주의 보건의료의 '수치(羞恥)'를 의식한 상부의 조치였다.

한편 에이즈환자에 대해서도 촉각을 곤두세우고 산부인과 의사들에 의하여 수시로 상급의료기관과 방역기관에서 음성적으로 환자들이 관리되고 있었다. 중국사사여행자들과 무단 도강자들에 한해서는 무조건 산부인과적 검사와 진료를 강요하였다. 당시의 온갖 전염병 체험으로 사람들은 사회 혼란을 인지하게 되고 그에 비례한 문제의식을 제기하는 온갖 사회적 동요와 파탄의 원인이 되기도 했다.

　병원은 전염병 사태도 있었지만, 때론 사망자에 대한 불만의 근원지로 행패의 현장이 되기도 하였었다. 사회적인 불만을 해소하고 울분을 분출하는 장소 같았다. 사회구성원 하나하나의 고임돌들이 구멍 뚫린 부석돌이 되어 부스러지고 있는 것이었다.

　이는 바로 김부자 통치와 독재세습의 온갖 사회악과 불안전한 사회안전망 파탄의 개탄스러움을 금할 수 없는 사회요소와 현장이었다.

　실로 90년대 후반기의 북한 사회의 위기는 처참하였다.

5. 엄마의 돌격대동원

길가에 돌부리인가

　남한 출신에다 든든한 배경이 없어 엄마는 시시때때로 어이없는 처사를 당했다. 서럽고 억울했지만 어쩔 수 없었다. 온전한 뒷배경이 없고 그렇다고 돈도 없는 빈곤자이니 누구든지 내 편, 우리 편은 없는 우리 모녀는 고아 신세였다.

　의학전문학교 2학년 방학 때로 기억된다. 여름방학 때 집에 왔는데 엄마는 안 계시고 텅 빈 집이었다.

　병원 가서 물으니 어이없는 답이 돌아왔다. 연로보장을 앞둔 연세였는데 젊은이들만 동원되는 어랑중부도로 건설 치료대로 갔다고 했다.

　북한에서 그런 건설대 동원은 매 기관마다 거의 5~10% 인력은 동원 노력이다. 주로 20대가 주류로 신참들의 초기코스이다. 그런데 최고참 50대 노인이, 그것도 의사가… 참, 어이없고 이해 안 되었지만 늘 받아왔던 수모와 멸시이니….

어랑중부도로 건설은 김일성의 마지막 전쟁 준비로 함북도 어랑군의 산을 깎아 도로를 닦는 건설돌격대였다. 거기에 20~30대나 동원되는 치료대로 나갔다니 기가 막혀 그게 진실인가를 병원 선생들을 붙잡고 확인하고 또 재확인하였다. 어이없음은 이를 데 없었다.

집에 와서 곰곰이 생각을 거듭했다.

병원성원들과 선생들로부터 전해 들은바 이러하였다. 병원에 1년 전 새로 부임해 온 최걸○이라는 남자 원장이 있었는데 그는 전사자 가족으로 성분이 출중했다. 가는 곳마다 간부를 하다가 의사도 아닌데 보건 간부 양성소 6개월 반을 졸업한 뒤 군(郡)내 보건 의료계에서 간부 자리를 꿰찬 것이다. 그리하여 지난해 여름 이곳 병원에 원장으로 부임했단다.

대부분이 가정주부로 구성된 병원직원들을 새벽부터 들볶아 성원들의 아우성이 드높았다. 그런 속에서 엄마가 자기의 지시를 거역한다는 '죄 아닌 죄'로 20대 젊은이들만 차출되는 어랑중부도로 건설 치료대로 보내졌단다.

속으로 침을 꿀꺽 삼키며 인내해야 하는 내 자세이다.

'이렇게 또 당하는구나.'

내가 남자라면, 그 원장의 멱살을 잡고 이판사판 폭행이라도 하겠지만, 난 연약한 여자, 또 아직은 학생 신분의 연약한 어린 소녀에 불과하다. 용솟음치는 분노에 지혜를 빌어야 하였다.

신과 지혜여 내 곁에!

도저히 납득이 되지 않았다. 도꾸다이 원장의 '괘씸죄' 처사였음이 간파되었다. 소녀인 나로서는 도저히 분을 삭일 수가 없었다. 남자가 없는 집안이라 힘으로 해 본다는 건 역부족이었다.

'대평술'의 지혜

나는 나름 꾀를 생각해 냈다.

집에는 명절에 공급받은 평양 '대평술' — 탄광연합기업소라 명절마다 평양의 선물이 하달되었는데 그 오지의 탄광촌에서 평양 상표의 국규술은 희귀품이었다. — 이 있었는데 그걸 들고 원장 집을 찾았다. 원장은 없고 부인만 있어 조용히 자초지종을 설명했다. 60이 다 된 분께 오지로 동원령을 내린 원장님 처사를 이해한다며 말문을 열었다.

"오죽하셨으면 정상 사고와 어긋나는 이상 현상의 처사가 되셨을까요? 저의 어머니 너무나 세파에 시달리며 사신 터라 융통성이라고는 없습니다. 오직 원칙만 따지고 완고한 고집에는 딸인 저도 요지부동입니다. 아마도 사업하심에 많은 걸림돌이 되셨으리라고 저는 충분히 이해합니다. 그러니 원장님 처사에 사소한 의견 없습니다. 그런데 이젠 연로하시니 사회환경과 생활 경위에 대해 충분한 이해로 보듬어 주십시오. 또 유일하게 실력자인 저의 어머니에 대한 이곳 주민들 정서도 고려하셔서 동원령을 재고해 주시면 안 될까요? 저의 작은 바람이나 원장님 내키지 않으면 안 해도 상관없습니다. 전 그저 감사할 뿐입니다."

이렇게 낮은 자세로 차분하게 말하고 준비해 간 대평술을 슬그머니 내놓고 급히 나왔다. 분함과 억울함을 직설적으로 표현하기보다 훨씬 유리한 방법일 거라는 나의 작은 잔꾀(?)이기도 했다.

그런데 내 잔꾀가 먹혔다.

그로부터 일주일 만에 엄마가 집에 불쑥 들어오셨다. 반갑기 이를 데 없었다. 서로 부둥켜안고 얼마나 울었던지? 울음 속에 엄마의 모든 설움이 폭발한 듯했다. 그제야 자초지종을 자세히 듣게 되었다.

내용은 이러했다.

어느 날, 원장이 한 사람을 데리고 와서 진단서 일주일분을 발급해 주라는 지시를 내렸단다. 그 환자(?) 체온을 체크하고 흉·복부 소견 등 여러 가지 진찰과 실험검사 등을 다 해 보았는데 아무런 병적 소견이나 증상도 없는 건강한 상태였다. 진단서 발급조건이 되지 않으니 원장의 그 지시를 거절했다는 것이다.

"그거 없는 체온도 있다고 해 주지요?"

하는 가벼운 나의 아쉬움에

"그렇게 양심 속이면 안 되지…."

참, 세상 살아가는 이치와 융통성이라곤 눈곱만치도 없이 원리 원칙만 따지고 평생을 어이 사셨을까.

이런 고지식의 표본으로 평생을 사신 책 같은 인물이었다. 하기에 동네에서, 또 병원에서 모두가 영화 같은 인물, 소설 같은 인물이라고 하였다.

자기의 지시를 정면으로 거부한 엄마에 대한 복수로 병원장은 끝내 건설대 동원령의 횡포를 부린 것이었다. 여기에 순종하고 따를 수밖에 없는 게 힘없는 사람들의 삶이었다.

물론 훈련과 복종의 나라이지만 꿋꿋한 성품은 시련 속에서도 좀처럼 굽히지 아니함의 엄마의 유일했던 자존감이었고, 정의에 대한 완고한 고집이고 양심이었으며 한편으론 약자이기에 더 완벽하여야 함의 원칙론이었다. 그 완고하고도 완벽한 성품이 남한 출신인 엄마 자신을 지키고 일으킬 수 있는 유일한 지지대이기도 하였다.

다음 날 병원 조회 때 원장은

"○○ 선생, 잘 갔다 왔소? 선생은 딸을 잘 두었더라. 딸 아니었으면 실컷 고생하게 두었을 텐데 딸 덕분에 급히 철수 명령! 교체인력 파견 했지."

하더라는 것이었다.

나는 병원장이 무한히 고마웠다. 엄마에게 살짝 상기의 내용을 말했다. 엄마의 딸로서 할 일을 했다는 자부심으로 내심 기뻤다. 엄마의 외동딸은 엄마를 구해 낸 지혜의 '공로'로 내심 행복했다.

엄마는 딸에 대한 고마움 말로 표현 안 하셨어도, 너 어이 그런 생각을 해냈냐, 고맙다, 그 미더운 눈빛에는 엄마의 되뇌임이 역력히 배어나와 읽혔다.

그래도 딸 덕을 보는구나….

6. 빈 월급봉투와 피부이식술

세파 속에서도 변함없는 고운 마음

엄마의 의사 생활을 돌이켜 보노라면 이해되지 않는 부분도 없지 않앉다. 북한의 최북단이라 우리는 생선을 보기가 무척 힘들었다. 어느 날, 탄광 갱내 노동자들에게 생태 두 마리를 배급하는 경사가 생겼다. 이 고장은 바다와 멀리 떨어진 곳이라 바다고기-생선이 너무도 희귀품이다. 하기에 생선 두 마리도 선물 주듯이 탄부들에게만 배급 주는 특혜였다. 인근의 탄광 근로자 가정집에 환자가 생겨 한 아낙이 엄마께 왕진을 청해 왔다. 그런데 그의 손에 생태 두 마리가 들려 있었다.

"이거 이번에 공급받은 명태인데 끓여 드시라고요."

"어? 갱내 노동자들만 2마리씩 주었다는 그 명태인가요? 그런데 난 명태를 어떻게 끓이는 줄 모르는데…. 갖다가 집에서 드세요…."

안 가져가겠다는 아낙에게 엄마는 막무가내로 들려 보냈다.

그런데 얼마 안 있어 신통하게도 국을 끓여 저녁 식사 시간에 다시 문을 두드렸다. 무슨 영문인가 물으니 명탯국을 가져왔단다. 엄마는

"…그걸 끝내 가져왔냐?"

하시면서 정 그렇다면 국물만 조금 덜어 놓고 가져가서 집안 식구들에게 맛보이라고 한다. 끝내 엄마가 이겨 흔근하게 물 넣고 끓인 명탯국을 쟁개비째 돌려보냈다. 철없던 나는 엄마에게 따졌다.

"맛있는 명탯국 난 먹고 싶었는데 왜 보냈어요?"

"야, 그 집이 얼마나 가난한 줄 아냐? 올망졸망 식구가 많아 그 집 엄마는 굶는 날이 더 많단다."

엄마는 혀를 끌끌 차며 오히려 나를 나무랐다. 그렇지만 이해할 수 없었다. 종일 난 말 한마디 않고 엄마에게 불만을 표했다.

또 다른 생생한 기억도 있다. 하루는 엄마가 월급을 받는 날인데 빈 월급 쪽지만 가져왔다고 하신다. 이유를 묻는 내게 엄마의 답변은 놀라웠다.

철도 사택 사는 정 아무개가 암(癌: Canser) 의진자(疑診者)란다. 그런데 하도 가난하여 확진을 위해 도(都) 병원 ─ 청진에 가야 하는데 갈 차비가 없어 못 간다고 했던 모양이다. 엄마는 월급을 봉투째 건네주면서 빨리 다녀오라고 했다는 것이다. 그 말에 나는 울며 심통을 부렸다.

"엄마! 우리도 월급으로 그날그날 사는데 그 집에 다 주면 난 돈 없어 뭘 쓰라는 건가요?"

나는 화가 나서 밤새 툴툴거렸다. 나의 아는 주정이랄까.

엄마는 평양에서부터 환자들의 아픔과 생활까지 꿰뚫고 함께했다. 그들과의 생사고락을 동행한 것으로 인근 주민들에게 늘 사랑받았다. 엄마의 그 덕망과 명성은 고스란히 내게로 돌아왔다고 해도 과언이 아니다.

또한 우리 고장은 탄광지역이라 CO(일산화탄소) 가스 폭발사고가 잦았다. 이는 수명의 사망환자뿐 아니라 대형사고 시에는 수십~수백 명의 화상환자를 감당하여야 하는 큰 치료전투까지 보건부문 의료진의 몫이었다. 병원은 때로는 의료진 파견도 잦았으며 화상환자들에게 피부이식술 역시 예외는 아니었다.

함경도 오지는 북부탄전으로 탄광이 즐비했다. 위로부터 아오지탄광, 6.13탄광, 고건원탄광, 룡북탄광, 농포탄광, 하면탄광, 새별탄광, 온성탄광, 학포탄광, 궁심탄광, 풍인탄광, 상화탄광, 강안탄광 등 그곳 마을은 한 삽 깊이로 파면 탄맥이 잡혔다. 고난의 행군 시기에는 저마다 탄맥을 잡고 석탄 채취로 검은 무사들의 생계 전선은 치열했다.

내 엄마의 살점 한 점도 안 돼

우리가 사는 탄광마을은 북부지구 탄광연합기업소 소속으로 심심찮게 CO 가스 폭발사고가 잦았다. CO 가스 폭발사고는 주로 아오지탄광, 6.13탄광, 고건원탄광 등 고열탄(콕스탄) 생산지에서 심심찮게 잦았다.

북부지구 탄광연합기업소의 큰 기업체이므로 보건부문 역시 연합체의 기류로 함께 숨 쉬고 생태했다.

내가 고등중학교를 갓 졸업하고 탄광노동보호 기구공장에 다닐 때였다. 어느 날 엄마는 새벽에 일어나 목욕을 하셨다. 왜 갑자기 목욕하느냐의 내 질문에 오늘 피부이식술 하러 고건원 탄광병원에 간다고 했다. 바로 며칠 전 가스 폭발사고로 수십 명의 사상자와 부상자(화상환자)가 났다는 것이다. 뉴스도 없으니 내적인 통보로 포치되어 준비하고 행동한다.

엄마의 귀한 살을 뗀다니 겁이 덜컥 났지만 나는 마음을 진정하고 몰래 따라가기로 마음먹었다. 엄마 대신 내가 해야 된다는 일념으로 미행하듯 따르기로 결심하였다.

엄마가 출근하자 누구도 모르게 따랐다. 병원성원 모두가 통근열차를 타러 나올 때 살그머니 나도 뒤따랐다. 물론 통근차도 몰래 잡아탔다. 드디어 50㎞ 거리의 고건원 탄광병원 수술장에 도착했다.

수술장에서 순서를 기다리는 엄마 앞에 불쑥 나타나자 깜짝 놀라 물었다.

"너 어떻게 여기 왔니?"

"엄마가 살 뗀다고 하니 무서워서 내가 대신하자고요?"

나는 뒷말을 못 잇고 울음을 터트렸다. 그랬더니 엄마 역시 감격한 듯 눈물을 흘렸다.

"왜 따라와서는…? 피부이식술, 살 떼는 데 무슨 죽는 건 줄 아나 보네."

하면서도 울먹이며 반가워했다.

일행인 병원 선생들이 저마다

"그러길래 딸이 최고라니까."

"우리 아들은 살 떼러 간다니까 '응, 잘하고 와' 하더라고. 아무 생각도 없어요."

그들의 감탄에 얼굴이 화끈했다. 엄마 차례가 되자 따라 들어가

"울 엄마 말고 내 살 떼 주세요."

막무가내로 졸랐더니 엄마는

"너도 같이 하자."

라고 다독였다.

그렇게 하여 한 수술대에서 마취 후 엄마는 5점, 나는 4점을 떼어 냈다. 지금도 그 자국은 허벅지에 선명하게 남아 있다. 가끔 목욕탕 가면 일행들에게 보여 주며 이야기한다.

그 이튿날 공장 출근하는데 정문에 대문짝만하게 내 이름이 나붙었다.

'아름다운 소행!
탄광 탄부들에게 피부이식술을 해 준 ○○작업반 ○○○!'

생각지도 않은 대서특필 속보에 나는 한동안 얼굴을 붉혔다.

사연을 알게 된 공장 내 동료들의 쏟아지는 찬사와 사로청 조직의 미담 홍보로 한 달 내내 행복했다. 확실히 '열 아들에 못지않은 외동딸'임을 실감하는 엄마의 행복감도 덤이었다.

내가 피부이식술을 했다는 소식은 한동안은 내가 사는 지역 여기저기로 퍼져 갔다.

북한에서의 피부이식술과 수혈은 어려서부터 엄마가 걸핏하면 병원서 동원되었기에 내게 쉽게 학습되었다. 혈형이 'O형'이라서 나는 병원에 중환자가 생기면 서슴없이 팔을 걷어 올리고 수혈에 응하였다. 나의 O형 피는 소아환자들의 중독성 쇼크를 비롯한 중태기의 환자들을 소생시키는 데 오아시스처럼 귀하게 바쳐졌다. 하여 내가 사는 고장에서 우리 엄마와 나의 신세 없는 사람이 드물 정도였다.
　나는 추방지인 산간오지의 탄광마을에서 정하고 정돈되게 평양 의사 엄마의 딸로 하루하루 고귀한 이미지를 정립해 나갔다.

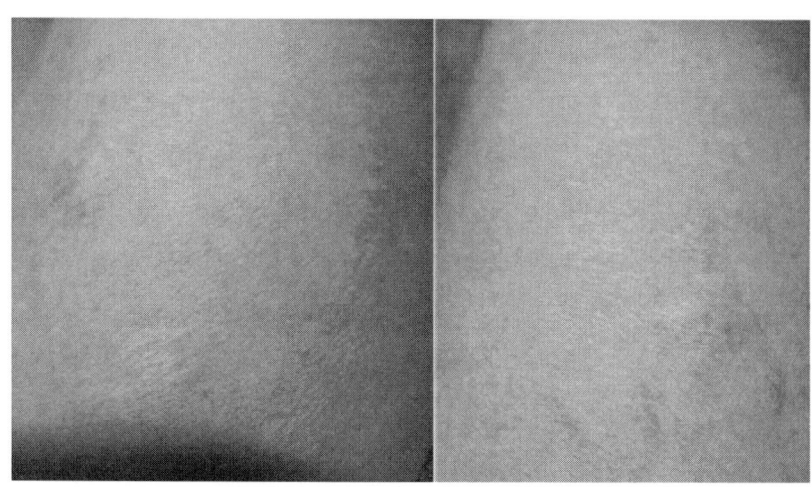

허벅다리의 피부이식술 4점(좌측 3점, 우측 1점)

제4장 기아와 위기 그리고 갈등

1. 주사제제실과 가토시험

정맥주사제제

주사제제(製劑)실은 한국의 중외제약과 같은 큰 제약회사서 제제하는 수액제제를 담당 생산하는 병원의 작은 공장이나 다름없다. 북한은 매 병원들에서 자체로 약국 내에서 제제약을 생산 담당한다.

제제약으로는 한약과 주사약 두 부류로 한약제제실과 주사제제실이 있다. 한약제제실은 분쇄실, 한약재료실, 탕약실, 건조실, 제제실, 검사실 등으로 이루어져 한약들을 제제 생산한다.

병원 약국에서 내가 담당하였던 주사제제실은 다른 치료과들과 부서들에 비하여 고도의 책임성과 열의가 필요한 부서이다. 왜냐하면 사람의 혈관에 주입하는 정맥주사를 제제하기 때문이다.

우선 공간상으로는 다른 치료과들에 비하여 병원 규모에 따라 연면적이 3배에 달하는 50평 남짓한 큰 규모로 물탱크실과 세척실, 증류수실, 고압증기멸균실, 저압멸균실, 멸균실, 충전소분실, 사무실과 검사실과 출하실, 투약실 등으로 구분되며, 여기서는 정맥주사제제인 포도당(Glucose: 40%, 20%, 10%, 5%)과 링거(Ringer), 그리고 0.85% 식염수 등 수액제제들과 해열진통제들과 항히스타민제(Aspirin, Piramidon, Analgin, Dimedrol, Promedol 0.05% Novocain 등) 그리고 강심제(Camphorae, CBN), 지혈제(Vitamin K3, Adona), 기타 비타민제제(Vitamin B1, B2, B3, B6, B12, Multivitamin 등)와 구강과용 마취제(Novocain 2%), 0.25% 항생제, 용해제 등의 피하근육주사제를 제제한다. 주사제제는 처음 소주병, 맥주병을 세척하는 작업부터 전개되는데 이 맥주병도 수회 회전하고 보면 수량 부족으로 자주 의료인들의 수집을 강요하여 보충하였다.

정맥주사용 수액제는 발열원(Pyrogen)이 음성이어야 한다. 발열원 음성은 가토시험을 통하여 진행한다. 만약 발열원이 나타난 수액이 출하·투약돼 환자에게 주입되면 수액의 발열원에 의하여 오한 발열이 생기며 쇼크에까지 이르고 심한 경우 생명을 잃는 경우도 드물게 발생한다. 따라서 발열원(Pyrogen) 검사는 수액제제의 생명이다.

병원의 가토시험을 위하여 원칙적으로 경리과에서 토끼 사육이 정상화되어야 한다. 그러나 1990년대 초부터 전반적으로 망가지고 흐트러진 북한의 보건의료계가 우리 병원이라고 예외일 순 없었다. 경리과의 가토시험용 사육 토끼 몇 마리는 미공급기간인 90년대 들어 검열간부들의 식사용으로 다 소비하고 수액제제가 출하되는 날은 다름 아닌 나만이 애간장을 끓였다.

가토시험은 1.5~2kg의 건장한 토끼가 3마리 이상 구비되어야 하며 이들에게 1마리당 검체수액 20㎖를 귀 뒤 정맥을 통하여 주입 후 1시간 간격으로 토끼의 항문을 통한 체온 측정에서 3시간의 체온 차의 합계가 0.5도를 넘지 말아야 발열원 음성으로 합격 판정이 된다.

이때 대조군의 토끼 3마리의 체온 합이 일정해야 한다. 입원실에서는 수액이 없어 환자들이 죽어 간다고 난리지만 병원에서 생산한 수액을 가토시험 없이 투약했다가 맞아야 할 부작용에 대해서는 책임한계가 엄격하였다.

토끼시험이 아닌 인체시험

발열원(Pyrogen)은 여러 경로로 나타나므로 약국에서 가토시험을 철저히 할 시 책임한계에서 자유롭다. 중요하게는 고압멸균의 기압조절(1.0기압/120도에서 15~20분)을 충족시키지 못할 시 미생물 즉, 발열원 양성이 된다. 이는 멸균부족에 비롯된다.

또한 수액 점적 시의 무균조작이 불결할 시에도 발열원 사고가 야기되기도 한다. 이는 입원실의 과실 사고에 속한다. 때문에 발열원은 일명 약국과 입원실과의 사인(死因)을 판가름하는 중요 요소가 되기도 한다. 때문에 주사약제제사의 책임성이 곧 생명이다.

지금도 그때를 생각하면 내가 미치지 않고서는 그 열악한 환경하에서 왜 아무 거부 없이 수액생산과 제제약 등을 보장하였을까?

당시 북한은 전기공급을 하루에 1~2시간뿐이었다. 이런 열악한 환경하에서 시험용 토끼도 없고, 진정 90년대 후반기 병원의 주사약 제제사에게는 모든 조건이 악조건이었다.

항상 임상(입원실)에서는 남 탓하기가 일쑤인바 수액이 없어 치료 못한다고 아우성치면 약국에서는 부실한 경리과의 토끼 사육을 탓하기 전에 실무적인 대책으로 약국성원들이 토끼를 구해 오기도 하는 방법도 수감하여야 하였다.

사실 치료전에서 경리과는 나 몰라라 뒷전이기도 하였기 때문에 거의 하루에 수십 리터의 수액이 요구되는 환자를 수수방관하는 건 아니었다. 토끼가 없으면 자기 몸도 서슴지 않고 들이대는 게 우리 보건전사들이었다.

여기서 가토시험으로 인한 웃지 못할 '일화'도 있었다.

토끼가 없어 시험을 못 할 때면 인체실험으로 출구를 대응한바 약국성원들이 팔을 내걸고 자기 팔에다 정맥주사를 맞기까지 하는 모험도 서슴지 않았다. 아마도 자본주의 한국에서는 상상도 못 할 일화 — 에피소드이다. 인체에 맞아 보고 경미한 발열 정도이면 입원실에 투약하기도 하였다. 그런데 어느 날 아침에 출근하였는데 아침조회 시 병원장이 이렇게 말하는 것 아닌가.

"동무네 약국에선 무슨 일을 그렇게 하오. 사람 죽일 뻔하지 않았소?"

깜짝 놀라 자초지종을 물으니 어제저녁 수액에 대한 실험용으로 포도당 20㎖ 정맥주사를 맞고 퇴근한 약국 선생 두 명 중 한 명이 고열이 심하여 2㎞ 거리의 자택에서 병원에 실려 와서 응급진료를 받고 경과 관찰 중이란다.

나는 완강하게 주장하였다.

전기가 제대로 보장 안 되는 조건하에서 또 실험 토끼도 전무한 상태에서 수액제제는 자신이 없다고까지 버티기도 하였으나 기술부원장격인 입원실 주치의사와 간호원들이 애걸복걸하였다.

그럼에도 발열원 검사 미선행 시 절대로 수액은 투약불가라고 주장하면 약국장이 바빠서 약국성원들에게 실험인체가 되어 줄 것을 호소한다. 약국성원들은 병원 전체회의에서 환자진료의 약국 이미지를 우려해 마지못해 맞아 주곤 하였다.

그런가 하면, 주사제제는 약국장과 내가 양약제제사인 관계로 교대제

로 제제를 하기도 하였는데, 입원실에서 발열사고가 나면 영락없이 보위부 지도원은

"이번 수액은 누가 제제했냐?"

약국장이 제제한 수액에서 발열사고가 난 경우에도 누가 제제했냐를 꼬치꼬치 캐물으며 나를 이상하게 몰아가려는 불이익도 감내하여야 하였다.

소위 주사제제에서도 계급성을 운운하며 당원인 약국장의 제제에서 난 사고도 나의 사고로 오인돼 색안경을 끼고 의심하는 때도 있었다.

병원에서의 주사제제실 약제사 직업은 엄마의 의사직 못지않게 떳떳치 못한 성분의 프레임으로 인해 알게 모르게 보위당국의 의심스러운 시선에 대응하고 맞서야 하는 어처구니없는 현상들도 감내해야 하였다.

그도 그럴 것이 약국장은 당원을 추월하여 군당 근로단체비서 조카로 각별한 간부들의 보호와 존대가 그림자였다. 단지 약국장과 나는 중학교 때 음악부에서 바이올린 1번수와 2번수였고 동대학 출신이라는 내적인 각별한 관계로 우정이 돈독하여 많이 내게 우산이 되어 주기도 하였다.

실로 북한의 엄혹한 정치염세는 지지리도 나와 엄마를 안 좋은 데로 몰아가고자 하였지만 진실성과 근면함, 그리고 순수함을 잃지 않은 데로부터 대중들의 신망과 사랑이 함께하여 위기들을 원만하게 이겨 낼 수 있었다. 이는 또한 결혼 후에는 성분 좋은 남편으로 인하여 나에 대한 '공격'이 순화되기도 하였다.

대체 성분이 뭐길래?

3D 업종 - 보건의료인

북한의 보건부문 의료진 근무는 한국 사회의 상상으로는 전혀 불가한 3D 업종의 허드렛일들에 많이 노출되었음을 새삼스럽게 생각하게 된다. 하기에 한국의 전(前) 세브란스 병원 인요한 국제진료과장(現 국민의힘당 비례대표)은 북한 체험기에서 이렇게 표현하였다.

… 의사들은 위험을 무릅쓰고 전염병에 걸린 사람들을 찾아내어 그들을 격리시키고 의약품이 부족한 가운데서도 치료하고자 혼신의 노력을 다한다.
… 북한의 의사들은… 부족한 약품을 구하기 위하여… 약초를 캐기도 하고 사소한 의료용품도… 약솜과 붕대 제조를 위해 병원 텃밭에 직접 목화를 재배하는 등 환자치료를 위해서는 허드렛일도 마다 않는다. 또한 도관 직달법, 방사선 직접 투시법, 등 자신의 몸을 희생적으로 환자를 돌본다.

보건부문 종사자인 의사, 약제사, 준의사, 조제사, 간호원 등 의료진들은 우선 약초 캐기와 재배 과제로 몸살을 앓는다.

보건의료인들에게 최초 약초 캐기는 1980년대 말 1990년대 초 사회주의 동구권의 붕괴로 대부분 의존적이었던 의약품 수혈의 대부분이 중단되면서 의료계의 위기가 닥친다. 이에 김일성은 사회주의 무상치료제하에서 환자들이 병원에 오면 약이 없다고 빈손으로 돌려보내지 말고 하다못해 침, 뜸, 부항이라도 붙여 주고 약이 없으면 보건의료진들이 국토의 80%를 이루는 산에 가서 약초를 캐어 그 수요를 충족시키라는 교시하달을 내렸다. 그 후로 의료진 1인당 해마다 건초(乾草) 10㎏이 필수과제였다. 건초 10㎏은 생초 100㎏이다. 이를 위해서는 한 해 동안 산과 밭에서 헤매어야 한다.

그런가 하면 의료진들의 작업동원은 약초 재배를 위한 동원에 그치지 않고 버섯공장 건설, 얼음 생산, 한약기지 건설 등의 크고 작은 건설노동자가 되어야 하였다. 버섯공장 건설에 그치지 않고 버섯 재배용 참나무 벌목으로 심심산골의 벌목공이 되는가 하면 얼음 생산으로 소대한(小大寒) 추위의 엄동설한에 대형 댐에 가서 $1 \times 1 \times 1 ㎥$의 큰 얼음덩이를 채취하는 것도 보건의료진 몫이었다.

이는 백신접종용 부족한 냉동설비를 위한 여름철 냉동대용을 위해서였다. 그 밖에도 분토생산과 시기적으로 제기되는 한약(고려약) 생산 등으로 아편재배와 아편생산 등 다방면의 다재다능한 근로자의 자질과 능력을 갖추어야 하였다.

또한 폐지를 수집하여 부족한 종이생산에도 내몰렸다. 집이나 아는 사람 담당구역 집집마다의 폐지들은 모두 수집되어야 하였다.

종이생산은 중앙에서 공급되던 의료용 사무용지 부족에 비롯되었다. 처음에는 앞면만 쓰고 수거돼 창고에 쌓여 있는 처방전용지를 다시 되받아 뒷면을 재활용하는 출구를 찾았으나 이 역시 한계였다. 하는 수 없이 종이생산에 내몰렸다.

하여 종이생산 시스템도 환희 마스터하였다. 폐지를 큰 탱크에서 알카리처리를 진행한다. 알카리처리 된 섬유질을 건져 얇은 거즈로 걸러 판에 입히고 건조시키면 질 안 좋은 종이가 생산되다. 폐지가 받쳐 주지 못하니 이 역시 오래가지 못하고 중단되었다. 하는 수 없이 환자들 개개인의 몫으로 돌아갔다. 환자들이 병원진료를 받자면 개인이 종이와 종이를 붙일 수 있는 풀까지 지참하여야 진료받을 수 있는 참으로 웃지 못할 '무상치료제'의 암흑이었다.

이에 최근의 쓰레기 풍선을 보면서 그 없는 폐지를 수집하느라 가가호호 짜냈을 북한 노예들의 고역이 혜량돼 씁쓸하기 그지없다.

이런 것들이 모두 당의 지시와 강요에 의하여 매일같이 닦달질 당하였다. 그러니 의사, 약제사의 전문직 선생님보다 약초 잘 캐는 산지기, 나무벌목 잘하는 벌목공 등의 닉네임들이 더 친숙하였다.

2. 파란 눈의 유엔사찰단

탄광촌의 외국인 구경

1998년 8월로 기억된다.

병원에 출근하니 병원장은 조회시간에 우리 병원이 일주일간 전투를 벌여야 할 것이라 했다. 우리병원이 UN약품 사찰단의 병원사찰코스로 선정되었다는 것이었다. 일주일간 병원의 위생청결의 정리정돈과 세부적인 청소사업을 진행할 것, 경리과에는 100매짜리 공책을 군(郡) 보건과에 제출해야 한다는 지시 등을 주었다.

지시를 받고 매일같이 우리는 곳곳 구석구석을 쓸고 닦았다. 경리과, 복도, 약품 창고 등은 말할 것도 없고 입원실 전부까지 떡을 떨구어도 집어 먹을 정도의 청결과 윤내기를 거듭했다.

사찰단이 도착한다는 날 아침조회에서 경리과는 원장이 군에서 받아온 100매 공책을 되받았다. 호기심이 바짝 동하여 살짝 훔쳐 속독하니

연/월/일/어느 항(청진, 흥남 등)으로 도착한 몇 톤의 식량(쌀, 밀가루 등)을 소비한 시점과 현재 잔고가 영(0)으로 상부에서 정리돼 내려온 내용이었다.

급히 상급(군 보건과)에서는 그날 소고기 통조림(알속 있는 새 통조림 3통, 빈 깡통 8개)과 빈 밀가루 자루 10여 개가 전달되었다.

"이걸 어떻게 하라는 건지요?"

라는 경리 과장의 질문에 원장은

"식량창고에 비치해 놓으라고요."

라며 짜증 섞인 지시를 주었다.

예견대로 낮 10시,

아침 첫시간에 3명(2명의 파란 눈 남녀와 1명 통역)의 사찰단이 도착했다. 우리 병원성원들은 그들의 뒤를 보이지 않게 졸졸 따랐다.

한반도 최북단 탄광 마을 그곳에서의 외국 손님은 처음인지라 노랑머리에 파란 눈을 가진 서양인이 희귀할 수밖에 없었다. 사찰단이 도착하자 모두들 신나서 유리창으로 세심하게 관찰했다. 사찰단은 텅 빈 식량창고와 약품 창고, 약국 조제실과 가동을 멈춘 식당 등 병원의 구석구석을 돌아보고는 무엇인가 고개를 끄덕이고 퇴로에 올랐다. 도둑 같은 유엔사찰을 받은 우리 병원 의료진들은 어벙벙한 분위기였다.

아닌 밤에 홍두깨라?!

대체 저 파란 눈의 사찰단은 왜 갑자기 이 산간오지의 병원에까지 찾아와 무슨 뚱딴지 사찰을 하는 건지?

무얼 보고자 온 건지?

의문점은 누구나 답을 못 찾은 상태였다.

그날 숙직(宿職) 근무여서 평소보다 빨리 탁아소에 애를 데리러 갔다.

탁아소 선생님은 오늘 유엔사찰단 외국 손님이 와서 이밥에 명탯국을 끓였다며 애한테 먹여서 데리고 가라 했다. 그런 이유로 탁아소가 생긴 이래 처음으로 애한테 이밥과 명탯국을 먹였다.

나오면서 복도에 흰 커튼으로 꾸며진 새로 꾸려진 식량창고(?)를 들여다보니 여기 역시 빈 고기 통조림 깡통이 즐비했다. 여기도 역시 병원처럼 사찰단의 허위사찰을 받은 게 역력했다. 내막이 읽히자 헛웃음이 나왔다.

사찰단이 다녀간 후 눈에 띄는 실적이 있었다.

신통하게도 우리 병원은 진료소키트 유엔 약을 매달마다 공급받게 되었다. 공급된 약들의 일부는 모르는 약품들로 우리는 그에 대한 실무를 기술학습 시간에 익히기도 했다.

해열제로 아날긴(Analgin)이나 피라미돈(Piramidon)이 고작이었는데 해열진통제로 생소한 파라세타몰(Paracetamol)이 나왔다. 그 밖에도 아목시실린(Amoxicillin), 코트리목사졸(Chotri moxasol) 같은 내복 항생제들을 비롯하여 약명과 복용법 등 그에 대한 적응이 필요했다.

이 약들에 대한 실제적 세부적 임상경험이 없는 약들인지라 비록 유엔이 공급한 약품들이었지만 먼저 보건일군이나 병원 가족이 이용하면서 임상경험을 축적했다. 약품들의 신뢰를 쌓는 과정이었다.

여기서 구충제 알벤다졸(Albendazol)에 대한 효능은 탁월하였지만, 소량이었다. 구충제 복용이 병원성원들도 요원하였던지라 병원장이 병원성원들의 식구 수에 따라 정제(Tablet)를 알알이 배급하는 진풍경도 벌어졌다. 참으로 그때의 알벤다졸의 구충효과는 탁월하였다.

그런데 유엔 약품들의 효험의 전파는 걷잡을 수 없는 화근으로 돌아왔다.

UN약품 도난사고

1차 유엔 사찰 후 병원에는 새로운 약 창고가 꾸려져 운영되었다.

전국적으로 의약품 공급소와 병원마다 유엔 약품 창고가 털리는 사태가 줄을 이었다. 인근 탄광병원에서는 유엔 약품 공급 날 밤에 공급량 전부가 털렸다고 했다. 그런가 하면 도 약품 공급소 ― 청진에서는 약품 공급소 전체가 털렸다 하고 그런 속에 전혀 남의 일이 아니고 우리 병원에서도 약 창고가 털렸다. 전 성원이 안전부의 조사를 받아야 했다. 신기하게 내가 관리자였던 전쟁물자 4호 창고는 멀쩡한데 그 옆에 붙어 있는 유엔 약품 창고만이 공급받은 날 다 털렸다. 하는 수 없이 약국 성원에 경리과를 보강하여 2명씩 약국 중앙창고 앞에 모포를 뒤집어쓰고 밤마다 보초를 서기도 하였다.

첫 UN사찰단이 다녀간 후 6개월이 지나서 1999년 3월에는 2차 사찰단의 방문이 있었다. 유엔 약품에 한해서는 처방 처리가 철저하였으며 한 알(Tablet)의 오차가 있어서는 안 되게 통제되었다.

이는 파란 눈의 유엔사찰단이 주고 간 의견이 철두철미 집행되는 실제였다. 그것은 상급 약품 공급소에서부터의 철저한 룰(rule)이었다.

2차 사찰단은 유엔 약품 공급과 통제시스템이 안정적으로 구축되고 정상화(?)된 것을 확인하고는 고개를 끄떡이며 돌아갔다. 그제야 우리는 사찰단의 사찰 의미를 깨우치게 되었다.

1998년 첫 사찰단의 출현은 엄밀하게 1996년부터 UN의 공급이 있었으나 우리 병원에까지는 도착하지 못하고 중앙기관들에서 소모하는 실태를 파악하고 시정할 데 대한 의견을 주었고 그 시정실태를 재차 요해차 2차 사찰도 집행하였던 것이다.

실로 국제구호의 유엔 약품은 비록 도난, 비리, 오남용 등의 사소한 부작용이 있었지만, 기아와 온갖 병마에 죽어 가는 북한 주민들을 소생시키고 살리는 데 시의적절하게 산소호흡기와 같은 지대한 역할을 했다.

3. 한국 드라마 - 만수대TV 상영

우물 안 개구리의 바깥세상

실로 1994년 7월 김일성의 죽음을 전후하여 시대가 몰고 온 기아의 허리케인은 전체 인구의 삶을 송두리째 흔들어 놓았다. 1990년대 후반기를 휩쓴 식량난으로 북한의 모든 시스템은 마비되고 사람들의 인성도 어그러지기 시작했다. 사회는 서서히 어두운 저변으로 유인되었다. 그런 환경 속에서 오아시스가 있었으니 그것은 바로 정신적 양식 — 한국 드라마 상영이었다.

후에 안 일이지만 드라마 상영이 곧 북한 탈출의 기회 제공에 충분했다고 생각된다. 북한은 중국에 가면 여자들 피를 뽑아 물감업(염색공업)에 동원되고 말려 죽이거나 중국의 병든 노총각에게 팔려 가야 한다는 별의별 유언비어들이 난무했다. 이제와서 돌이켜 보니 여성들의 중국 탈출을 막기 위한 북한당국이 창작하여 퍼뜨린 유언비어였다. 무서운 유언비어들이 난무한 속에서도 새 소식을 갈구하는 북한 사람들의 중국 TV 시청은 우물 안 개구리들에게 세상을 보게 했다.

북한에는 TV 채널이 3개(조선중앙TV, 만수대TV, 개성TV)가 고작이다. 그것도 전국적으로 방영되는 채널은 1개(조선중앙TV)이고 평양에는 2개(조선중앙TV, 만수대TV), 개성에도 2개(조선중앙TV, 개성TV)가 존재했다. 3개 채널 중에 북한에서 유일하게 외국영화를 볼 수 있는 채널은 평양에 있는 만수대TV 채널뿐이다. 우리가 사는 마을에는 고작해야 조선중앙TV뿐이었다.

그런데 평양 만수대TV에서만 가능했던 외국영화를 더 많이 볼 수 있는 채널이 우리 탄광촌에도 생겼다. 다름 아닌 중국 연변TV사의 한국 드라마 채널이었다. 한반도 북방 국경지대의 자칭 만수대TV였다.

1996년도라고 기억된다. 처음에는 중국 채널의 연변 드라마 〈여인은 달이 아니다〉에 열광하였는데 재차 일본 드라마 〈오싱〉을 방영했다. 비록 자본주의, 제국주의 나라라고 증오하던 일본 제국주의 나라의 드라마였지만 부유와 자유, 근면의 참 진리를 시사하는 바가 커 그 매력으로 여진이 묘하게 오래갔다.

드라마는 아주 가난한 여성이 시골 생선 장사부터 시작하여 열심히 노력하여 나중에는 대도시의 대형 백화점의 지배인(회장)으로 성장하는 스토리였다. 부지런하고 근면 성실하며 착한 심성의 소유자라면 언젠가는 부자가 될 수 있다는 진리의 여운은 북한 사회에서는 매우 경이로운 현상이었다. 먹기 위한 식량 구입 전쟁보다 TV를 보기 위한 전쟁에 더 미쳤다.

거의 고착된 정전을 미리 대비해 탄광 안전등용 배터리 0.3V짜리(전지 한 개 용량) 4개를 충전했다. TV는 1.2V이면 3시간 이상, 5시간도 끄떡없었다. 연변TV사의 한국 드라마는 골드시간대(gold time)인 저녁 8시부터 10시, 때론 자정까지 방영했다. 이때부터 저녁 시간만 되면 채널을 고정했다.

수학 문제풀이에서 안 풀리는 문제는 반복하여 풀어 답을 찾아내듯이 한국 드라마 시청은 호기심의 애착과 자꾸 보고 싶은 습관과 중독에 이어 하루라도 안 보면 큰일 나는 금단현상까지, 꼭 마약 중독증상 같았다.

TV가 있는 알 만한 언니 집에서 몰래 시청하다 미친 중독으로 온 집안 식구가 TV 구입에 달라붙어 1년 후에야 소원을 성취했다. 그때 처음 본 한국 드라마가 〈욕망의 바다〉였다. 전경호(유동근)가 주인공이고 그의 처가 배종옥이었는데 처음 그 드라마를 시청하면서 남한 배우들의 외모와 연기에 매혹되었다. 여태 세뇌되어 증오와 분노의 대상이었던 엄마의 고향 남한은 얼마 안 가 기존의 공포와 기피, 분노와 증오에서 곧 선망의 대상이 되었다.

기만교육에서 깨어나다

그러나 처음에는 이미 내재되고 세뇌된 기존의 이념이 있어 좀처럼 자리 잡기가 조련치 않았다. 드라마가 담은 자유와 풍요가 현실감으로 느껴지기엔 좀 시간이 걸렸다. 이는 북한이 선전하는 자본주의 부패상에 대한 선입견과 세뇌 때문이었다.

미국 유학이나 집안 가장의 외도, 5살 아이의 피아노 레슨, 한국에서 지극히 일반화된 승용차 드라이브와 호화스러운 2층 양옥집의 생활 등은 소수의 갑부가 모델일 거라는 북한식의 인식만을 역력하게 했다.

일반인은 꿈도 못 꾸는 환상이라 여겼다.

그러나 지극히 일상 현실임은 다음 작품들을 통해 더 돈독히 하게 되었다. 〈거짓말〉, 〈토마토〉, 〈그대 그리고 나〉, 〈달빛 가족〉 등 한 드라마당 거의 100부작이 넘는 걸 한 번도 빼놓지 않고 목숨 걸고 보았다.

거기서도 특별히 내 마음을 울린 건 〈토마토〉였다. 사랑을 바탕으로 한 드라마였다. 배우 김희선과 송윤아는 한 남자의 사랑을 독차지하려는 라이벌 관계였다. 송윤아는 온갖 편법을 써서라도 사랑을 쟁취하고자 시합에서 승리했다. 그러나 결국 남자는 시합에서 패했지만 진솔한 김희선을 택했다는 줄거리다.

결국에는 진실이 이긴다는 논리, 그러나 '지는 것도 이기는 것!'의 심오한 주제를 바탕으로 하고 있다. 이를 통해 우리가 적대계급이라고 하는 남한 드라마에서 바로 내가 무시당하고 겪어 온 현실적 해답을 접했다. 비로소 남한도 우리와 다르지 않은 아니, 더 고급한 인간세계와 현실사회라는 학습효과가 탁월했다.

그런가 하면 〈달빛 가족〉에서 서민계층을 반영하는 달동네의 생활이 북한의 최상류층 생활에 버금간다는 게 놀라웠다. 또한, 남한에서 다루어지고 있는 가족관, 인간관 등과 가족 내 문제들이 북한의 생활상과 너무나도 유사하고 대등하다는 점이었다. 열악한 건 외면하고 미화되어야 하는 우리와는 달리 문학작품에서 서민계층의 달동네(북한의 일반 수준을 훨씬 추월)도 여과 없이 다루어진다는 게 더욱 놀라웠다.

그때 사실 인민학교 학생과 탁아소생을 둔 가정에서 남한 영화를 지속해 본다는 건 큰 모험이었다. 그러나 탁아소생 막둥이는 평양 TV만 틀면 "엄마 중국 켜라. 재미없다."라고 재잘댔다.

TV 시청은 물론 창문을 모포로 다 막고 집 안에 사람이 없는 듯 위장하는 게 우선이었다.

그럴 때마다 "야 탁아소 가서, 또는 누구보고 말하면 큰일 난다. 우리 집 식구 다 잡아가니 말하면 안 된다."라고 오금 박은 뒤 채널을 돌리곤 했다.

오직 TV서 나오는 사진만을 볼 줄 아는 2살내기 아이는 잡아간다는 야단이 무슨 뜻인지 알기나 했을까?

대중들 속에서 "요즘 만수대로 하는 영화 참 볼만하더라."라는 등의 반향들을 공유했다. 가끔 마을에 중앙당 17국(중앙 체신국)서 검열 나왔다는 소문이 돌면 야회 설치용 안테나(3~4m 통나무)를 뽑아서 눕혀놓았다. 그리고 그 주간에는 일절 TV를 켜지 않는 등 발각되지 않기 위한 방비 대책을 철저히 했다.

검열단들은 일주일간 가택수색을 했는데 한국 드라마를 보는 사람들끼리 그들이 언제 갈지에 대해 검열정보를 공유할 만큼 거의 일반화(?) 대중화되었다고 해야 할까.

검열단 정보에 무딘 일부 가정이 불의의 검열에 발각돼 곤경을 치르기도 했다. 엄중한 경우에는 TV를 몰수당했지만, 단속이 느슨해지면서는 담배나 술 같은 '뇌물'을 바치고 TV를 찾기도 했다. 때론 회수당하는 것으로 더는 문제 삼지 않은 일도 있었다.

그러나 평양시 같은 대도시에서는 CD 방영을 단속목적으로 급(急)정전을 시키고 가택 검열을 진행한단다. 그러면 CD가 장착된 상태에서 손을 쓰지 못하니 현장압수 되는 것이다. 처음에는 자본주의 황색 바람이라고 출당, 철칙 등 엄중하게 처리되었다.

이처럼 당국의 외국문물에 대한 통제와 관리는 수위를 높이고 부단히 진행되었지만, 주민들은 '눈 가리고 아옹'식으로 대결했다. 결국, 외국의 정보나 문무주입을 막고자 은폐시키고자 아무리 노력하고 모지름을 써도 북한 국민에게 '헐벗고 굶주린 남조선'이라는 대명사가 통하지 않았다.

외국이나 남한은 우리보다는 훨씬 자유롭고 풍요로운 황금의 나라라는 진리는 숨길 수 없는 낭중지추(囊中之錐)였다. 이는 어머니의 고향인 서울에 대한 공포와 환멸 선입견과 증오가 애착으로 거듭나는 동인이 되기에 충분했다.

자나 깨나 어머니의 고향 남한에 대한 선망과 지향들로 은근히 즐거웠다.

4. 남한 외갓집 소식

우리가 살던 마을은 중국을 국경으로 하고 있어 중국사사여행자들이 자주 드나들었다. 화교들과 중국사사여행자들이 부단히 공생하는 마을이었다.

1998년 엄마에게 오랫동안 치료를 받아 오던 중국 화교가 조용히 제안했다. 남한의 친척들을 찾아서 생활개선을 좀 하라는 것이었다. 그 제안을 한 화교의 부모님은 엄마를 유일하게 오랜 기간 주치의로 삼았다.

그는 우리 마을에서 초등, 중고등학교에 다녔는데 성장하여 중국에 가서 장가들었다. 그런데 그는 북한에 다시 들어와 합영 벽돌공장까지 건립했다. 벽돌공장은 우리 탄광 지역에 풍부한 버력(탄광에서 석탄과 분리된 돌 부분인데 산을 이루어 3개의 버력산이 있었다)으로 나진 ─ 선봉 시 주택건설용 벽돌을 생산한다는 것이다.

1990년대 후반기 중단된 배급제하에서의 합영 벽돌공장의 직공모집은 수월했다. 식량 배급과 월급이 없는 노동자들에게는 희소식이었다.

우선 이들에게는 식량배급이 이뤄졌다.

그러니 너도나도 벽돌공장 직원이 되려 했다. 중국화교는 외갓집을 찾는 일까지 동반했다. 1998년 여름이라고 생각되는데 하루는 엄마가 그날따라 유별나게 안절부절못하면서 나를 경계하는 눈치였다. 많이 불안해하는 게 느껴졌다. 잠도 제대로 못 이루지 싶었다.

후에 안 일이지만 엄마는 나와 우리 가족 모르게 남한 가족을 찾아보라는 제의에 응했다. 부모 형제 이름과 서울의 고등학교 시절 사진을 얼굴만 오려 내 보낸 뒤 소식을 기다렸다. 신기하게도 남한의 가족을 시도한 지 한 달 만에 찾았단다.

희한하게도 당시 90세였던 나의 외할머니가 살아 계신다는 소식을 들은 것이었다. 도저히 믿기지 않고 진정할 수 없었지만 엄연한 사실 앞에서 3일간을 주체하지 못하다가 끝내는 내게 털어놓았다.

18살 단발머리로 하직했던 엄마 품, 아흔이 다 된 어머니 — 외할머니가 살아 계신다는 걸 알게 된 엄마의 마음은 어땠을까.

"남조선의 우리 가족을 찾았대. 그런데 내 엄마가 아직도 살아 계신대."

꿈만 같고 울렁이는 가슴을 진정할 수가 없었다. 외할머니가 살아 계신다면 우리가 돈방석 위에 앉는 것은 시간문제겠네. 먹지 않아도 배가 부르고 만나지 않아도 포만감이었다.

엄마는 깨알 같은 글씨로 부모님과 형제들 이름을 적은 비밀 쪽지를 보냈단다. 그리고 한 달이 되지 않아 가족을 찾았다는 연락을 받은 것이다.

서울의 2살 아래 동생이 엄마가 부탁한 청진기와 혈압계, 체온계 등을 독일제로 준비해서 보냈다. 당시 북한에 전염병이 만연한다는 소식을 듣고 병원용 광범위 항생제 1,000Tab짜리 5통과 시계 5개(식구 수대로)를 보냈다는 것이었다. 이 역시 구두 전달에 불과했다.

그 소식을 들은 후로는 우리 집에서 돈이 될 만한 건 모두 팔아 식량에 보냈다. 돈줄은 이미 예약된 거나 다름없었기 때문이다. 그런데 남한 물건과 돈은 중국 화교가 안전, 또 안전을 핑계로 주지 않았다. 그가 강조하는 안전, 안전은 글자 그대로였을까? 아니다. 이는 돈의 또 다른 대명사였다. 요구 조건이 생길수록 그만큼 가치가 덧놓아졌다.

브로커는 50년 만에 찾은 남북의 쌍방 가족들의 애간장만 태웠다.

거기에 돈도 함께 태웠으리라.

그러면서도 합영 벽돌공장 직공들의 배급은 정상으로 돌아갔다. 엄마는 모험을 무릅쓰고 합영 벽돌공장 식당으로 찾아 들어갔다. 화교는 "무슨 큰일 치자고 그러냐."라며 냉대했고 엄마는 할 수 없이 그곳을 쫓기다시피 나왔다. 자기 물건과 돈을 찾으러 갔다가 죄인 취급당하고 쫓긴 것이다.

사회가 그러니만큼 찍소리 못 하고 순응할 수밖에 없었다. 그런 속에서 나는 기다리기를 단념하고 집안의 최종 밑천을 털어 구입한 옥수수 두 말(20㎏)로 국수 장사를 시작했다.

가족의 생계를 유지하고 지켜야 한다는 압박감은 나를 잠 못 들게 하였다. 어떤 수단과 방법을 써서라도 가족의 식탁은 지켜야 하는 게 내 천직이었다. 밤새 자지 않고 10리 길(4㎞)을 걸어 25~30㎏ 옥수수를 배낭에 메고 가서 국수를 눌러 오면 4~5㎏이 이윤으로 떨어졌다. 그래도 하룻밤 고생하면 5㎏이 생기니 차곡차곡 불리는 재미도 있고 쏠쏠했다.

5㎏씩 4일이면 금방 20㎏이 생기는 셈이었다. 그나마 그런 장사도 국수칸 주인이 우리 병원 환자이기 때문에 가능했다. 국수칸은 강냉이를 가루 내어 반죽해서 분틀을 통해 국수를 뽑아내는 작은 공장인 셈이다. 이런 방법으로 간신히 생계를 연명하며 이제나 저제나 남한 물건과 돈이 도착하기를 기다리며 한 해를 보냈다. 한편 화교 브로커는 외갓집

에서 독촉하니 편지를 쓰라고 하루는 집에 찾아왔다. 엄마가 의사였으므로 우리 집에 오는 건 무리가 없었다.

"하나도 못 받았는데 무슨 회답 편지를 쓰라냐? 치료 도구라도 갖다 달라. 그러면 환자치료라도 해서 쌀이나 콩 됫박이라도 얻어먹을 수 있지 않으냐."라고 애걸했지만 허사였다.

이듬해 정월이 되어서 깜깜한 밤에 문 두드리는 소리가 나더니 화교가 아랫방에서 소곤소곤하고는 가 버렸다. 그는 그때야 비로소 혈압계와 청진기 등 치료 도구를 가져다 전달하였다. 해를 넘겼지만, 그나마 다행이라고 감지덕지했다.

후에 남한에 와서 안 일이지만 돈도 몇천 달러를 보냈는데 모두 잘라먹고 치료 도구만을 전달한 것이었다. 여전히 엄마는 회답 편지를 써주지 않았다. 이렇게 중개자 중국 화교의 부도덕한 절도행위로 남한 외갓집의 성의는 묵살되고 모든 환상은 물거품이 되고 말았다.

5. 진정한 사랑

선택의 갈림길에서

화교 브로커는 남한 친척을 찾아 준 고마움 대신 반세기 동안의 애환과 혈육의 정이 담긴 귀중품들을 꿀꺽해 버린 대가로 증오의 인물이 되었다. 한편 외갓집 식구들은 누나 소식이 어떻게 되었는가, 돈과 물품들을 받았다는 소식은 왜 없는가 등으로 자주 독촉했다.

브로커는 세관 단속을 핑계 대고 요리조리 답을 피하다가 해를 넘기고 보니 급했던 모양이다. 이렇다 할 실적을 올려 한국과의 연결 끈을 지속하고 싶었다. 엄마에게 탈북을 권유했다. 탈북 계획을 한국의 외갓집에 이야기하니 엄마, 동생들은 그렇게라도 만나게만 해 준다면 더 바랄 게 없다며 극구 환영의 뜻을 표하였단다.

그러다 보니 화교는 1999년 1월 새해, 캄캄한 밤에 또 우리 집에 들러 엄마를 만났다.

"이제 사람을 보낼 테니 그 사람이 하자는 대로 말을 고분고분 들어 주면 좋겠다. 남쪽에서 어머니가 몹시 보고 싶어 여기까지 오신다니 그때 중국에 잠깐 다녀옴이 어떻겠는가. 그 실무대책은 내가 다 하겠으니 걱정 말고 때를 기다려 행동해 달라."

하고는 본인 의향은 묻지도 않고 가 버렸단다.

그로부터 며칠 안 있어 낮에(나는 병원에 출근한지라 보지 못함) 한 사람이 다녀갔다고 했다. 그는 "자기가 중국에 자주 드나들어 두만강 도강에는 도사(導師)이니 함께 가자. 오늘은 환자로 가장해 들렀으나 다음에는 방문할 수 없다." 하며 자기가 언제든지 연락만 하면 같이 가는 거라고 못을 박고 나갔단다.

진(眞) 환자들이 아무 거리낌 없이 내방하는 우리 엄마 ― 의사의 집 진찰방문이었다.

다른 일반인과 달리 우리 집은 엄마가 서울 출신임이 익히 알려지다 보니 중국 도강자들은 괜스레 두려워 드나들기를 조심스러워하였다. 그로부터 며칠 후 오전에 남모르는 여학생이 쪽지편지 하나를 들고 왔단다.

"지나가던 어떤 사람이 이 집에 전달해 주라고 하여 가지고 왔습니다."

라고 하며 쪽지를 내밀었단다. 내민 쪽지의 내용은 이러했다.

'내일이 두만강 건너는 데 유리한 날이니 떠나기로 하였습니다. 아침 새벽에 인근 역전(훈융역) 가는 길에서 만납시다.'

그 내용을 엄마는 퇴근한 내게 이야기하며 뛰는 가슴을 진정할 수 없다고 했다. 왜 그렇지 않겠는가. 당시 엄마 연세는 69세 노인이었다.

아무리 두만강이 가깝다 한들 갑자기 20~30대 청년들이나 감히 엄두를 내는 두만강 도강(渡江)이라니. 생각만으로도 소름이 끼치고 공포스러웠다.

그러나 두만강만 건너면 노모를 만날 수 있다는 생각의 설렘은 공포보다 더 우세하였다. 50년이나 헤어져 생사조차 모르던, 그러나 자나 깨나 한시도 잊지 못했던 어머니가 오신다는데 무엇을 주저하랴.

상상만으로도 심장은 콩알만 해지고, 가슴은 두근두근 떨렸을 것이다. 하지만 도강하다가 경비대에 단속되어 고배를 당하는 우인들의 소식이 심심치 않게 들리는 국경 연선이었다. 그러니 더욱 도강 권유가 용이했고, 또 도강할 생각과 어머니와의 재회에 대한 환상도 가능한 것이었다. 그러나 70세 다 된 노인네가 도강을 단행한다는 건 보통 일이 아니었다. 만약의 경우를 대비해야 하는 큰 모험이었다.

엄마는 온 밤을 이리저리 뒤척이며 잠 못 드는 듯했다. 나도 불안한 잠을 자고 새벽에 깨니 엄마 얼굴이 새하얗게 된 채 온몸이 땀투성이로 침대에서 맥을 못 추었다.

왜 안 그러시랴.

무턱대고 아무런 인사 없이 하직한 엄마 품.

그 엄마가 애오라지 찾고 찾던 대가정의 장녀를 만나러 90세 고령에 이곳 국경까지 오신다는 데에 대한 격정과 설렘이 끓어올랐다. 하지만 당국의 두만강 도강 단속의 밀물 같은 공포감은 그 격정과 설렘을 얼음

조각으로 뒤바꿨다.

엄마는 "아무래도 나 오늘 못 떠날 것 같구나. 혈압이 올라서 재 보니 200이야."라고 했다.

"강만 건너면 50년 만의 엄마 만나니 좋아, 돈 받아 와 생활이 펴니 좋아. 꿩 먹고 알 먹고인데요?!"

브로커의 사탕발림이 귓가에 맴돌아 안 가겠다는 엄마가 실망스러웠다. 엄마는 만날 식구들에 대한 감격이 주(主)인데 나는 받아 오게 될 돈이 주(主)였다. 이렇게 나와 엄마의 도강에 대한 엇갈리는 지향으로 그날 계획은 무산되었다. 이렇게 여러 번을 수포로 만들었다.

어느덧 가을에 접어들었다. 외갓집의 독촉은 여전했다. 브로커는 암암리에 우리 집 쪽을 지나칠 기회가 있으면 계속 동향을 살피고 호시탐탐 기회만 엿보았다. 브로커의 적극적인 강요로 가을 접어들어 엄마의 도강 작전에 대한 독촉은 또다시 발동이 걸렸다.

이번에는 내가 더 애걸했다. 남한의 공짜 돈으로 달걀 낟가리를 쌓았다 허물기를 몇 번째였다. 3살인 둘째 딸은 '꼬꼬밥(백미밥의 북한식 애칭)'이 먹고 싶다고 날마다 아우성으로 가슴을 후벼 팠다. 이 애로를 엄마가 해결해 주면 얼마나 좋을까.

"엄마 이번 길이 첫길이라서 엄마가 꼭 가셔야 하고 나의 존재와 북한 가족을 각인시킨 다음부터는 내가 다닐게요. 이번에 어렵고 힘든 걸음이오나 길만 좀 열어 주세요."라며 엄마께 하소연했다.

나의 간절한 애원은 미적거리며 겁에만 질려 있던 엄마에게 비장한 결심을 굳히게 한 동기가 되었다. 드디어 엄마는 돌연히 가신다고 나섰다.

엄마의 자식 사랑의 비장한 용단이었다.

브로커의 확답은 이러했다.

출발하여 10일 되는 날(1999년 8월 15일 다음 날 출발 — 음력 27일) 어떤 일이 있어도 이 장소에 도착하여 이 자리에 앉아 계시게 할 것이니 믿고 떠나자는 것이었다.

어머니의 탈북

브로커의 시나리오를 알 리 없는 엄마는 만약의 경우 못 올 수도 있을 거라는 예감이 들었는지 전날 밤 사진첩을 정리했다. 북한서의 인생행로에 의미 있는 사진을 하나하나 떼어 내 당신이 가장 아끼는 『림상의전』(소형 의학 사전) 갈피 속에 끼웠다. 바지도 제일 좋은 바지로, 일본 귀국자에게서 받은 멋진 재킷 등을 배낭에 챙겨 넣고 영이별일지도 모른다는 전제의 비장한 각오와 피눈물을 가슴에 묻고 떠났다.

신기하였다.

매일같이 5~6명의 환자가 와서 점심 식사차 집에 들어오면 시끄러울 정도였는데 신통하게도 엄마가 출발한 그날부터는 단 한 명의 방문 환자도 없었다. 엄마가 없더라고 동네에 소문나면 금방 퍼지는 건 시간 문제였다.

신의 도우심이 아니라고 누가 말하랴.

엄마의 두만강 도강을 시작으로 하여 생각지도 않았던 우리 4인 가족의 거족적인 탈북의 누수(漏水)는 그 누구도 모르게 조용히 시작되었다. 성공적인 도강 소식은 나의 착잡함과 불안함의 동인(動因)이 되었다.

일단 남편에게는 이도리(2km쯤 되는 지역의 두만강 연선 농장마을)에 오줌싸개 환자의 침(針) 치료차 며칠간 있기로 하고 가셨다고 안심시켰다. 집으로 찾아드는 환자들에게도 그렇게 전달하려 계획했다. 초조한

가운데 숨죽이며 하루하루를 보냈다.

7일째 되는 날이었다. 브로커의 아내가 불쑥 찾아와 작은 쪽지 하나를 내밀었다. 엄마의 필체였다. 가슴이 철렁하여 다급히 읽어 보았다.

'나는 그날 무사히 두만강을 건너 여기 중국에서 천당 세월을 경험하고 있다. 내가 갈 수 없게 되었으니 내가 없어진 걸 들키기 전에 아이들을 모두 데리고 이 편지를 가지고 가는 사람 따라 곧 떠나길 바란다.'

뜻밖의 권유였고, 청천벽력이었다.

엄마의 출발 후 나는 줄곧 엄마가 돈을 얼마나 가지고 올지만을 생각했다. 천 달러, 아니면 삼천 달러? 여하튼 나는 어려운 생활고에서는 해방될 거라는 기대에 부풀었다.

엄마가 돈을 가져오면 무엇보다도 백미를 사서 애들에게 실컷 먹여 보는 게 소원이었다. 그러고는 방 두 칸에 고급무늬 레자 장판을 깔면 여느 부잣집 부럽지 않을 거라는 망상(妄想) 속에 시간을 보낸 터였다. 그러나 나를 따라서 중국에 오라는 청천벽력 같은 소식이 날아들었으니,

내가 어이 애들을 데리고 탈북을 강행한단 말인가, 꿈도 꾸어 보지 못한 탈북 권유는 감당하기 힘든 제의였다.

무엇보다도 남편과의 협조 공유가 전혀 불가능한 상태였기 때문에 더욱 그랬다.

남편으로 말하면 원래 성분 좋은 집안의 자녀인지라 나와의 결혼은 동정에 의한 멋모르는 결합이었고 결혼 후에야 성분 불량 가족의 설움을 비로소 체감해 가는 상황이었다. 그러나 이미 두 딸이 있으니 감내하고 살아가야 하는 게 남편의 처지였다.

그런데 이번에는 탈북이라니, 말도 안 되는 권유이다. 나는 분명히 거절당할 것이고 계획이 발각되면 발목이 잡혀 오도 가도 못 하는 신세가

될 일은 불 보듯 뻔했다.

엄마의 도강보다 더 엄중하고 방대한 과제 앞에 직면했다.

그러나 나는 무엇이든 선택해야 했다.

'엄마가 있는 중국이냐, 내 남편과 아이들의 북한이냐?'를 거듭 고민했다.

나는 일단 처음에는 안 간다, 못 간다는 답변을 주어 돌려보냈다.

그러나 그녀는 다음 날 또 나타났다. 엄마는 내가 따라나서지 않으면 더는 딸로 인정하지 않겠으며 모녀간의 연을 끊을 수도 있다는 얘기를 전달해 왔다.

엄포와 애걸이 섞인 쪽지는 내 마음을 쓰리게 했다.

엄마가 측은했다.

일생을 나 하나만을 위해 세상 풍파 모두 견딘 분이다. 생의 말년에 와서 오로지 날 위해 몇 푼의 돈을 받아 보려고 떠난 걸음이 딸과의 생이별이 되었으니 얼마나 기가 막히셨으랴? 나도 가슴이 천 갈래 만 갈래로 찢어지는 아픔이다.

어떤 선택을 해야 할지, 그런데 아주머니의 의견이 더 분을 참을 수 없게 만들었다. 애들은 모두 두고 가잔다. 도강 사정이 여의치 않아서 애들은 동행이 어렵다는 것이었다.

이 세상 어느 부모가 자기 생명에 위험이 온다고 자식들을 버리고 도망가겠는가. 나는 죽어도 같이 죽고 애들 있는 이 땅에서 죽겠으니 갈 수 없다고 이번에는 더 강경히 잘라 말하고 돌려보냈다. 매일같이 연락 사절이 두만강을 넘나들며 엄마의 안타까운 상황을 전하느라 바빴다.

'엄마가 도강한 걸 알면 너는 끝장이다. 수용소에 들어가면 쥐도 새도 모르게 고기밥 신세가 될 텐데 빨리 결정해라. 참, 철없는 건지 감정이

무딘 건지?'

다음 날도 연속되는 도강 채찍이었다.

그제야 나도 닥쳐오는 위기의식을 실감하게 되었다. 북한이라는 나라의 험악한 정치에 가혹한 매(납북된 외갓집 3촌들 3인이 모두가 처형)를 맞으며 살아 버텨 온 엄마였다. 당신의 탈북이 발각되어 혹여라도 내가 잡혀간다면, 아마도 엄마는 다시 건너오실 것이다. 그토록 엄마에게 내가 전부였다.

그렇다면 이미 처형된 외갓집 식구들과 같은 신세를 또?

그런 일이 있어서는 안 된다는 생각이 갑자기 나의 머리와 가슴을 세차게 흔들었다. 나는 이 위기일발의 순간에 큰애라도 데리고 가게 해 준다면 기꺼이 가겠다고 결심하였다.

잔인한 사랑

잔인한 사랑, 곧 진정한 사랑이고 이별이었다.

우리의 탈북을 위해 브로커의 시조카인 15세 남자애가 매일 도강하여 강변마을에 드나들었다. 그 애가 길 안내자라고 했다.

가슴이 방망이질 쳤다.

그런데 우리가 떠나기로 한 날, 15세 연락병이 공교롭게 오지 않아 도강 계획이 무산되었다.

자매를 떼어 놓고 탈북을 결정하는 것이 내게는 도저히 인간으로서는 상상할 수 없는, 아니 모성으로서 도무지 할 수 없는 잔혹사의 모험이고 행위였다.

하지만 이것이 바로 북한 사회의 공포정치였다.

공포정치는 모든 걸 가능케 했다.

인간으로서, 여성으로서, 엄마로서, 아내로서 도저히 상상할 수 없는 가슴을 도려내는 잔인한 결정도 가능케 하였다. 부모 자식 간, 형제간, 자매간의 모든 철륜도 끊을 수 있는 최고의 강쇠 — 바로 북한의 공포정치였다.

나는 큰애에게 조용히 물었다.

"엄마는 이제 할머니 있는 데로 가야 하는데 넌 어떡할래?"

"나도 따라갈래요."

"그런데 거기는 너네 학교에서 가지 말라고 통제하는 곳이거든. 그래도 갈 거야?"

"네. 갈래요."

"어딘지 아냐?"

"네, 중국…. 그래도 갈래요."

"…그런데 니 동생은 못 간다. 어떡할까?"

"엄마, 그럼 나만 데리고 가는 거지?

진짜지?

야! 좋다.

엄마 진짜지?"

큰애는 그게 사실이냐고 몇 번을 다짐받았다. 동생과 5살 차이인 큰애는 출생 후 집안의 귀여움을 혼자 독차지하다가 어느 날 동생의 출현으로 쉰밥 신세가 된 게 늘 불만이었다. 그러니 자기만을 데리고 간다는 데 환호하며 정말인지를 거듭 확인하고자 했다.

결정하고 난 뒤의 모든 일은 극비였다. 그런데 출발하기로 한 날, 학교 가는 방향과 반대 방향으로 책가방 메고 떠나던 큰애의 예감이 이상하여 되돌아왔는데 연락병이 도착하지 않아 못 간다는 것이었다. 어쩔 수 없이 이튿날 떠나기로 했다.

떠나기로 한 날 새벽 4시 반경에 있었던 일이다.

불안하고 불편한 심경으로 일찍 일어나 전기 곤로에 밥을 안치는데 큰애가 눈뜨며 말을 건넨다.

"엄마 오늘은 진짜지?"

"그래. 오늘은 진짜다."

하고 눈을 끔쩍하며 신호를 보냈다. 그런데 3살짜리 작은애가 잠꼬대인지 모를 소리를 했다.

"엄마 나는…?"

"너는 뭘…?"

큰딸과 나는 섬찟했고 긴장한 채 내가 물었다.

"응~ 나는 탁아소에 누가 데리러 오는가?"

"탁아소에? 엄마가 데리러 가지 누가 데리러 가긴?"

"응~ 난 또…?"

큰애와 나는 그때의 놀라움을 어찌 진정시켰는지도 모르겠다.

신통한 3세 애기의 예감이었으나…….

3살배기여 부디 안녕!

아무것도 모르는 남편은 애들 곁에서 코를 골며 자고 있었다. 애들의 촉은 그토록 신통한데 어른인 남편은 무감각했다. 한편으로는 가여웠다. 거사(巨事)의 그날 아침, 태연히 행동하려 했으나 몸가짐이 자연스러울 수 없었다. 그래서 아침밥을 가마솥에 안치고 안절부절못하였다. 발 가는 데 손이 가고 손 가는 데 발 가고….

얼마나 방망이질을 하는지 불안한 기색을 애써 숨기려고 모지름을 썼다. 하여 핑계로 그 전날에 부대 농사한 밭에 일 년 농사 수확해 놓은 강냉이를 가지러 간다고 급히 밖으로 나왔다. 아이들을 남편에게 맡기고 밭에 나가 실컷 울었다.

앞으로 나는 어떻게 될 것인가, 우리에게 펼쳐질 천국과 지옥은 과연 어떤 모습일까, 또 남기고 떠나려는 작은애의 운명은?

사랑하기 위해 놓아야 하고 지키기 위해 떠나야 하고, 만나기 위해 헤어져야 한다. 아무것도 모르고 잠결에 무심코 던진 3세 애기의 잠꼬대 ─ 난 누가 데리러 오는가?

그 어린애의 머릿속에 누가 속삭여 주었을까, 너를 두고 네 엄마가 떠나려 한다고….

억이 막혀 통곡하고 싶었으나 자제력과 분별력, 고도의 침착함이 무관심과 무감정을 유인했다.

이런 무감정이 일을 추진하고 매듭짓는 데서 생명이었기에….

기가 막힌 운명의 갈림길을 재촉하는 시간은 빨리도 흘렀다. 이 귀중한 순간에 나는 아무 일 없는 듯이 어두운 새벽 공기를 가르며 아무도 보이지 않는 군부대 밭 우리구역에 들어가 쪼그려 앉아 큰 소리로 울고 또 울었다.

실컷 울다가 날이 밝아 오자 출근할 시간이 의식돼 급히 정리하고 50㎏짜리 큰 배낭에 옥수수를 빼곡하게 담았다. 40여 ㎏ 실히 되는 큰 배낭을 메고 땀을 뻘뻘 흘리며 집으로 오는데 탁아소 가는 갈림길에서 남편을 만났다. 막내 손을 잡고 탁아소 가는 길에서 나를 기다리고 있는 것이다.

울음이 터질 것 같았다.

"○○이 탁아소 데려다주고 난 출근할게."

"그래요. 나도 이거 집에 부려 놓고 출근해야죠…."

애써 그들을 외면하며 말을 급히 마무리했다.

그곳에서 빨리 벗어나고 싶었다.

아무것도 모르는 어린애와 남편을 떼어 놓는다고 생각하니 또 쏟아지는 눈물을 붙잡기가 힘들었다.

가슴을 예리한 것으로 난도질하는 아픔이었다.

애써, 급히도 그 마당을 벗어났다. 다리는 비틀거리고 거친 호흡이 나를 실신 직전에 이르게 했다.

집에 도착하자마자 남편에게 편지를 썼다.

'존경하는 당신에게!'

종이에 눈물이 뚤렁뚤렁 떨어졌다. 새벽부터 눈물 구멍이 열려 멈출 줄을 몰랐다. 종이가 눈물에 젖거나 말거나 써 내려갔다.

'…엄마가 중국에서 오지 않으므로 항시 불안했어요. 죄스럽고 떳떳하지 못해 죄인이 된 기분으로 사는 게 힘들었습니다. 그런데 마침 중국에 가는 인편이 생겨 중국에서 엄마를 찾아 모시고 나올 테니 10일간 (병원에는 약초 동원 기간이었다)만 비밀을 지켜 주세요. 그래야 중국 다녀와도 무사할 수 있으니 소문나지 않게 해 주세요.

단, 이 길이 어떤 길일지 예측할 수 없으니 만약의 경우 우리 자식을

하나씩 책임지자는 의미로 큰애를 데리고 떠나니 당신이 작은애를 맡았으면 좋겠어요….'

마지막에는 '꼭 부탁해요. 10일간만 비밀을 지켜 주세요.'라고 간곡하게 마무리했다. 눈물로 얼룩덜룩한 편지를 방 한가운데 덩그렇게 놓고 두만강으로 뒤도 안 돌아보고 급히 향했다.

철길을 따라 1㎞쯤 된 거리에서 큰애가 길가에 숨어 나를 기다리고 있었다. 우리의 집합 장소인 인근 역에서 두만강 도강을 도울 일행을 만났다. 오늘은 차질 없이 출발한다는 것이다. 계획대로 어느 농사꾼 집에 도착했다.

그 집에서 행동 요령을 주입받았다. 큰애와 또래인 브로커의 딸은 회초리를 들고 염소를 모는 염소 방목공 역할이었다. 이제야 브로커의 아내는 3살 아이를 데려갈 수 없는 이유를 설명했다. 힘한 밭일에 젖먹이도 아니고, 그렇다고 일할 수 있는 나이도 아닌 어중간한 어린애가 끼어 있으면 의심을 받을 수 있다는 것이었다. 그녀의 이야기를 듣는 순간에도 나는 우리 가정의 운명의 희롱이 가져다줄 비극을 좇으며 내내 울음에 젖어 있었다.

우리는 허름한 작업복 차림에 배낭을 메고 가을걷이하러 가는 농사꾼과 이삭 줍는 사람들로 가장했다. 탈북 노상에는 경비대 군인들의 초소가 몇 개 있었다. 그들은 낯모를 일행이 밭일 간다고 의아한 눈빛을 보냈지만 이미 그 안의 밭주인(길 안내자)이 친분을 조성해 둔 상태였다.

기본 도강 실무가인 아줌마가 "내 동생들이 집에 놀러 왔는데 내가 일손 힘들다 하니까 도와준다고 같이 나선 길이다."라고 설명했다. 그들에게는 이미 사탕을 발라 놓은 듯 무사통과했다.

요소요소가 모두 아슬아슬한 고비들이었다. 그들의 초소를 수차례 지난 후에는 아주 무연한 공지였다.

이제부턴 중국 땅이란다.

노래 불러도 된다는 것이다. 여기는 중국 땅이라 중국 사람들이 강을 건너 자기 밭에 일하러 온다고 하였다. 벌써 강냉이밭의 강냉이 이삭부터가 팔뚝만 한 게 달랐다.

그 중국 — 북한 경계지경에서 우리 일행은 날이 어두워질 때까지 팔뚝 같은 이삭 강냉이를 구워 먹으며 중국대방이 오기를(?) 대기하였다. 칠흑같이 밤이 깊어 어두워졌다. 고요만이 흐르는 캄캄한 암흑의 밤공기 속에,

번민과 고민이 혼잡돼 착잡하여 일행의 시장기를 달래는 강냉이구이가 당기진 아니하였다.

과연 우리 가정의 탈북일로 어이 될 것인가?

6. 개구리의 바깥세상

왔다!

귀를 쫑그리고 대기하던 15세 브로커가 환성을 올리며 일어서니 정말 강기슭에 자그마한 고무배가 도착하였다. 우리의 인양선이란다.

고무배에 몸을 실은 우리는 20m가 되나 마나 한 강을 건너 금방 강가를 벗어났다. 이렇게도 쉽게 국경을 넘었는가?

다른 나라 중국이라는 세계는 불과 몇 분 안 돼 눈앞에 펼쳐졌다. 믿기

지가 않았다.

　불과 몇 분 전의 북한은 전기가 없어 캄캄한 세상이었으나 바로 이곳 중국은 야밤이었으나 대낮같이 밝았다.

　엄마의 탈북으로 인하여 시작된 우리 가족 일부의 탈북은 한밤중에 이렇게 속절없이 이어졌다. 그래도 엄마의 6.25 전쟁 시의 유혹에 찬 철부지의 무의식중의 도강이 아니고 우리는 목적의식적인 사활을 건 도강이고 월경(越境)이었다.

　우리는 택시를 잡아타고 현란한 불빛들로 눈부신 중국의 훈춘 시가지를 누비면서 화려한 야경 속에 쾌속으로 파묻혀 갔다.

　밤늦게 도착하여 알 수 없는 곳을 그저 이끄는 대로 다니다 보니 지금도 그때 기억은 희미하다. 중국에 건너가서 우리는 탈북 브로커(北) 일행과 분리되어 나와 큰애만이 행동하게 되었다.

　한편 중국 화교 브로커는 안전이 최우선이라는 미명하에 철저히 단속하여 옴짝달싹 못 하게 통제했다. 한국서 날아온 우리 삼촌께 매사 신중하게 행동하라며 일거수일투족 우리 만남에 가치를 부여하며 열을 올렸다.

　그때까지는 정말 안전이 우려되어 서로 숨도 바로 못 쉬고 순종하였는데 후에 알고 보니 바로 안전, 안전이 곧 돈이었다. 돈을 강조하느라 안전을 시시각각으로 주지시켰던 것이다. 자기의 수고비를 순간마다 조건을 달아 한 단 한 단…

　부르는 게 값이었다.

　우리는 마치 노예, 돈의 노예였다.

　얼마 안 있어 나타난 엄마는 나와 큰애를 붙잡고 울음을 터뜨렸다. 나도 감격의 눈물로 우리는 한참이나 한 덩어리가 되어 울었다.

북한 떠나와 헤어져 십여 일을 얼마나 긴장하며 지냈던가, 어쩌면 다시 볼 수 없었을지도 있었지만 만남이 현실로 되었으니 기적이었다.

풍요로운 중국에서 만나게 되니 더 꿈만 같았다.

눈부신 중국의 야경 - 황홀경

북한에서 풍문으로 전해 듣긴 했지만, 북한서부터의 하룻밤에 급조된 중국은 믿기지 않는 곳이었다. 어쩌면 밤새껏 불이 꺼지지 아니하고 우리가 기거한 집은 으리으리하고 없는 것이 없는 호화주택이었으며 생활 현장은 기름기가 철철 넘쳤다. 도착하자 바람으로 준비된 옷으로 다 갈아입고 진수성찬이 차려지고….

식당에선 밤새도록 손님이 끊이지 않는 살아 숨 쉬는 사람 사는 세계의 모습들은 '바로 이런 인간 세상도 있었구나.' 하는 생각이 들게 하며 일분일초가 모두 경이로웠다.

우리는 북한의 생활이 제일이라고 선전받아 세상은 다 이렇게들 못 사는가로 엄중한 착각에서 살았구나, 북한의 암흑천지의 비인간적 생활이 오버랩돼 기만과 위선으로 속여 온 일생에 대한 회의가 분노로 이어지는 데는 불과 얼마 안 걸렸다.

삼촌은 우리가 기거하게 될 브로커가 안내해 준 가옥에 대한 대금을 치렀다. 안전 또 안전을 담보로 브로커는 여러 명목으로 돈을 챙겼다.

삼촌이 돈을 다 지불해 우리가 기거하게 될 가옥은 5~6년 된 폐가(廢家)였다.

정원까지 도합 200평 남짓한 집 터전은 숨어 있기엔 안성맞춤이었다. 대문 밖을 내다보니 번화가였지만 대문 안은 요새(要塞)였다. 그래도 삼촌은 반세기 만에 만난 피붙이들을 북한 그 속에서 건져 오고 보니 흡족한 모양이었다. 좋아 어쩔 줄 몰라 하시는 게 역력하였다.

하루는 수박이라고 사 오셨는데 호박처럼 길쭉했다. 그래서 나는 대번에 "삼촌! 호박을 사 오셨네. 이건 수박이 아니라 호박입니다."라고 했더니 "그래?"

하며 삼촌은 의아해했다.

수박을 교과서나 그림에서만 접하고 실제의 수박을 보지 못했으니 수박을 호박이라고 삼촌을 헷갈리게 했다.

식당에 데려가서는 우리 큰애에게 무말랭이밖에 먹을 줄 모른다고 왜 고기 먹을 줄 모르냐, 고기를 먹어야지, 그 무말랭이는 아무 영양가도 없는데… 에구 어찌나 고기 맛을 못 봤으면 요 어린 게 고기 먹을 줄도 모르냐, 하시며 못내 가슴 아파하시던 삼촌 모습이 아직도 눈에 선하다.

삼촌과는 한 핏줄이니 금세 가까워졌다. 핏줄은 본능적으로 통하는 게 분명했다. 나를 자기 친딸처럼 여겼다. 엄마가 북한서 혈혈단신으로 너 하나만 바라보고 모진 고초를 이겨 내며 여태 살아온 걸 생각하면 눈물이 나서 못 견디겠다며 나를 못내 귀해하셨다.

삼촌이 남기고 간 돈으로 먹고 자고, 먹고 자는 것으로 무의식의 시간만 보내다 보니 '배부른 돼지'가 따로 없었다.

하루 삼시 세끼 모두 백미밥을 배부르게 먹고 있는 돈을 시간마다 세어 보며 밖에 나가자고 하여도 말도 모르지, 길도 모르지, 나가면 잡힐 판이니 정해진 안가에서 먹고 자는 일이 최고의 직업이다.

세상에 이렇게 부러움 없는 생활 이렇게 편한 직업도 있었는가.

바로 배부른 돼지!

제5장 다니엘의 사자 굴—자식을 위해서라면 죽어도 좋다

1. 두고 온 막내 구하려 다시 북한(사자 굴)으로

밥알에도 사탕 한 알에도 아려 오는 3살배기

시간이 지날수록 마음을 짓누르는 게 있었으니 북한에 두고 온 막내 걱정이다. 하루는 큰애가 "엄마, 이밥도 계속 먹으니까 슴슴하구 맛없네."라고 하는데 그 말이 더 가슴을 후볐다.

근처에 있는 자선 상점에서 구매한 우유사탕 유지를 벗기면서도 막내까지 데려왔더라면 하는 생각에 막연하게 막내 몫이라고 꼭 사탕 한 알씩은 주머니에 넣기도 했다. 한국에 가신 삼촌의 연락이 오기만을 하염없이 기다리는, 오로지 먹고 자는 시간만이 존재할 뿐이었다. 밥만 먹고 자고 간식까지 여가에 먹으며 정말 이런 행복이 또 어디에 있으랴?

그러나 저 강 건너 북한에 있는 3세 애기는 밥 먹는 시간마다 "나는 왜 꼬꼬밥이 없냐?"라고 고함질했는데 이젠 엄마도 없으니 누구한테 그런 행패 비슷한 투정과 떼질을 일삼으랴.

기구한 운명의 숨바꼭질이었다.

이런 나날 속에 중국 화교 브로커가 우리를 감금 생활 유사하게 시키며 친척들에게서 돈을 뜯는다는 걸 희미하게나마 눈치채게 되었다. 전화기가 없는 우리는 브로커의 전화로 외갓집에 대한 괴롭힘을 간접적으로나마 알아차리게 되었을 때, 엄마의 고심은 거기에 쏠렸다.

"내가 50년 동안 덕을 주지 못한 동생들에게 나로 인하여 해를 입히는 것 같아 바늘방석이다."라고 하시면서 늘 불안해했다.

엄마는 남한의 동생들 생각, 나는 북한에 두고 온 막내와 남편 생각, 이렇게 우리는 각각 다른 생각을 하면서 중국의 화려함과 풍요 속에 평행선을 달렸다.

그러던 어느 날 우리는 탈출 계획을 세웠다. 생각을 거듭하다가 연길을 택했다. 돈이 수중에 있으니 이동이 용이했다. 지성이면 감천이라고 애타는 갈망이 통했는지 택시로 두어 시간 걸려 연길에 갈 수 있었다.

연길에서의 두어 달 생활 끝에 나는 드디어 막내를 구해야겠다고 결심했다. 먼저 큰애에게 의향을 물었다.

"난 북한에 있는 니 동생 때문에 한순간도 행복해 본 적이 없구나. 할머니만 고향에 가시라 보내 드리고 우리는 다시 들어갈까? 할머니가 남조선 가서 돈 부쳐 주면 우리도 잘살게 될 거야."

"아니에요, 난 안 들어갈래요."

뜻밖이었다.

엄마가 들어가면 당연히 따라나설 줄 알았는데 큰애는 막무가내로 재입북은 안 한다는 것이었다.

놀라웠다.

영문을 물으니 국경 근방이 학교라 도강자가 많단다. 아침에 학교 가면 매일같이 도강하다 붙잡힌 도강 시도자(학생)들을 반역자들이라고 복도 앞에 세워 놓는다는 것이다. 그러곤 전교생이 발길로 찼다고 한다. 말하자면 모둠 매질을 당한다는 거다.

"나는 학교에서 손풍금 잘한다고 소문나고 일반 애들과 구별되었는데 거기 다시 들어가면 그런 애들로부터 반역자 취급을 받을 텐데 진짜로 난 안 들어갈래요."

큰애는 단호했다.

일단은 큰애의 의견을 존중해 주고 싶었다. 그도 그럴 것이 북한에서의 기억하기도 지겨운 굶주림이 더더욱 도망가고 싶었다고 단정하게 된다.

식량난을 견디다 못해 나는 방학 때 그래도 식량난을 모르고 부유하게 사는 큰아버지 집에 무작정 밥 빌어먹이러 보낸 적이 있었다. 그때,

"…엄마 나 그 집 식구들한테 얼마나 눈칫밥을 먹었다고, 나 굶어 죽어도 괜찮아요. 나 이제 다시 그 집에 보내지 말아 줘요…."

하며 눈물로 애원했던 게 불과 몇 달 전 일이었다. 지지리도 식량 사정이 어려워 이밥 한 그릇 변변히 못 먹었던 그 가난이 더 지겨워 다시는 고된 가난이 되풀이하는 그 메마른 땅으로 정녕 들어가고 싶지 않음이 충분히 이해가 되었다.

"그럼 나 혼자 가야겠구나…."

라고 다짐했는데 그 낌새를 알아차리고 도망갈 틈을 주지 않았다.

'너는 지금 저 지옥의 나라에서 니 자식이 추위와 굶주림에 떨고 있는데 목구멍으로 먹을 것을 삼킬 수 있냐?

니 자식은 이밥 먹고 싶다 목 놓아 우는데…

니 자식은 사람들에게 손가락질당하며 수모를 견디고 있는데…

니 자식이 얼마나 너를 목 놓아 찾고 있는데….'

가슴 치고 통곡하고 몸부림을 쳐 봐도 소용없다.

다 같은 인간 세상인데 어째서 저 땅은 그다지도 메마르고 잔혹하단 말인가. 이곳에 있는 풍요와 인자함이 저 땅에는 왜 없는 것인가.

가슴을 쥐어뜯는 나날이었다.

시장에 가면서 도망가려 해도 여전히 큰애가 따라가겠다고 졸랐다. 나의 재입북 의도를 읽고 심지어는 화장실도 따라다녔다. 도저히 낮에는 안 되겠다는 결론을 내렸다. 할 수 없이 밤에 탈출하기로 작정했다.

두만강이 얼어붙어야 도강이 용이하니 강이 얼기만을 기다렸다.

한편 연길 백화점에 가서 구석마다 진을 친 점쟁이에게도 물어보았다. 점쟁이의 말로는 북한에 들어가도 감옥에 좀 오래 있는단다. 그러나 죽지는 않을 거란다.

몇 번을, 그리고 여러 점쟁이들을 다시 확인하면서 나의 결심은 굳어졌다.

1999년 12월 22일 동지가 되니 드디어 두만강이 얼어붙었다. 그날 따라 눈이 많이 내려 강산같이 쌓였다.

바로 이때다.

나는 드디어 움직이기로 마음먹었다.

첫날 밤에는 몇 가지 옷가지들을 집 앞의 눈 더미 속에 파묻었다. 되도록 삼촌이 남한에서 가져온 쫀쫀한 옷들을 챙겼다. 도피 계획의 일환이다.

겨울이니 무한정 껴입을 수 있어서였다. 옷을 묻어 놓고 방 안에 들어오니 엄마와 큰애가 자고 있었다. 이들을 외지에 두고 나는 과연 떠나야 하는가.

엄마는 북한의 그 엄혹한 세파를 나 하나 때문에 견디며 모든 걸 감내하고 헤쳐 왔는데, 내가 과연 엄마와 큰딸을 객지에 내버려두고 떠나는 게 옳을까.

그야말로 진퇴양난이었다.

착잡함을 누르며 나는 그 밤 편지를 썼다.

외할머니 전 상서

"존경하는 외할머니, 안녕하십니까?
북한의 맏외손녀 머리 숙여 인사 올립니다. 저는 하루에도 몇십 번 북조선에 두고 온 막내 때문에 죽을 것 같아 견딜 수 없어 다시 북조선에 들어가려고 합니다. 제가 북조선에 들어가면 최고형으로 죽을 겁니다. 왜냐하면 조선에서는 엄마가 서울 출신으로 요시찰 대상이었기 때문입니다. 어느 날 우리 가족이 탈출하여 격분했는데 딸이 제 발로 들어왔으니 대신 분풀이하고자 무거운 죄형이 가해질 것입니다. 그래도 중국에 나와서 세상의 인간상과 자유와 풍요를 보면서 인간의 고귀함을 느끼게 되었습니다. 엄마와 큰딸이라도 이 좋은 세상살이를 누릴 수 있다는 것만으로 족합니다….

…훗날 저의 생사가 걱정되거든 우리 집 주소로 편지를 해 보세요. 남조선에서는 북조선에 편지 거래가 불가능하지만, 해외에서는 가능합니다. 엄마와 큰애 소식을 꼭 전해 주세요. 큰애는 이모의 아들 이름이 앤드류이니 앤들연이라고 하고 전해 주세요. 우리 큰애 잘 부탁드립니다. 엄마는 일가친척 없이 외롭게 고생 많이 하셨으니 그곳에서는 행복했으면 좋겠어요.

보고 싶은 외할머니, 건강하세요. 오래오래 사셔야 통일되는 날 맏손
녀 뵐 수 있으니 부디 오래오래 건강하시길 부탁드리옵니다."

남한의 삼촌께도 한 장 남겼다.

"존경하는 큰삼촌께.
…저는 하루 한시도 작은딸 때문에 진정할 수가 없어 결국은 떠나기로
했습니다. 북조선 들어가면 살아서 같이 살 수 있다는 확신은 희미합
니다. 하지만 내 딸이 이 담에 자라서 엄마가 자기를 버리고 도망갔다
고 하는 것보다 자기를 구하러 조선에 왔다가 이 땅에서 죽었다고 하
는 게 부모의 도리이고 소명이라 생각합니다.
엄마와 큰딸만이라도 자유가 있고 풍요한 땅에 사람처럼 산다면 저는
여한이 없을 듯합니다.
삼촌 건강히 오래 사셔요. 통일되는 날 꼭 만나 뵙기를 기원하며.
북조선의 큰조카 드림."

편지를 다 쓰고 나니 눈물이 펑펑 쏟아졌다. 다음 날 아무 일 없는 듯
일상과 다름없이 저녁상을 물리고 우리는 TV를 보다 잠들었다.
12시가 되니 엄마는 잠이 드셨고 흔들어 보았으나 반응하지 않았다.
큰딸 역시 들어가도 모를 정도로 깊이 잠들었다. 이때라고 생각하고 가
만히 방 안을 빠져나와 옆집에 사는 팔순 할머니 할아버지네 집 문을
두드렸다.
나는 자주 그 할머니네 집에서 시간을 보내곤 했다. 내가 울면서 계
획을 말하자 나의 계획을 적극 지지해 주었다. 그러면서 "여기서 자고

낼 아침 일찍이 연길 중심지로 떠나게 잘 아는 지인에게 연결해 주겠노라."라고 약속했다.

그런데 1시간이 안 지나서 다급히 문 두드리는 소리가 났다. 엄마였다.

할머니는 재빨리 내게 이불 장롱에 들어가 숨으라고 하고는 문을 열어 주었다. 엄마는 방 안에 들어서면서

"할머니! 흐윽~

우리 딸이 없어졌어요….

이 야밤에 어디로 갔을까요?

가다가 혹시 인신매매꾼들에게 잡힌 건 아닐까요? 걔는 연길 시내 시장밖에 가 본 적이 없고 여기 말도 모르고 중국 물정은 전혀 몰라요. 같이 분명 잠자리에 들었는데 자다 깨니까 없어졌어요. 어인 일일까요?"

하면서 할머니 앞에서 하염없이 우신다.

이불 장롱에 숨어 있는 내 심장에도 눈물이 솟구쳤다.

그 집 할머니는 며칠 전부터 내가 "북한에 가는 인편을 알 수 없을까요? 나는 하루에도 몇십 차례 두고 온 막내 때문에 견디기가 어렵다."라면서 자주 울었다고 전달하였다.

"…사람 장사꾼이 득실거린다는데 어느 마귀에게 잡힐지 어떻게 알고 얘가 이 야밤에 어쩌자고 겁도 없이 나갔을까요?"

엄마는 한 30분을 우시다가 애가 깨서 놀라기 전에 가 봐야 한다면서 나갔다.

할머니는 엄마가 나간 후 재빨리 장롱에서 내려와 편히 자라 하고는 좀 있다가 깨웠다. 밥을 지어 놓고 날 밝기 전에 빨리 떠나야 한다며 응원했다.

그야말로 007 작전이었다.

그때 할머니와 우리가 살던 마을은 연길시 신풍리라고 연길 비행장이 바로 앞에 있었다. 연길시에서 버스로 20분 정도 걸리는 거리였다. 할머니는 새벽인데 지인에게 이만저만하여 좀 도와주라고 부탁했다. 자초지종을 설명하며 그 지인의 친척에게 소개해 두만강 도강을 부탁하였다.

택시 타고 그 집(할머니와 함께 시장 왔다가 한번 들른 적이 있었다)에 도착하니 급히 연길 기차역으로 가자고 한다. 기차를 타고 그는 나를 훈춘 방향 쪽 사는 지인에게 인계했다. 중국말을 전혀 모르니 나는 어디가 어디인지 방향 감각이 전혀 없었다. 단지 의로운 분들의 양심과 진정에 내 자식 위한 순정의 모든 것, 나의 목숨과 운명의 전부를 맡길 뿐이었다.

신이시여! 울고 있는 3세 애에게로 데려다주오!

마음속으로 신이시여!
부디 사람 장사가 아닌 바른 마음으로 나를 인도케 하여 주옵소서~!
간절히 빌었다.

그들은 날 팔아먹거나 나쁜 마음을 갖지 않고 제대로 북한 가는 길에 정히 인도하여 주었다. 신께서 인도하신 듯하였다.

몇 단계를 거쳐 나는 내가 살았던 북한 마을의 두만강 변에 다다랐다. 여러 인맥을 통해 만난 두만강 변의 낚시꾼 할아버지는 저녁 8시가 되어야 깜깜해지니 그때 도강하자고 했다.

마냥 설렜다.

두만강 변 동네 슈퍼에 가서 봉지 사탕과 과자, 봉지 술도 샀다. 추운 겨울 집에서 떨고 있을 막내와 남편을 위해 빈손보다 뭐라도 준비해야 할 것 같았다. 운이 좋으면 붙들리지 않고 집에까지 무사 도착할 수도 있지 않을까 상상하면서 나름 여러 가지를 준비했다. 단지 무사히 집에까지 도착해 막내를 품에 안는 환상에만 꽂혀 설렘만이 앞섰을 뿐.

드디어 두만강을 건너야 할 시간이 다가왔다.

밤 8시경이니 주위는 먹물을 뿌린 듯이 캄캄하였다. 낚시꾼 할아버지에게 맡겨진 나의 공포와 설렘이 가슴에서 날뛰고 있었지만 태연해지려고 애를 썼다.

일단은 운명에 맡긴 몸이었다. 죽으면 죽고 산다면 이 또한 운명이리라.

눈보라가 몰아쳤다.

할아버지는 낚시꾼이라 강의 얼음 상태를 도사처럼 잘 알았다. 그는 강가의 절반까지 조심히 나를 인도하고는 자기 역시 여기가 국경이라 더 갈 수 없다 했다.

내게 꽁꽁 얼어붙은 강의 얼은 방향을 잡아 살펴갈 것을 일러 주고는 어서 가라고 손짓으로 재촉했다.

그 할아버지께 나는 깍듯이 눈물의 인사를 드렸다. 그러고는 내 나라 내 딸이 있는 땅이라 당당하고 힘차게 걸어갔다.

무사히 도강하니 무인지경의 숲이었다.

3분 정도를 힘들게 걷자 도로가 보였다.

바로 내가 두어 달 전까지 자주 다니던 새별 ― 온성 간 도로이다. 10분 정도 걸어가면 내 집이었다.

집에는 지금 누가 있을까?

60여 일 동안에 어떻게 변했을까?

온갖 여러 갈래의 생각들로 머리가 복잡해졌다.

북한의 엄혹한 추위보다 더 가혹한 구금시설의 혹독한 고문 속에 파묻혀 생사를 넘나들어야 할 정상 참작은 자리하지 않았다. 그러나 그 설렘의 정반대인 북한 국경경비대가 먼저 나를 덮쳐 그들의 실적 먹잇감이 될 줄이야!

항상 우리 모녀에게는 좋은 기회보다 먹구름 위기가 먼저 덮쳤거늘~

2. 인간 생지옥, 북한 구류장

중국 도강자닷!

도로의 200m쯤 떨어진 곳에서 불빛이 번쩍거린다. 경비대 순찰대가 나타난 것이었다.

도로 위로는 철길이다.

철길로 올라가서 숨을까? 아니야, 난 운동신경이 굼떠 섣불리 움직이다가는 표적이 될 수 있다. 인근 친구 집에 놀러 갔다 오는 것으로 태연히 연출하는 게 더 나을 것이다. 판단하고는 움직임을 거두었다.

지금 생각하면 서툴더라도 그때 철길로 올라갔어야 했다. 내가 중국 옷으로 무장했음을 미리 의식하지 못했다. 그리고 중국 살다 온 사람들에게선 세제 향(?) 이국적인 향이 난다는 걸 모르는 자신감이었다.

나름 자신감을 가지고 도로 행진을 지속했다. 불빛 라이터의 순찰 경비병은 점점 가까워진다.

"섯!"

"뒤로 돌앗!"

"뒤로 돌앗!"

"뒤로 돌앗!"

그들은 "뒤로 돌앗!"을 세 번 정도 시켰다. 이는 경비대원들의 단속수칙으로 수회 회전 시의 바람에 의해 바로 중국 향이 난다는 것이다.

"도강자다. 걸어랏!"

어떻게 이들이 내가 도강자인 걸 알아봤을까. 내가 좀 더 완강히 우기면 될 수도 있었을까?

시시각각으로 위험이 나를 좁혀 왔다.

나는 그들이 가라는 곳까지 가서 애원했다. 그들은 도로 옆의 숲속에 들어가 플래시를 들이댔다.

"여기에 니 짐들을 다 꺼내 놓아라."

나는 그들이 하라는 대로 순응하고 애원했다.

"쌀밥 먹겠다고 고함치는 아기가 너무 불쌍하여 중국의 친척 집에 잠깐 갔다 왔는데 도와 달라."

"집에 3세 애기가 있어요…. 하도 먹일 게 없어서 중국 삼촌 집에 다녀왔어요, 살려주세요."만 자꾸자꾸 반복하여 애걸하였다.

아무리 애걸복걸해도 소용없었다.

자그마한 천 가방에 사 넣은 사탕과 과자, 술 위로 눈이 쌓였다. 천 가방은 금세 눈으로 가득해졌다. 눈을 털고 사탕과 과자를 꺼내 놓으며 사정했더니 다시 다 담으라 하고는 자기들의 소대 병실로 인도했다.

소대 병실에서 다시 중대 병실로 인도되었다. 거기에서 중대 군관(장교)들이 기거하는 침실(6~7명의 군관들이 나란히 한 침실)에 들여보내졌다.

잠옷 바람으로 이불 속에서 얼굴만 내밀고 있던 그들은 짜증스럽게 잠꼬대를 하다가 하나둘 일어나더니 나의 조사를 주시했다.

그들은 내 호주머니에서 나온 한국제 작은 화장품(삼촌이 한국서 가져다준 설화수 화장품 샘플 10㎖)을 보면서 감탄했다.

"어? 남조선제다. 얘네는 화장품도 왜 요렇게 쪼꼬맣게 할까?"

"야!"

"어?"

하면서 이 사람에서 저 사람으로 돌려지며 구경된다. 그러고는 언제 두만강 건넜고, 어디서 무얼 하다가 왔느냐 등 도강 상황을 일일이 요해한다.

무덤덤한 나의 일거수일투족.

나는 그들의 심문보다는 오로지 머릿속에는 내 막내딸이 있는 땅에 무사히 도착했다는 안도감뿐이었다.

지금 애는 어디서 잠들고 있을까, 어디서 어떻게 하고 있을까, 마냥 설레었다.

이들은 모르는 사람들이고 또 실무자들이 아님을 알기에 대충 외형적인 거짓으로 둘러댔다.

대충 조사를 마쳤다고 단정하고 나를 나오라 하고는 다른 칸에 들여보낸다. 거기에는 물이 조금 담긴 채로 꽁꽁 얼어붙은 물탱크가 가운데 있는 일명 목욕탕으로 읽혔다. 거기에 의자 하나를 들여다 놓더니 "여기 앉아서 자든지 말든지." 하고는 나가 버렸다.

밤새 나는 물탱크의 얼음과 함께 꽁꽁 얼었다.

새벽이 되었는가, 문소리가 나더니 나오라고 했다.

다시 어느 작은 방에 인도되었다. 그 방서 거드름 피우며 의자에 앉아 있는 군관은 자기가 보위 지도원이라며 조사를 받았다. 그는 내게 돈이 있는가, 있으면 내놓으라, 돈만 내면 넌 살 수 있다며 노골적으로 사심을 드러냈다.

이런 좋은 기회가 있을 줄 꿈에도 몰랐다.

어젯밤 경비대에 연행될 때 얼마간 있던 돈(200달러 남짓)을 모두 길에 버린 것이다. 살길이 따로 있는 줄도 모르고서 말이다. 이런 좋은 기회에 응할 수 없게 된 게 속상했다.

아무것도 내게서 얻을 게 없다고 생각한 경비대 중대에서는 군에 있는 사단 지휘부에 보고했고 나는 곧 호송되었다.

돈이면 다 되는 세상이런가?

경비대에서 보위부 감옥으로

나쁜 놈들, 도강자 단속의 기본이 돈이다.

이렇게 하여 또다시 국경경비대 사단에 인계되었다. 사단에서도 낮에는 나에 대한 취급을 유보하다가 창문도 없는 복도에서 쭈그리고 자란다. 보초병이 딱했는지 작은 박스 조각을 건네주며 깔고 앉으라 한다.

이틀 밤을 못 잔 탓에 눈보라가 몰아치는 혹한의 겨울밤, 창문도 없는 복도….

그 속에서도 피곤이 몰려와 잠이 들었던가 보다.

살아 있음이 신기할 정도이다.

다음 날 아침이 되자 군 보위부에 이관되었다. 엄동설한(영하 25도 이하)의 바깥에서 잠을 자서인지 온몸은 얼어맞은 듯이 얼얼하여 겨우 다리를 끌며 보위부로 갔다.

보위부행의 다리를 끌며 연행되는 내 마음 천근만근이었다. 또 내게 어떤 가혹한 처벌(?) 고문이 가해질 것일까,

여태는 경비대 계선이라 거짓 증언이 가능했지만 군 보위부에서는 사정이 달랐다.

아침 10시에 도착하여 기초 심문을 받고 나서야 그들은 내가 ○○병원의 약제사임을 확인했다. 오후 첫 시간에 내가 살던 고장의 리상○ 책임 보위 지도원이 헐레벌떡 달려왔다.

아마도 신상확인차 보위 지도원을 호출한 듯했다.

"어, 너 중국 가더니 몸 났구나. 이렇게 멋지게 돼 돌아왔냐. 너 엄마와 딸은 어떡하고 너 혼자 왔냐?"

나는 울면서 토로했다.

"나는 뭐가 뭔지 모르고 중국에 가서 큰딸도 시장에서 잃어버리고, 엄마는 만나지도 못하고 헤매다가 막내딸이라도 찾고 싶어 왔어요. 우리 딸과 남편은 무사하나요?"

마치 남편이라도 만난 듯이 반가웠다.

신상확인이 끝나면 그다음은 군 보위부의 몫이었다. 드디어 나는 보위부의 '죄인'이 된 것이었다.

나는 손톱 발톱 다 뽑아 버리는 고문을 이기다가 죽었다는 그 무시무시한 북한 보위부의 고문을 이겨 내야 하는 중죄인!

간첩보다 더 큰 반역 죄인이 되었다.

3. 엄동설한의 감방 생활

보위부의 큰 죄인 - 한국 문제 있는 사람

그날부터 나는 구류장에 입감되었다. 보위부에서 온종일 기초조사를 받는 동안 보위부 반탐과의 구경거리가 되었다. 북한 보위부내의 군복 입은 보위원들은 한 명 한 명이 유심히 살피며 스친다. 넓은 보위부 마당에서 나는 한국 사람의 자녀로, 소위 한국서 잡아 온 간첩인 듯 많은 보위부 군관들에게 동물원의 원숭이가 되었다.

마치 대단한 반역자를 잡은 듯이 신기하고 매서운 눈초리에 나는 진짜 아주 나쁜 반역자로 관망되고 취급되었다.

조금 지나 실내의 반탐과에 안내되었는데 반탐 과장으로부터 말단 지도원까지 차례차례 들어와 나를 구경하고 말을 시켜 보면서 입체적인 감각을 잡는 듯했다. 아마도 나를 큰 역적(?) 아니 대단한 간첩 취급이 가까운 듯싶었다.

말단 지도원 신 모 씨가 말했다.

"야, 너, 막내 간나(여자나 딸을 말하는 함경도 사투리)마저 데리러 와 가지구 거짓말하지 마, 말 안 해도 다 안닷!"

"난 살려고 생각 안 했다. 죽이려면 죽이라. 단지 내 막내딸이 있는 이 땅에서 죽는 것 하나만으로도 족하다."라고 애원하였다.

몇 번이고 마음속으로 되뇌며 내 딸이 있는 내 조국의 땅임에 감사하다는 시나리오 섞인 '진정'을 토로했다.

저녁이 되니 안전부 구류장으로 인도되었다.

어느 작은 방에서 조금 기다리자 여직원이 들어왔다. 안전부에서 교환수인 듯하였다. 그녀는 나에게 옷을 모두 벗으라 했다. 주머니에 있는 것도 다 꺼내 놓으란다. 아무것도 없다고 했는데도 옷을 벗으라 하니 순종했다.

같은 여자 앞이지만 맨몸, 알몸은 정녕 수치스러웠다. 그렇다고 반항할 수 없었다.

이번에는 의자에 올라가 서라고 한다.

그러고는 의자에서 "앉앗! 일어섯!"을 시킨다.

이틀간 먹지도 자지도 못했더니 현훈이 왔다.

쓰러질 것 같아 의자가 아닌 바닥에서 하면 안 되느냐고 묻자 아니꼬운 듯 눈 흘기며 그러라고 한다.

무슨 영문인지 모르고 겨우 50번을 실신토록 했다.

이는 나중에야 알았지만, 중국에서 북한에 들어올 때 여자들이 음부(질강)에 숨겨 둔 돈을 찾기 위한 일종의 '펌프고문'이란다.

그녀는 옷을 입으라 하고는 종이에 뭐라고 쓰더니 금방 나가 버렸다.

허겁지겁 옷을 입기 바쁘게 웬 남자가 들어오더니 나오라고 한다. 복도의 제일 마지막 칸 문을 열고는,

"니 번호가 이제부터 4호 감방의 11번이니 기억하라."라며 신발을 넣으라고 했다.

작은 문 안에 허리 숙이고 들어서자 새로운 방이었는데 그 안에는 10여 명이 욱실거렸다.

바로 감방이었다.

4호 감방의 11번 죄인

아, 이게 감방이구나.

내가 죄인이 되어 감방에 갇혔구나.

"어느 방이야?"

나의 기척을 듣고 호령 치는 감방계호의 목소리가 들려왔다.

"4호 감방입니다."

"보고해라!"

나에게 그 방에 있던 사람들이 시켰다.

"4호 감방 11번 새로 들어왔습니다!"

그들이 시킨 대로 복창했다.

감방에 들어오자마자 저녁 식사가 들어왔는데 저마다 나를 자기 옆으로 끌어 앉힌다. 영문을 몰랐는데 처음 들어온 사람들은 밥을 안 먹는다는 전례를 아는 감방 고참들의 잔꾀였다. 어벙벙하게 지나 버린 3일간. 그래도 지붕이 있는 안식처라 다소 안착을 느꼈다.

감방은 3×3.5m가 될까,

그런 속에 10명,

내가 들어와 11명이 되었다.

구석 모서리에 0.7×0.8m²의 화장실이 있고 배꼽 높이 1m에 작은 관이 지나갔는데 용접으로 낸 구멍에서 물이 졸졸 흘러내렸다. 그 구멍에 헌 천을 감싼 나무쐐기를 박아 조금씩 물이 흐르도록 막아 놓았다.

그 물이 감방 11명의 생명수, 또는 세안수였다.

다행히 바닥이 마루였다.

북방의 엄동설한 추위를 난방시설 없이 이겨 낼 수 있는 건 마룻바닥

덕분이었다.

감방 안에는 나 포함 총 11명이었는데 1명만 빼고 10명이 다 우리 고장 ○○사람들이다. 그들은 한결같이 나를 곱게 보지 않았다.

"엄마와 큰딸을 데리고 중국에 갔으면 한국에 갈 것이지 이 땅에 무슨 미련이 있어 다시 돌아왔냐?"

"딸은 살아만 있다면 아무 때나 만나지 않으리?"

"그 고집 때문에 망해야 정신 차린다…."

하면서 나를 곱게 보는 이가 단 한 명도 없었다.

내게 제 발로 다시 들어왔다고 노골적으로 해 대는 욕쟁이들의 욕 들으며, 참 적응이 안 되었다. 그전 같으면 보는 앞에서라도 잘했다고 칭찬받아야 할 나의 소행!

다시 이 암흑의 세상에 무슨 미련 있어 왔냐고 퍼부어 대는 공격, 이런 노골적인 반역 행위를? 진정 나는 니네들이 단정하는 그런 바보가 아니다.

그러나 난 행복했다.

내 막내딸이 있는 땅에서 받는 수모였으니….

결국에는 밥시간에 나는 한 숟가락도 못 먹고 옆 사람에게 모두 강탈당했다.

처음에는 고참(감방의 신고(新古)참 기강은 강함)들에 의해 밥을 차지하기 어려워 저녁밥을 굶었다.

지금 생각하면 그 광경은 참 표현하기가 민망하다.

저녁 식사는 전기가 없는지라 캄캄할 때 이루어졌다. 작은 배식 구멍으로 받은 밥그릇은 끝에 있는 신참의 자리까지 매 사람이 한 그릇씩 거쳐 전달되는데 전달되면서 한 줌씩 집어 먹다 보면 마지막 신참에게 가는 밥그릇은 이미 텅 비어 있기 일쑤였다. 결국은 굶을 수밖에 없었다.

배식구부터 밥그릇을 받을 수 있는 자격이 고참 1이다.
밥그릇은 1, 2, 3으로 이동되며 한 줌씩 집어 먹고 이동, 마지막 신참에게는 빈 그릇이다.

취침 시간이 되자 감방에 유일하게 한 장인 모포가 펼쳐졌다. 1×1m 정도의 모포인데 가장자리는 올이 뜯겨 너덜거렸다. 한 장의 모포 속에 서로가 발을 들이밀고 배까지 덮으려고 발차기가 진행되었다. 이러던 중 계호(감시안전원)에게 들켰다.
"얏! 어느 간나야? 일어서랏!"
"나오랏!"
"이거 쥐고 앉아랏!"
무슨 말인지를 바로 바로 알아차리고 하라는 대로 척척 감방의 죄인들이 실행하였다. 계호는 구둣발로 쇠살창을 감싸 쥔 여자의 손가락을 힘차게 밟았다.

"아가~ 앗!"

비명이 터졌다.

"너 소리 내?"

더 힘차게 내리쳤으나 신음은 없었다. 숨을 죽이는 초인간적인 순간을 경험했다. 감방의 첫날 경험으로 나는 몸을 부르르 떨었다.

스스로를 다독이며 두려운 밤을 보냈다.

그 이튿날 작은 문이 열리더니 "11번 나오랏!" 한다.

나를 찾는 호출이다.

나는 이제부터 감방의 죄인으로 순종되고 훈련되어 갔다. 아침마다 보위부 조사실로 연행될 때 나의 손에는 수갑이 채워졌고, 호송원에 의하여 500m 내에 있는 군(郡) 보위부로 연행되었다.

다 떨어진 감방의 고무신에 발을 담고 천천히 눈보라 치는 북방의 겨울 추위를 거스르며 보위부 담장 앞에까지 가는 동안 대도로의 많은 이들의 구경거리가 되었다. 군 안의 중심지 거리에는 눈보라가 치는데도 사람들이 많이 나와 구경하고 있었다. 머리를 쳐들고 주위를 관찰할 수 없었다.

모든 감각은 마비되었다.

창피함도 망각하였다.

석방된 후 전해 들은 바에 의하면 내 친구 혜○이는 내가 매일 보위부에 연행되는 시간에 맞춰 먼발치에서 날 보며 눈물을 흘렸단다. 그 외에도 나를 아는 사람들의 입에 입을 거쳐 군내에, 내가 살던 동네에, 병원까지도 매일같이 나의 소문이 퍼지며 측은지심을 함께하였다 한다.

보위부에 연행된 후 나에 대한 조사가 시작되었다.

처음에는 종이에 펜으로 쓰는 것이었다. 종이와 볼펜을 준 그들은 북한에서 떠나게 된 날부터 중국에서 여기 들어온 날까지 있는 사실 그대로를 하나도 빠짐없이 모두 기록하라고 한다. 나는 깨알 같은(북한의 열악한 학용품 사정에 의해 내 글씨는 깨알 글씨에 적응되었다) 글씨로 빼곡히 써 나가 앞뒷면을 꼭 채워 온종일 12장을 썼다. 그러니까 24쪽을 깨알 글씨로 꼭 채운 셈이었다.

저녁이 되어 다 썼다고 하니 반탐과 보위 지도원이 대충 보고 나서 다 거짓말이라며 다시 써야 한다는 것이었다. 나는 그 이상 더 없다고 했다.

그날 저녁에는 또 안전부 구류장으로 보내졌다.

또 새날이 되었다.

안기부 삼촌

보위부의 호출을 받아 반복된 글을 연일 반복하게 한다.

다음 날에 또 보위부 호출.

다음 날에는 다른 방의 문을 따고 들어가란다. 들어가니 나 혼자이다. 독방 죄인으로 관리당하는 셈이었다. 조사와 고문의 수위가 점점 깊어지면서 나는 위기의식을 느꼈다.

그런 속에서 내가 북한에서 중국으로 간 첫날 만난 외삼촌이 나에게 했던 말이 생각나 더 불안해졌다.

"야 임아! 너 막냇삼촌이 안기부에 있으니 절대 주눅 들지 마라. 한국에 당당히 들어갈 수 있으니 희망 잃지 말고 기다려라."

삼촌은 온갖 생필품들을 갖춰 주고는 한국으로 들어간 후 전화로 안전 여부를 매일매일 체크했다.

나는 듣지 말아야 할 '안기부 삼촌' 걱정으로 한시도 자유로울 수 없었다.

아닌 것도 그랬다고 덮어씌우고 일생을 노예로 부리는 판에 혹시 내 삼촌이 안기부 요원이라는 사실이 알려지면 나는 그대로 총살감인 것이다.

김일성 혁명역사교육에서 혀를 끊었다는 항일투사 마동희가 생각났다. 그는 항일투쟁 시기 김일성의 거처를 잠결에라도 누설할까 봐 일제에 수감되자 자기 혀를 끊어 비밀을 엄수했다. 그런데 학습받아 세뇌된 그것이 바로 오늘 나의 현실이 되었다.

나도 혀를 끊어야 한단 말인가?

혹여라도 감방 안에서 잠꼬대라도 내가 발설한다면 나는 총살감이다. 진정 혀를 끊어야 한단 말인가?

어이해야 할까?

참으로 착잡하고 견디기 어려운 감방 안의 1분 1초였다.

하늘에 모든 것을 맡기고 빌었다.

조사는 날마다 새로워졌다.

아침에 들어가면 어제 쓴 내용이 모두 거짓이라며 책상 위에 손바닥을 펴 놓게 하고는 작은 각목으로 힘차게 내리치기도 했다. 때론 구석에 무릎을 꿇리고 들어오는 사람마다 구둣발 세례를 퍼부었다.

또 어떤 날에는 보위부 취조실 안에 있는 지하 감방에도 집어넣었다.

'그 안에서 썩으라!'

호령치며 들이밀었다.

날마다 예측할 수 없는 고문의 공포 속에서 불안한 감방 생활에 익숙해져 갔다. 그러던 어느 날 또 작은 문이 열리더니 호출이다.

한번은 감방에 제일 어린애가 밖에 조사차 나갔다가 와서 내게 슬며시 물어본다.

조사차로 밖에 나가서 남편에게서 "니네 방에 한국 문제 있는 여자 있으니 매사에 조심하라."라고 하더라는 것이다. 그러면서 나더러 그가 누구냐고 한다. 이를 통해 나에 대한 보위부나 당국의 관리와 처리 등 벼르는 게 만만치 않음을 감지해 나의 감방 생활은 날마다 살얼음판이었다.

그는 중국서 애를 낳고 3일 만에 남에게 주고 남편과 함께 잡혀 들어와 산후관리가 안 돼 통통 부어 있고 방 안 모서리에 있는 화장실에 갈 때면 무릎을 끌고 엉엉 울면서 겨우 다녀오곤 하였다.

생일날 안고 온 남편의 떡 벤또(도시락)

보위부 반탐 과장이 직접 나와 호출했다.

"오늘이 무슨 날이야?"

나는 침묵했다. 재차 호령한다.

"오늘이 무슨 날이야?"

"1월 27일, 제겐 생일이지만 그게 무슨 소용 있습니까?"

"니 생일인 거 아니?

그래도 남편이 남편이더라. 음식 가지고 와서 '이건 꼭 먹여 달라'며 내놓고 갔다."

그렇게 말하며 반탐 과장이 내놓은 도시락은 3개였다.

하나는 찰떡이었고 하나는 밥, 하나는 반찬이었다. 내가 떡을 좋아한다고 생일날 떡이라도 먹여 주자고 품 안에 넣고 왔다고 하면서 꺼내 놓았단다.

가슴이 뭉클해지면서 울음이 북받쳤고 눈물이 쏟아졌다. 내게는 소중한 남편이었다. 자기를 버리고 큰애와 함께 도망간 처의 생일을 잊지 않고 눈보라치는 혹한의 날씨에 이렇게 기호음식을 가슴에 안고 왔다니?

소중한 남편에 대한 미안함과 고마움이 뒤섞여 하염없이 눈물이 흘러내렸다.

그러고 보니 감방 안에서 벌써 1월 말….

그 엄혹한 북방의 소한, 대한 추위를 견뎌 낸 셈이다.

벌써 1월도 다 갔구나.

이렇게 날과 달이 사람을 늙게 하는구나.

시간은 잔인하다는 생각이 들었다.

그러다가 나는 열병에 걸렸다.

당시 온 감방에 티푸스 전염병이 돌고 있었다.

그 시기 감방은 급증하는 죄인을 수용하기엔 역부족이었다. 하룻밤 자고 나면 우루룩 중국 도강자들이 들어와 방도 없고 먹일 식량도(옥수수 껍데기 가루 범벅) 없다고 보안원들이 아우성이다.

후에 안 일이지만 나는 독방 대상이었다고 하였다.

그러나 열악한 감방 사정으로 단 하루만 독방 하고 일반 감방 10여 명 방에서 열병에 시달리기도 하였다. 한 애가 티푸스로 전혀 밥을 못 먹고 몸을 가누지 못했다. 그에게 그나마 앉지 않고 누워 있게 하는 게 특혜였다.

감방의 파라티푸스

어느덧 내게도 그 전염병이 침습해 고열로 식음을 전폐하게 되었다. 열병은 지속되고 내 온몸을 가열시켰다.

옆 사람들은 서로가 내 곁자리를 차지하여 내 밥 먹기 전쟁이었다. 나는 아무것도 반갑지 않았다. 고열로 며칠간을 절식하였는가.

그로부터 며칠이 지난 후 감방에서 나오라 하더니 낯모를 사람의 문진을 받게 했다. 언제부터 어떤 증상으로 진행되었나, 아마도 병원의 준의쯤 돼 보였다. 대충 문진을 한 후에 옷을 걷어 올리고 온몸을 살펴보더니 들여보냈다.

식음을 전폐하고 고열로 밤에 잠들 수 없으니 오직 변소에서 또랑또랑 떨어지는 물방울을 손바닥에 모아 받아 먹는 게 고작이었다.

진찰 후 다음 날부터 내게 약이라고 매끼마다 두 알씩 공급되었다. 나는 그 알약들을 먹는 척 연기하고 모두 모았다. 확실히 왜 남들은 약 안 주는데 나만 특별히? 나는 수용소 같은 곳으로 보내질 게 분명한 것으로 짐작되었다.

북한의 수용소는 생각만 해도 소름이 돋았다. 차라리 구류장에서 죽는 게 낫다 싶었다. 그 알약을 16개까지 모았다. 그리고 한꺼번에 먹었다. 치사량(lethal dose)은 아니었지만, 희귀약이라 차라리 약물중독이 되길 바랐다. 그러면 병원에 가거나 사망하거나 둘 중 하나일 것이었다.

하지만 약간의 실신 비슷한 현상이 직감될 뿐 아무런 반응도 없었다. 단지 나 혼자만의 아쉬움과 야속함뿐이었다.

이렇게 만 열흘이 지나니 그 고되던 열이 그만 맥없이 내리기 시작했다.

열이 정상으로 떨어지고 보니 이젠 광란적인 배고픔(기아)이 찾아왔다. 앞의 사람도 뜯어 먹고 싶은 허기가 어떤 것인지를 감방에서 경험했다.

그야말로 허기가 광기를 부린다 싶었다.

고난의 행군 시기에 사람을 잡아먹었다는 설(說)을 실감할 수 있었다. 아마도 나는 지켜보는 이들이 없었다면, 또 감방의 공포 분위기가 아니었다면, 아무리 성인이라도 누군가를 잡아 뜯어 먹었을 것이다.

감방 안의 광란적인 기아!

무엇으로 어이 표현이 가능할까?

빼곡히 붙어 앉은 죄수들,

철창 앞에서 지키는 간수,

이들을 이길 힘이 없다.

만일 누군가를 뜯어 먹는다면 나는 이들에 의해 죽을 것이다. 차라리 발악하느니 맥없이 죽는 쪽이 나으리라…….

그런데 왜 이리 죽는 것이 힘들까.

감방 사람들은 내가 아픈 내내 내 밥을 나누어 먹었지만 내가 소생하여 그리도 광란적인 허기 때문에 힘들어하는데 단 한 명도 의식하지 아니했다.

매정한 감방의 짐승 세계를 소리 없이 인내해야 하는

이 또한 인간 세상의 포성 없는 전쟁이었다.

감방 안의 피비린내

 감방 생활에서 영양에 따라 변하는 여자들의 생리 원리도 알게 되었다. 감방에서는 나를 비롯하여 30대 여자들이 주류였다.

 이들은 감방에 들어오자마자 생리를 하여 밀폐된 공간에서의 여성 생리 사태는 볼만했다. 생리대 공급이 없으니 저마다 자기 내복을 찢어 응급조치했는데 감방 간수는 우리 방 철창 앞에 지날 때면,

 "유~ 이 방의 피비린내…."

 하면서 코를 막고 얼른 외면했다.

 부끄럼도 없었다.

 마룻바닥에 얼룩얼룩한 천이 건조를 위해 너저분하게 널렸다. 비누가 없으므로 맹물에 비벼 빤 탓에 피 얼룩이 그대로였다.

 이런 생리를 감방 생활 중에 매달마다 어이 견디어 낼까.

 성질 급한 이들은 시작하기가 무섭게 입고 들어온 내복을 찢어 생리대로 삼았다. 그럴 때면 그걸 빌리자고 서로가 줄을 섰다.

 나 역시 줄을 섰다.

 그러면서도 매달 어떻게 남의 것을 빌려 쓸까?

 그러나 그는 한가한 괜한 걱정이었다.

 신기하게도 다음 달이 되자 약속한 듯이 감방 전원이 일제히 생리가 없어졌다.

 이때에야 비로소 여성의 정상적인 생리가 각자 건강과 영양상태의 상징임을 실감하게 되었다.

 그뿐만 아니라 추운 겨울에는 고참이 옷을 벗으라고 하면 옷까지 바쳐야 했다. 실로 감방은 약육강식(弱肉强食)의 짐승 세계가 분명했다.

티푸스의 열병과 감방의 먹이사슬 속에서 내 몰골은 야위어 갔다. 살이 빠지자 엉치뼈가 앙상하게 드러나 앉음새가 힘들었다. 입고 들어갔던 두툼한 솜 동복을 여러 겹으로 깔고서야 앉아 있을 수가 있었다.

하루는 감방 간수가

"야, 너 누구야? 새로 들어왔나?

…어? 몰라봤잖아?!!"

그러고는 외면한다.

그들도 인간일진대…….

간수가 몰라볼 정도로 감방 안에서 야위어 가는 내 몰골!

4. 6.15 특사

○○ 안까이 누구야?

이렇게 벌써 6월이 되었는가.

어느 날 철창 앞에 보안원 복장을 한 낯선 사람이 나타났다.

"여기 ○○의 안까이가 누구야?"

아내를 함경도 사투리로 '안까이'라 한다. 대번에 눈물이 핑 돌았다. 오랜만에 들어 보는 내 남편의 이름이었다.

"네!"

하고 조용히 비실거리며 일어섰다.

"나오랏!"

눈물이 글썽해서 나는 뒷문이 열리기를 기다렸다. 겨우 발걸음을 옮기며 인도하는 데로 다가갔다. 군 안전부 감찰과란다.

여태 보위부에 호출되었는데 오늘은 웬 안전부 감찰과지? 내 문건이 안전부로 넘어왔는가? 그렇다면 관리소가 아니고 안전부로? 그럼 나는 해방이란 말인가? 설마 그럴리야?

착잡해하는 내게 안전원이 나직이 말했다.

"…넌 오늘부로 석방이다! 집에 갈 수 있어?!"

그 말에 나는 겨우 벽에 기대어 섰다가 그대로 기대었던 벽을 타고 땅바닥에 스르르 주저앉았다.

실감이 나지 않았다. 그리고 오만 시름이 사르르 풀렸다.

"나는 이제 가라 해도 갈 기력도 없고 여기서 누워 자고 싶은 마음뿐입니다."

그날, 그 순간의 해방 선언으로 찾은 안도감은 울 힘도, 웃을 힘도, 환성 지를 힘도 없게 했다.

오히려 내가 햇빛을 보게 된다는 게 믿기지 않았다.

보안원은 현재 상태로서는 나의 자율적인 귀가가 어렵다는 걸 파악했던 모양이다.

훗날 안 일이지만 그날 호출하였던 감찰과 안전원은 나의 시아주버님과 친분이 있는 옛 전우라 했다. 자기 친구 남동생의 희소식이라 기쁜 김에 이름을 부른 것 같았다. 학수고대한 출감 소식이었지만 다시 나는 감방으로 들여보내졌다.

저주와 증오를 넘어 도리어 드디어 정까지 든 감방에 또다시 내 발로 들어가다니….

그러나 석방된다는 홀가분함이 감격으로 바뀌어 잠을 이룰 수 없었다.

다음 날 아침!

감방으로 들어오는 복도 건너 저편의 가느다란 햇살 쪽빛이 어느 때보다 정겹고 따스했다.

평소에는 느끼지 못했던 햇살에 대한 고마움이었다. 모든 게 소중했다. 밖에 나오니 눈이 부셨다.

그 밝은 햇살이,

그리고 그 따스함과 자연이 웅성거리는 소리에 젖어 황홀함을 느꼈다.

햇볕과 자연!

곧 우주의 황홀함은 경이로움으로 나를 눈부시게 하였다.

가긴 왜 가고 또 오긴 왜 왔나?!

아침에 호출돼 보안서 마당에 나가니 남편이 마중 나왔다. 남편은 내가 힘들어한다고 자동차를 공작(차 기름을 자비로 대야 함)해 마중왔다. 또 내가 멀리까지 가기에는 무리라고 생각해 읍에 있는 나의 절친인 혜○의 집에 식사를 준비했다.

혜○은 내 감방 생활 동안 보안서 계호들에게 '뇌물'을 고이고 내게 면회 음식을 수차례 ─ 보위부 조사였으므로 나는 단 한 명의 사람도 만날 수 없었다. 하여 웬간한 뇌물로 먹혀들지 않았다 ─ 들여보냈다. 그 고마움에 인사도 못 했는데, 그녀는 다짜고짜 날 붙잡고 눈물을 머금고 쏘아 댔다.

"야! 가긴 왜 가고 오긴 왜 또 들어왔냐?"

나에 대한 그녀의 깊은 마음을 알기에 그저 눈물만 흘렸다. 소리 높여 외쳐 대는 그녀의 음성에 설움이 쌓여 있음이 역력했다.

아무 말도 할 수 없었다.

그녀는 그 후에도 나에게 귀인이 되어 주었다.

그녀와의 사연 또한 진귀하고 눈물겹다.

내 친구 혜○은 읍 여고에서도 공부 잘한다고 소문난 수재였다. 그런데 그녀가 어렸을 때 아버지가 정치범으로 잡혀간 게 죄가 돼 8남매 모두 대학에 갈 수 없었다. 딸 다섯에 아들 셋으로 군대도 갈 수 없는 폐물 취급되었다.

그녀는 그래도 공부 잘하는 읍 여자중학교의 수재로, 바이올린수로, 읍내서 학교 선생님들의 신망이 든든했던지라 대학은 못 갔지만 그 명성으로 하여 군(郡)내의 5호 관리소 경리원으로 취직했다.

군내의 송이버섯 외화는 모두 그녀에 의해 좌지우지되었다. 낭중지추(囊中之錐)라고 군내의 외화 실무에서 자신의 두각(頭角)을 드러냈다.

18세 때 내가 경포 물고기 동원 나가서 그녀와 인연이 이루어져 우리는 말없이 '처지의 공통성'으로 더욱 끈끈하고 가까워졌다.

내가 대학 다닐 때 우리 집이 도둑에게 털려 엄마가 내 혼숫감으로 준비한 이불 등 3채감을 모두 도둑맞은 일이 있었다. 그때 난감해하는 엄마에게 5호 관리소의 외화벌이 수매증을 가지고 와서 구제(분실된 이불 등 3채감 회복)해 주기도 했다. 그 후에도 중국 친척이 가져다 주는 물건 중 할당된 자기 몫을 챙겨 두었다가 내가 방학 때면 꼭 안고 와서 주던 내 분신과도 같은 절친이었다.

그런 그녀의 조건 없는 인정을 어찌 말로 표현할 수 있을까.

그녀의 집에서 대접을 받고 나는 전(前) ○○병원 담당 보안원의 호송 하에 분주소로 가게 되었다. 분주소에 도착하니 마당 한가득 채운 사람들에게 '참 신기한(?)' 구경거리가 되어졌다.

남조선 문제의 중죄인인데 진짜 살아 나올 수 있구나!

변화된 북한 민심

무언의 이러한 감탄들을 읽을 수 있었다.

명망 높던 의사와 그의 딸인 약제사, 두 모녀를 모르고 신세 지지 않은 사람이 없는지라 내가 살았던 동네 사람들 속에 나의 생사 여부가 만인의 호기심을 유인했던 것이다.

보안서 마당 한가득 모여든 보안서원들과 지역 주민들은 나의 살아 있음에 무언의 환호의 눈인사를 건네며 동정하였다.

마치 환영모임을 방불케 한다.

분주소 소장이 직접 나와 내일부터 자기들도 조사해야 한다며 또 여기 분주소에 출근해야 한다는 지시를 받고 드디어 나는 집으로 갈 수 있었다.

그간 남편은 내가 다시는 안 올 것이라고 집도 다 팔아 버린 상태였다. 자기 부모님 집에 얹혀 생활하다가 뜻밖에 내가 나오니 비어 있는 한 어머니의 집을 빌려 쓰기로 했단다. 그래도 부모님 집에 얹히지 않고 따로 생활해야 한다고 집을 다시 구한 남편의 무언의 배려에 뭉클하였다.

여전히 남편에게 난 죄인이었다.

그 집은 주인이 다시 돌아오기로 해서 가마솥과 부엌 아궁이며 식기들까지 살림 그대로였다. 우리는 몸만 들어갔다. 남편은 자기 집인 양 이제부터는 여기서 살아야 한다고 했다.

그런데 그 집에 도착하자 두 방 가득 사람들로 북적였다. 담배 연기가 자욱한 속에 내가 살아 돌아온 게 기적 같았는지 환영식이라도 할 태세였다. 무언의 환영식에 나는 그저 무덤덤할 뿐이었다.

반갑긴 했지만 수개월간의 구류장 생활에 감정 마이너스가 되었고, 아무런 반응도 할 수가 없었다. 예전 같으면 도저히 살아 돌아오지 못할 남조선 관련의 중죄인 내가 돌아왔다니 믿기지 않는 기적이라 자기들 눈으로 직접 확인하고 싶은 심정과 한편으론 구경 인물(?)로도 되었다.

감정은 극도로 메마른 상태였으니 누가 누군지 확인 후 눈인사에 그쳤다.

그로부터 며칠이 지나 겨우 몸을 추스르고 거리에 나갔다.

만나는 사람마다 나를 붙잡고 울어 준다.

이렇게 살아서 나올 수 있었구나.

모두 죽었다고, 정신병자 되어 49호 병원에 갔다느니, 도(都) 정치범 수용소에 갔다느니 하면서 얼마나 울었는지 아느냐고 난리였다.

동네분들, 아니 북한 주민 모두의 살아 있는 관심과 사랑이다.

그런가 하면 한 어머니는

"엄마는 어떻게 하고 혼자 들어왔냐? 엄마 늘그막에 고향에 무사히 모시고 갈 것이지 네 자식이야 숨이 붙어 있으면 찾을 텐데 너 때문에 일생을 고생하신 엄마는 어디다 버리고 도망 왔냐?"

라며 폭언 비슷하게 퍼부으며 욕설 아닌, 진심으로 나를 나무라신다.

세상이 많이 변했다.

국가의 권력과 나라의 기강이 무너졌음을 실감했다.

기존에는 반역자로 취급하던 중국 도강자를 붙들고 대낮에 대놓고 울어 주질 않나.

중국과 북한에 잠재하던 이산가족의 당시 사진.
큰딸과 엄마는 중국에서 두 살 아래 남동생과 함께(중국편).
필자와 막내딸은 북한에서(북한편) 구류장 6개월 후이니 바싹 마르고 야윈 모습

예전 같으면 정치범이나 다름없는 내게 큰애의 학교 교장이란 분의
"죄송합니다. 제 딸 때문에 많은 단련 받으셨지요?"에
"제 갈 길을 갔는데요 뭐…."
의 발언이 더 놀랐다.
북한이 많이 변했음을 느낄 수 있었다.
그런가 하면 큰애네 학급 담임교원은 학급학생의 도주 사건 ― 우리 큰애 중국 도주건 ― 으로 인근 분교로 좌천되었단다. 후임 담임선생님을 길가에서 만나니 여전히 나를 붙들고 운다.
그는 자기 아버지가 의용군 출신으로 남한이 고향인데 평생을 고향 그리워하시다가 통일을 보지 못하고 작년에 돌아가셨단다. 그래도 병원의 ○○ 선생(나의 엄마)은 얼마나 좋겠냐, 고향에 돌아가실 터이니…

하면서 부러워했다.

나와 우리 가족의 탈출, 그리고 나의 귀환으로 비롯된 주변의 기존과 다른 정서의 이상기류를 통하여 당과 국가적인 지향보다는 급변한 인민적, 민족적 지향을 체감하게 되었다.

몇 년간의 식량난과 경제난 속에 당과 국가 통치 도구의 노예의식을 인지하고 기만과 위선의 도구가 되었음을 확실하게 깨닫는 일반 주민들의 현실지향적 정서를 폐부로 느끼게 되는 계기가 되었다.

당과 국가 통치도구의 노예들의 저항!

5. 잊을 수 없는 훔쳐본 자유

일시적인 안정

출감된 첫날은 그렇게 보내고 이튿날 시어른께 인사하러 갔다. 거기에 목숨 걸었던 이유인 내 귀한 딸이 기다리고 있었다. 시집에 도착하여 여전한 막내를 보니 눈물이 절로 나왔다.

그런데 그 귀염둥이 막내는

'넌 누구냐?'는 표정으로 바라만 보았다.

나와 분리된 8개월!

그동안 그는 엄마를 증오 속에, 잊고자 하고, 또 잊어야만 하여, 잊어버렸던 것이다. 새로 잡은 우리 집에 와서도 아이는 나를 경계하며 말조차도 걸지 않았다.

나는 막내를 보자마자 와락~ 부둥켜안고 실컷 울고 싶었으나 심히 자제되었다. 워낙 자제 습관이 구류장서 학습되었기에, 살아 있음에, 또 생존함에 그저 마음속 깊은 곳에서 뜨거운 무엇이 흐르며 그저 감사할 뿐이었다.

다음 날, 나는 막내를 옆에 앉히고 사진첩을 펼쳤다. 아이의 돌 사진에 있는 할머니를 짚으며 "누구냐?"라고 묻자 "할머니!"라고 한다.

또 언니를 짚자 "언니!"라고 하는 것이다.

나를 가리키며 누구냐고 하니까 "어~ 엄마?!"라며 그때에야 말끝을 흐렸다.

이번에는 나를 보게 하고는 누구냐고 물었다.

아이는 사진과 나를 번갈아 보면서 그제야 "어~ 엄마??"라고 한다.

때를 놓치지 않고 나는 즉시 대답했다.

"그래! 네 엄마다! 이젠 네 엄마가 여기 있다. 알았지?!"

그 순간부터 아이의 말과 행동에 힘이 실리고 생기가 넘쳤다.

막내는 나의 일거수일투족의 그림자가 되었다. 심지어 내가 변소(화장실) 가는 것도 막으며 같이 들어가겠다고 동네가 떠날 듯이 소리소리 고함지른다.

다시는 엄마를 빼앗기고 싶지 않은 절박한 염원의 호소이고 호통이었다.

그 광경을 목격한 동네 아낙들이

"애가 너무 혼나서 그러니 데리고 들어가 주오…."

동네에서 모두가 나와 막내를 측은지심으로 동정해 준다.

나는 그때부터 어디에 가든 막내의 손을 꼭 잡고 놓지 않았으며 다시는 손을 놓지 않을 거라고 맹세했다.

내가 출감된 후 주변에는 희한한 소식이 있었다.

해외의 이모로부터 편지가 온 것이다.

부탁한 대로 내가 귀환한 지 6개월 정도 지난 시점으로 안녕 여부를 묻는 편지였다. 이미 이사한 상태였지만, 내 존재가 요란하게 알려져 있던 터라 이사한 집에까지 편지가 전달된 것이다.

그러고는 우리 마을에 소문이 쫙 났다. ○○에게 일생 먹고살 돈이 전달되었다는 등, 또는 8월 15일 집에만 있었는데 이산가족 상봉으로 평양에 갔다 왔다는 등의 나에 대한 긍정적이고 선망이 섞인 소문이 파다했다.

이는 재입북한 나에 대한 선망이 곧 북한 사람들의 민심과 천심이었다.

이와 비례하여 인접 군의 보안서 간부인 시아주버님의 시름이 깊어졌다.

동생의 처가 중국에 갔다기에 새장가 들 것을 강요했었는데 얼마 못 가 다시 그 처가 돌아왔으니 말이다. 구류생활 하는 기간에도 이 기회에 좋은 대상자에게 새장가를 들기를 수회 권하였으나 남편이 요지부동이었다는 걸 전해 들었다.

시아주버님의 우려를 극복하고자 그의 의도대로 내가 살던 고장을 뜨게 되었다. 그것도 야반도주로, 서류상 퇴거의 모든 수속은 시형님이 보안서를 통해서 하기로 했다.

이렇게 하여 인접군 G 지역. 시아주버님이 사는 지역으로 이동했다. 나는 자못 새출발을 한 기분이었다. 그곳에선 내가 중국 도강자라는 낙인이 없고 보안서 간부의 제수라는 호칭뿐이다.

일사천리로 그 지역의 병원 약국 수속까지 다 완료되었다.

시아주버님 빽으로 좀 휴식하며 전국각지를 장사나 하며 좀 휴식해

볼까 하는 조각의 욕심은 산산조각 났다.

하루도 지체 없이 병원조직 계획과에서 약국성원으로 취직돼 또 약국 주사제제실 약제사가 되어야 하였다.

또다시 구원의 출구에

시형님이 계시는 그곳에서는 집을 얻는 것부터 돈이 필요했으나 빈손이었다. 골몰하다가 유일한 출구였던 비법적인 중국 도강이 기획되었다.

큰 인맥으로 나는 2000년 11월 16일 또다시 중국으로 비법 도강하게 되었다. 나를 중국에 인도할 특별임무 받은 두 명의 밀수꾼은 나를 무사히 연길까지 안내했다.

곧 한국의 삼촌께 전화(머릿속의 전화번호로)를 드렸다.

삼촌은 이제나저제나 엄마 소식을 기다리던 중 엉뚱하게 받은 나의 전화라 놀라움을 숨기지 못했다.

"어떻게 왔냐? 여기로 오자고 왔냐? 애는 어떻게 하고…?"

삼촌은 계속해서 물으며 그동안의 정황을 파악하는 듯했다. 엄마는 아직도 한국에 미도착이며 전화 연락도 안 되는 곳에서 여전히 숨어 지내고 있다고 했다. 그 말을 듣자 죄의식이 깊어졌다.

도움을 필요로 도강했던 나는 오히려 난처해지고 말았다.

그러나 한국 삼촌은 다음 날 내가 있는 연길로 또 날아왔다. 이민 가방에 한가득 챙겨 온 짐짝에서 현금 500달러를 주며 엄마가 하루속히 들어와야 할 텐데 한국 입국 루트를 몰라 안타깝다는 것이었다.

삼촌과의 두 번째 만남이라 눈물이 앞섰고 곧 이별이었다.

삼촌은 나와 헤어진 후 엄마가 계시는 중국 연태의 전화도 없는 작은 농촌 마을에 속히 가셔야 한다고 걸음을 재촉했다.

삼촌께 엄마와 딸을 부탁드리고 나는 또 그 죽음의 땅 북한으로 용약 떠났다.

막둥이에 대한 아련한 사랑이 살얼음 서린 두만강도 지체 없이 뛰어들게 했다.

칠흑 같은 어둠 속에 쥐도 새도 모르는 우리 일행의 고요한 도강의 정적을 깨며,

"누구얏!"

다시 붙잡혔다.

나는 속이 새까매졌다.

앗! 어이할까?

경비대에 연행돼 들어간 지휘부에서 지휘관이

"야, 저거 누가 그랬나?"

하고 묻자 일병이 안절부절못했다.

"때리지 말랬는데 누가 그랬어?"

찍소리 못 하고 전사들이 숨을 죽이며 내게 수건을 건네주었다. 왜 그러냐? 물으며 의아해하며 쳐다보았다.

머리부터 닦으라고 한다. 머리를 훔치자 시뻘건 피가 묻어 나왔다. 그때 내 머리에선 피가 흐르고 있었다.

그제야 강둑에 다다를 즈음 경비병 전사가 총 개머리판으로 내 머리를 내리친 생각이 어렴풋이 났다. 온밤 조사받고 괴롭힘을 당하다가 12시가 지나서야 풀려났다. 중국서부터 도강할 때 가지고 오던 짐은 모두 압수당하고 몸만 해방되었다. 부대에서 나오니 남편과 일행이 밖

에 대기하고 있었다.

문제는 한국의 이민 가방이었다.

거기에는 삼촌이 한국에서부터 준비해 온 초코파이를 비롯한 구경도 못 해 본 것들이 가득했다. 나는 삼촌으로부터 받은 500달러 중 100달러로 컬러 TV와 막내의 옷가지와 겨울 구두와 필요 용품들을 중국산으로 더 채우고 돈을 분산해 200달러는 가방 밑바닥에 깔고 만약의 경우를 대비해 200달러와 잔돈만을 몸에 지녔던 터라 200달러만을 살렸다.

그나마 200달러라도 살렸다는 안심으로 다시 집안에 화기가 넘쳤다. 나는 200달러 중 한 장(100달러)만이 내 몫이고 한 장은 당연히 외갓집 몫이라고 오금 박았다.

나의 외갓집 여섯째 작은할아버지가 북창 관리소에서 가족 10여 명과 함께 구금 중이었기 때문이다. 그곳은 외부에서 힘이 있고 돈 있는 사람, 즉 배경이 든든하면 면회도 가능하다는 풍문이 있었다. 그래서 이번 기회에 이 돈 100달러로 외갓집 손녀 도리를 하고 싶었다.

남편과 합의되어 100달러만을 쓰고 돌아오는 봄에 함께 북창에 가서 면회하기로 했다.

100달러는 당시 북한 돈 3만 원으로 큰 도움이 되었다. 그 돈으로 먼저 집값 2,000원을 갚았다. 그러고는 동포리라는 시골에서 강냉이를 한 자동차(2.5t)를 구입해 청진 장사 가는 인편에 부탁(시형과 내통하는 장사꾼)하였더니 2배로 불려 왔다.

정녕 북한의 권력은 좋았다.

권력에 돈이 받쳐 주면 손 하나 까딱 않고 가만히 앉아서도 돈을 만들어 바치는 인맥이 있었다. 그 돈으로 나는 청진에 가서 장판용 레자를 구입하여 아랫방과 윗방 두 방에 깔았다. 옷이 날개라고 대번에 부잣집으로 변신했다.

우리의 생활은 점차 안정과 향기를 찾아갔다.

나 역시 병원에서 병원 약제사로, 지역 보안서(지역의 1지주로 칭함) 간부의 제수로 명성을 굳혀 가게 되었다.

귀염둥이 막내 역시 유치원에서 제일을 뽐내며 성장에 생기를 더하여 갔다. 그런데 동네 애들과 놀면서 자꾸 '우리 언니'가 입던 옷이고, '우리 언니'가 신던 신발이고 '우리 언니'의 이름이고 하면서 언니의 입지를 각인시켜 주변의 문의 대상이 되기도 했다.

언니에 대한 막둥이의 호기심과 집착!

훔쳐본 자유가 그리워

중국은 늘 생동(生動)하는 자본주의식 사회주의 경제를 과시했다.

중국에서 60여 일간 맛보았던 자본주의의 자유와 풍요가 시시때때로 늘 뇌리에서 맴돌았다. 수령 독재체제의 조직과 통제, 규률의 지겨움으로부터 중국에 대한 환상과 욕망은 항시적으로 잠재해 내 머리를 짓눌렀다.

그러던 어느 날 내게 한 여인이 찾아왔다. 그녀는 병원으로 왔는데 눈치를 흘끔흘끔 살피며 내 이름을 묻고 확인했다.

"중국에서 왔는데 당신 엄마가 오라고 하니 나와 같이 가자!"라는 것이었다.

가슴이 방망이질했다.

정말로 엄마가 한국에 도착했는가. 실감 나지 않았다.

그랬다면 내게는 더없이 반가운 소식이었다.

과연 엄마의 한국 도착이 참이라면 얼마나 희한한 소식인가.

그러나 내가 또다시 떠나야 한다면 남편은 어떻게 해야 할까. 하긴 남편과는 어느 때라도 헤어져야 하는 게 옳을지도 모른다.

이유는 당시 시동생은 평양의 보위사령부에 복무 중이었다. 하기에 형님인 남편으로서는 중국에 있는 자신의 딸과 장모 문제는 늘 시름이었다.

게다가 시형님의 맏아들은 당시 중앙당 5과(김정일 저택 호위)에 선발돼 5학년 과정을 훈련받고 있었다.

북한은 중앙당 5과 선발을 5학년에 하여 2년간 훈련시키고 6학년에 최종담화 후 차출해 간다. 그런데 조카는 가끔 우리 집에 들러서는,

"삼촌! 난 5과 안 갈까?"

느닷없이 넌지시 던진다. 그러면 남편은

"왜? 누구나 가지 못해 하는 그 좋은 데를 넌 왜 안 가려 하냐?"

"글쎄 난 아프다 하고 그만둘까?"

라며 말꼬리를 돌리곤 하였다.

조카가 집에서 나간 후 남편은

"저놈 우리 ○○ 때문에 최종담화에 걸릴까 봐 걱정되는 모양이야. 사촌 형제니까 당연히 걸림돌임을 저놈도 알고 남음이지…."

라며 조카에게 미안한 마음을 내비쳤다.

이런 큰집의 고충을 생각하면 찾아온 여인의 요구대로 탈출이 더없는 출구이고 기회인 듯도 싶었다.

하지만 지난 과거를 단 한 마디 나무람 없이 그냥 '허허~' 하면서 받

아 주고 묵묵히 내 뒷일을 아무 탈 없이 봐주신 시아주버님에 대한 예의는 아니었기에 도리질을 하였다.

그분의 미덕에 내가 못 할 짓을 하는가 싶어 다시 마음을 다잡기를 여러 차례였다.

그러나 훔쳐본 자유의 맛을 어이 지울소냐.

잊을 수가 없다.

병원에서 호미 메고 약초밭 김매러 산에 올라가면 큰 원자로에서 나는 연기가 1년 12달 멈추지 않고 뿜어 대는 중국이 내려다보인다. 저곳에선 백미밥을 실컷 먹었는데….

'저곳에서는 호미로 김매고 곽지(괭이) 메고 산에 약초 캐러 가는 고역은 없을 텐데….'

일시적인 안착에 비례하여 훔쳐본 자유의 맛이 새록새록 내 머리를 자극한다. 뒤따르는 시시각각으로 닥쳐오는 위기의식에서 찾아든 탈북 브로커!

드디어 어머니가 보낸 구원의 브로커가 내게 다다랐다.

자식 된 도리, 부모 된 의무. 아내 된 의무 이 모든 것이 다 내 몫이다.

비장한 각오의 빗장을 만지작거리다가 드디어 열었다.

나는 탈북을 단행하기로 결심하였다.

사랑을 위해, 미래를 위해

내 아이들의 사랑을 위해 미래를 위해,

아울러 남편의 사랑을 위해 미래를 위해,

단호한 이별이 바로 시집과 남편의 진로나 생활의 구애를 탈피할 수 있었다!

나는 모두의 미래를 위하여 드디어 떠나기로 결심하였다.

왜 남편의 미래인가?

5과 훈련하는 조카에게 탈북한 조카보다 이혼하여 없어진 조카가 더 깨끗하였고, 또 남편에게 내가 없는 게 새 사람과의 결혼으로 새로운 길의 선택이 미래였다.

사랑을 위하여 나는 남편을 포기하고,

또 사랑을 위해 나는 달려가 만나야 한다.

또 사랑을 위하여 헤어진 자매를 만나게 하고

또 사랑을 위하여 헤어진 모녀가 만나야 하는 길.

또 사랑을 위해 남편을 놔드려야 한다.

바로 탈북이 나의 길이고 사랑의 전부이다.

그녀는 나흘이나 바깥 잠을 자면서 집요하게 탈북을 권유했다.

나는 4일 밤을 고심하다가 드디어 결심했다.

브로커의 끈질긴 권유가 지금에 와서 생각하면 무척 감사하다. 내 성격이 도전적이라기보다 북한 특유의 정치염세로 순종과 복종, 그리고 의존적이다 보니 자발적인 탈북과 같은 행위는 언감생심이었다. 끈질긴 권유가 아니고서는 도저히 생각할 수 없는 거사였다.

드디어 브로커 여인과 약속이 일치하고 출발하기로 한 날은 토요일이었다.

토요일은 주 생활총화와 오후에는 토요학습날이다.

남편은 토요학습 후에 연구실 아래쪽에 있는 자기 형님(시아주버님) 댁에 오라고 한다. 요즘에 재미있는 비디오카세트가 라진에서 도착했다며 자기는 온종일 거기서 비디오를 보겠다는 것이다.

마침 병원에서는 6월이라 약초 전투 기간이어서 각자는 약초 기간을 효과적으로 활용했다. 약초 과제량을 얼마간의 현금으로 구입하여 병원에 바치면 되었다. 여타 능력 있는 사람은 이 기간을 통해 큰 장사 같은 것을 계획하고 추진하는 '황금시간'이기도 했다.

걱정 말고 갔다 오시라요

바로 이 황금시간을 나는 '거족적인 탈북 계획'으로 삼았다. 병원에서는 약국장에게 우선 그럴싸한 변명을 댔다.

"약국장 선생님! 평성에 계시는 친정 엄마가 몸이 많이 안 좋다는 연락을 받았어요. 평성까지 가야 하므로 시간이 꽤 걸릴 듯합니다. 또 오는 길에 함흥에 들러 약대 졸업증(1차 탈북 시 보위부는 신기하게 나의 의학전문학교 졸업증은 놓아두고 엄마의 의대 졸업증과 나의 약대 졸업증만 압수해 갔다)까지 재발급하고 나면 부실한 열차 사정으로 10일 기간이 모자랄 듯한데요?! 알아서 잘 처리해 주세요."

"아, 그래요? 지금 열차 사정 누가 장담해요. 걱정 말고 갔다 오시라요. 아마 한 달은 잘 걸릴 거예요…."

제대군인에 사리원약대 졸업생인 약국장은 황해도 사투리로 의심 없이 내 말을 곧이곧대로 믿으며 오히려 나를 안정시켰다.

보안서 간부의 제수라 제법 내겐 대우가 남달라 쾌히 승낙되었다.

병원에 출근하니 토요일 아침이라 생활총화였다. 애를 데리고 참가하자 모두 의아해했다. 누구네 돌 생일잔치에 데리고 가자고 유치원 안 보냈다고 에둘러 댔다. 그럴싸한 주 생활총화(일주일간 자기 잘못을 고

해성사 하는 총화)를 마치고 제제실에 와서 파트너 리 아무개 선생님께는 눈물을 머금고 진속을 털어놓았다.

"전에 살던 곳에서 엄마와 큰딸이 중국에 갔는데 거기서 오라고 연락이 왔다. 나는 막내를 위해서라도 가야 할 것 같다. 내 위생복(흰 가운)이 새것이니 이것밖에 드릴 게 없어 미안하다. 수중에 돈 100원이 있는데 드리고 싶다. 생활에 보태 쓰시라. 외아들 잘 키우고 건강하여 통일의 날에 꼭 만나자요."

그러자 그녀는 잠깐 기다리라고 하고 5분 거리에 있는 자기 집에 급히 다녀오더니 외아들과 찍은 작은 사진 한 장을 건네준다. 그 뒷면에 '○○구 9반 리옥○' 이렇게 쓰고 울먹였다.

"외국에 가면 꼭 편지 주고받자. 나도 고달픈 세상살이 벗어날 수만 있다면 얼마나 좋을까. 꼭 나를 잊지 말기를….'

급히 병원에서 나와 집에 도착했다.

집에는 닭 4마리와 돼지를 키우고 있었다. 돼지와 닭에게 먹이를 주었다. 그리고 돼지죽 한 바케쓰를 떠서 옆집에 맡겼다. 돼지가 배고프다고 울면 여물통에 부어 달라 부탁하고 출발했다. 시간을 벌기 위한 계획이었다.

브로커의 끈질긴 권유와 달걀의 보은

막내는 언니한테 간다고 하니까 좋아서 어쩔 줄 모른다.

"출발하는 날 비라도 쫙쫙 왔으면 좋겠다."라고 우연히 비친 말이 씨가 돼 그날은 새벽부터 하늘이 구멍 난 듯 비가 쏟아져 도보 행군 중 휴식할 수가 없었다. 4살 어린애에게 4㎞(10리) 행군은 무척이나 힘들

텐데 막내는 말 한마디 없이 잘 따라왔다.

　동행한 브로커 모녀가 교대로 업어 주면서 행군을 다그쳤다.

　저녁이 되었는데도 시아주버님 댁에 도착하지 않으면 남편은 나를 이상하게 생각할 게 당연했다.

　어쩌면 추적이 시작되었을지도 모를 일, 밤이 깊어 갈수록 더욱 초조해졌다. 시아주버님이 보안서 간부인지라 보안서 경비 전화로 두만강 연선에 신상 공지가 뿌려지면 노상에서 잡히는 건 시간문제였다. 아마도 동네 강변에는 비상경계령이 내려졌을 것이다. 그러나 우리의 도강은 거주지역이 두만강 변임(온성)에도 거기서 많이 벗어나 정반대 지역인 무산이었다.

　무산지역에 다다르니 北-中 국경이라 군대들은 적재함 위에 올라와 한 사람씩 공민증 사진과 얼굴을 일일이 대조한다. 브로커는 자기 공민증을 주면서 꾸물거리지 말고 당당하게 얼굴을 들어 보이란다. 타 지역인들은 적재함에서 무조건 하차되었다. 자기는 이 지형 지리를 잘 알기에 아무리 둘러쳐도 통과된다는 것이다. 단, 능숙한 자세가 절실하다고 강조했다. 그런 대범함과 태연함으로 나는 경비초소의 경비 구간들을 용케도 통과하게 되었다.

　이렇게 가슴 졸인 끝에 밤 2시가 되어서야 브로커 여인의 집이 있는 무산에 도착했다. 우리 일행은 엎어지듯이 곯아떨어졌다.

　새벽 5시가 돼 출발해야 한다고 깨우며 난리다. 또 무산읍에서 광산 쪽 '주초'라는 곳으로 들어가는 통근열차가 7시에 있기에 그 시간을 맞추어야 한다며 걸음을 재촉했다.

　그녀와 우리 일행은 주초에 도착해 시장에서 삶은 달걀과 떡, 곡주(穀酒) 3ℓ 정도를 구입했다. 그러고는 구입한 떡을 시장의 떠돌아다니는 꽃제비들에게 다 나눠 주는 것이었다. 영문 모르고 "그 아까운 걸 낯도 모르는 에들에게 주느냐."라고 참견질 했더니 돌아온 답이 놀라웠다.

"이 안까이, 모르면 가만히 있소. 고수레를 해야 우리 길이 편하오!"

브로커는 우리가 출발할 때도 역시 삶은 달걀을 20여 개 구입하여 초소마다 우리에게 먹게 하고 길가의 모르는 이들에게도 마구 건넸다. 막내는 원래 삶은 달걀에 거부반응이 있어 잘 먹질 못했는데 달걀을 먹어야 잡히지 않는다고 하자 눈물을 흘리면서까지 꿀꺽꿀꺽 삼켰다.

꼬박 찾아 먹은 달걀 덕인지 우리는 위험 경계를 닭에서 달걀이 빠져나오듯 쏙쏙 무사히 빠져나와 마지막 한 곳만을 남겨 두게 되었다.

달걀의 보은!

6. 공안의 습격, 그리고 대한민국

주초행 통근열차에서 내려 시장을 지나 최전연 근처에 도착했다.

내 양쪽 주머니에는 쥐약이 한 병씩 들어 있었다. 최악의 순간 나는 그것을 먹고 죽으리라는 비장함으로 사활을 건 탈북노정이다.

이제부터 두만강을 끼고 쭉 도로가 펼쳐지므로 300~400m 구간마다 소대 병실과 초소들이 진을 치고 있다. 이런 아슬아슬 고비들을 혼자도 아닌 4세 애를 데리고 통과한다는 건 죽음을 각오한 최후의 행위였다. 지난밤 전국적인 수배령에 붙었으면 아마도 우리의 일거수일투족이 영락없는 목표물일 것이었다.

국경연선 위수구역

어이할 것인가?

나는 운명에 맡기기로 했다.

땀이 삐질삐질 나고 심장은 쿵쾅거리며 한순간도 진정할 수 없었다. 나는 주머니 속의 쥐약만 만지작거리며 모진 마음을 쌓았다 허물었다 하면서 브로커 여인이 목표로 삼은 어느 개인 집에 함께 도착했다.

주인집 할아버지가 브로커 여인을 반겼다.

이 집은 뒷마당이 텃밭이자 두만강이었다. 그 집에 와서야 며칠 전에 브로커가 여기를 통해 중국에 다녀왔음을 알게 되었다. 바로 중국에 가서 나를 데려올 숙제(?)를 받은 듯했다.

우리가 들어선 두만강 계선에는 소대 병사들이 군견을 앞세우고 시간 간격으로 순찰하였다. 그 집 뒤 창고에 몸을 숨기고 연락을 취해 놓은 병사를 기다리는 분초는 초조함의 1분 1초였다.

그때 브로커는 내 주머니의 쥐약을 발견하고는 당장 버리라고 강요한다. 그러나 나는 그걸 버릴 수 없었다. 위기 순간마다 그걸 만지작대면서 안도감을 느끼고 위안으로 삼았기 때문이다.

이윽고 경비대 병사가 도착하여 도강할 사람들을 확인하였다. 바로 오늘 저녁 식사 타임에 넘어가며 7월 8일 김일성 애도 기간 전에 돌아올 것을 약속했다. 그날은 6월 30일이었다.

얼마 안 있어 강 건너편 중국에서 부릉 부르릉~~~!!

요란한 오토바이 소리가 났다.

브로커 여인에 의하면 경비 병사의 연락을 받고 우리 일행을 데리러 오는 것이라 하며 환성을 올렸다.

대체 무슨 영문인지 모르고 어안이 벙벙해 떨고만 있었다.

그런데 얼마 안 있어 정황이 파악되며 더더욱 놀라웠다. 두만강 연선의 중국 사람들과 국경경비대들과의 변강 무역은 사람과 물건을 막론하고 연락체계가 이렇게까지 생동(生動)하다니? 그 생동감과 신속함이 놀라웠다.

두만강 수심이 허리를 치는 속에서 도강하다. 5세 어린애 목마 태운 남자 옆에 여자들끼리 팔짱 끼고 가슴까지 차오르는 강물을 걷는다.

우람한 체격의 조선족은 오토바이에서 내리더니 옷을 벗고 속옷 바람으로 강을 무작정 건너온다. 그러더니 묻지도 따지지도 않고 막내를 번쩍 들어 올려 자기 목에 목마를 태웠다. 그러고는 자기 팔을 브로커 여인에게 꼭 잡도록 했다. 그녀의 팔은 내가 붙잡게 했다.

불과 일주일 전 건널 때는 물이 무릎 정도였는데 4일간 연일 비가 내린 탓에 수심이 깊어져 가슴까지 차오른다고 브로커 여인이 푸념이었다.

사품치는 물살이 무서워 기가 질렸다. 물 건너온 중국인이 "꼭 잡아야지 순간이라도 놓으면 물살에 삼켜 죽는다."라고 엄포를 놓았다.

비록 아슬아슬하고 무서웠지만 남모르는 남자의 목마에 태워져 사품치는 물살을 찍소리 않고 건너는 장한 막내를 올려다보며 견뎠다. 4세 어린애가 참아 내는 게 참 신통하였다.

하여 가슴 치는 거센 물살의 공포가 휘발되었다.

이렇게 하여 가슴을 치는 검푸른 두만강물살의 도하를 마치고 드디어 중국 땅을 밟았다.

세 번째로 밟은 중국 땅

오토바이 뒤에 타고 나에게 가라는데 범의 굴에 들어가는 건지 도무지 갈피를 잡을 수가 없었다. 20m 안팎의 악전고투의 두만강 도강을 마치고 우리는 중국 어느 농촌의 가정집에 여장을 풀었다. 그날 밤은 일시적 안도의 잠을 청했다.

이튿날 아침,

버스로 무산과 중국 인접 화룡시에 도착했다.

중국 브로커가 도착했다.

그는 우리를 세세히 살펴보더니 이제 연길시에 들어가야 한다는 것이다. 그때까지 우리가 왜 여기까지 왔는지에 대한 아무런 설명도 없었다.

이들이 과연 엄마의 사절들인가,

아니면 혹 사람 장사꾼은 아닐까.

이상한 이들을 믿을 수가 없었다.

연길에 도착해 이틀 밤이 지나서야 심양에서 한국의 브로커 거두(巨頭)라는 이규○와 그 일행이 도착하여 우리의 신상을 요해하였다.

그때 만난 브로커 거두(巨頭) 이규○는 그제야 자기가 우리 엄마를 몇 달 전에 한국으로 데려갔다고 했다. '그렇게 살결이 고운 칠십 노인은 처음이라면서 엄마는 한국에서 좋은 세상을 누리고 계실 것'이라며 반가운 소식을 전했다.

그제야 나는 다소 안심이 되었다.

막내에게 조금만 참으면 언니를 만날 수 있다고 확신을 주었다. 4세 어린애가 아무런 떼도 쓰지 않고 잘 따라 주고 순종하는 게 고맙고 기특했다.

그날은 브로커 거두(巨頭)가 도착한 날이라 생기가 넘쳤다. 우리는 식당에 나가서 오겹살(난생처음 돈육에 삼겹, 오겹살이 있는지 알게 됨)을 구워 먹고 새로 산 비디오로 온 밤 한국 드라마 〈야망의 전설〉을 시청했다.

긴장하다 보니 12시가 지나서 잠들었어도 새벽 4시에 깼는데 거실에서 말소리가 들려왔다. 귀를 기울이고 엿들은 바로는 집주인 남자(한국인 브로커)와 공안원과의 대화가 틀림없었다.

"호구(신분증) 보자니까? 호구 내놓으라구?"

"나도 손님인데요?"

"글쎄, 그래도 무슨 증명할 게 있겠지?"

장롱의 인연과 지혜

이런 오가는 대화에서 분명 공안원의 호구검열이라고 확신했다.

그 와중에 막내의 잠꼬대가 들렸다.

나는 급히 아이를 깨워 안고

"우리 잡으러 왔나 보다. 여기에 들어가 있자…."

아이를 안고 나는 지체 없이 침실의 장롱으로 들어가 숨었다.

한편 아랫방에서 이 집 식구들의 호구검열이 끝나자 그 집 9살 된 아들이

"난 안 가겠습니다."

라고 떼를 쓰며 우리가 자는 방으로 들어온다.

아마도 9살짜리의 심리로는 자기만이 아닌 윗방에도 사람이 있다는 암시로 그런 행동을 한 것 같았다.

장롱 안의 우리 모녀의 숨소리가 거칠어졌다. 따라 들어온 공안이 두 개 장롱 중 한 장롱의 문을 열어젖히며 안 가겠다고 울어 대는 아이에게 물었다.

"네 옷이 어느 거야? 옷 입어라. 금방 올 테니까."

공안원은 아이에게 옷을 찾으라고 재촉했다.

바로 옆의 장롱에서는 숨어 있는 우리 모녀가 숨을 죽였다. 아니, 분명 거친 숨을 헐떡이고 있었다.

위기일발의 순간이었다.

공안원은 대충 9세 남아에게 옷을 입히고 안방의 남녀 일행과 아이를 데리고 나갔다.

숨이 턱까지 차올라 질식할 것만 같았다. 다음에 우리가 숨은 장롱

문을 열어젖히면 끝장이었기 때문이었다.

또다시 북한으로?

그러면 그때는 총살감이다.

그 짧은 순간에 지옥 체험이 쓰나미처럼 덮쳐 왔다.

다행히 공안원은 옆 장롱을 무시하고 그 애를 데리고 나가 주었다.

위급한 순간에 하늘이 도운 것이라고밖에 설명할 수 없었다.

공안의 바람이 휘몰고 간 후 나의 공포는 극에 달했다. 그제야 비로소 그 집 전화로 한국 삼촌께 연락했다.

"이 집 사람들을 모두 잡아갔는데 저는 어떡해야 할까요?"

이른 새벽에 받은 전화라 영문을 알 길 없는 삼촌은 브로커와 연결하라신다. 그러나 나는 그들이 어디 있는지 몰라 모른다는 답변뿐이었다.

한 10분이 지났을까, 또 문 두드리는 소리가 났다. 이 집은 6층이었는데 이번에는 창문을 열고 뛰어내려 볼까? 창문으로 내려다보니 신작로였다. 뛰어내려도 어디론가 피할 길이 없음을 간파하고 여전히 안절부절못했다.

밖에서는 또다시 다급하게 문을 두드렸다. 두근거리며 창문으로 뛰어내릴까, 어디 숨을까를 저울질하다가 문 앞에 이르러 밖을 내다보았다. 그 밖을 내다보는 지혜도 어젯밤 시청한 한국 드라마 〈야망의 전설〉 덕분이었다.

거기서 추격하는 대상이 아군임을 문구멍(렌즈)으로 내다보고는 문을 열어 주는 장면이 있었다.

신의 한 수였다.

그게 생각나 문 앞에 이르니 정녕 그런 렌즈 구멍이 있었다. 북한에는 전부 판자나 얇은 철판으로 된 문이라 렌즈 달린 문은 상상도 못 했다.

문구멍으로 밖을 살피니 어젯밤에 고기구이를 같이 먹었던 브로커 일행이 서 있었다. 아군(我軍)임을 알고 급히 문을 열어 주었다.

그는 신발도 안 벗고 무서움에 질려 떨고 있는 애를 번쩍 안고 빨리 이 집에서 나가자고 했다.

택시를 타고 2시간을 달렸을까. 어느 작은 농촌 마을 브로커 일행의 삼촌 댁이라는 곳에 도착했다.

그 집에서 오후 내 놀란 사슴처럼 웅크리고 있다 보니 나머지 브로커 일행이 하나둘씩 들어왔다.

밤이 되니 한국에서 삼촌까지 헐레벌떡 도착하셨다.

새벽에 다급한 전화를 받고 성급히 비행기로 도착하셨던 것이다.

외삼촌은 정녕 우리 모녀의 한국행 때문에 13번을 드나드신 은인이시다. 그 집에서 콩나물처럼 빼곡하게 하룻밤을 지냈다. 다음 날에는 드디어 심양 공항으로 향했다. 거기 가서 이제 비행기를 타면 3시간 후면 한국이라고 했다.

이 모든 게 007 작전처럼 행해졌고 실전 드라마를 방불케 하였다.

나의 긴장은 여전하였다.

중국 체류 중에는 항상 불법체류의 공포를 의식해야 했기 때문이다. 심양 공항에서부터는 한국 사람처럼 연기해야 한단다. 공항 주변에 도착하여 공안을 낀 공항 통과였으므로 한국인으로 행동하는 시뮬레이션도 진행했다.

그 때문에 화려한 심양의 시가지에서도 초를 다투는 긴장과 공포로 인해 나는 줄곧 미간을 펼 수가 없었다. 그때 생긴 깊은 주름은 아직도 역력하여 그날의 긴박했던 상황을 말해 준다.

심양 공항 공안 통과는 위조여권에 의한 통과였다. 이 역시 공항 도착까지는 누군가의 추격을 따돌리는 첨예한 반탐 주제 액션드라마를 연출했다.

아슬아슬한 위기일발의 순간에 보이지 않는 마이더스의 힘이 작용하였을 것이다.

수많은 우여곡절 끝에 무사히 막내딸과 함께 비행기에 몸을 싣고 한국행에 성공했다.

북한의 병원 약국을 6월 29일 떠나 두만강을 건너 불과 십여 일 만인 7월 12일, 드디어 대한민국 땅을 밟게 된 것이었다.

천신만고 끝에 도착한 대한민국의 인천 공항!

중국에서 함께 동행한 삼촌은 인천 공항에 착륙하여서는 출입국심사장에 이르러 "여기서는 노래 불러도 된단다." 하면서 자신은 홀가분히 우리에게 손 저으며 출국장으로 달려 나가신다.

정녕 어머니가 평생 노랫소리로 외우시던 꿈에 그리던 남한 땅을 밟았는가.

남한의 인천 공항은 정녕 천국이었다.

출입국신고의 기다란 줄에 늘어선 자유분방한 사람들과 번쩍이는 시설과 설비들 하나하나가 모두 경이롭고 환희로웠다.

나는 드디어 남한에, 그리고 사랑하는 가족들과 재회하게 되었구나.

안도감과 행복감으로 부푼 가슴을 진정할 수가 없어 꼭 이루고야 만 북한 탈출에 이은 대한민국 입국의 안도감과 쾌감에 넘쳐 "만세! 만세!"를 소리쳐 외쳤다.

고마운 대한민국 만만세!

에필로그

유명무명의 한반도 남한 사람들

 한반도의 분단은 3.8선과 더불어 국토양단(國土兩斷)과 동족상잔(同族相殘)의 아픔과 슬픔의 상흔이다. 대표적으로 김구, 여운형 선생을 비롯하여 얼마나 많은 남한 인재(人才)들의 북행길이었는가,

 북행길은 이데올로기, 또는 정파와 정견의 유혹과 강요에 의한 견인의 납·월북으로 현재까지도 흑백논리로 재단되어진다. 그러나 그들 모두의 삶은 파란만장하였고 그들의 향수애와 부모처자 사랑, 삶은 그리 화려하지 못하였다.

 그 옛날 독립운동가들과 민족의 원흉인 김일성의 거창한 립 서비스에 현혹돼 자칫 판단력 흐려진 유명무명의 우인들의 북행길!

 무수한 남한의 아까운 위인들은 거의나 북행하였다. 거기서 김일성 수령화의 점유물이 돼 숙청되고 청산의 피바람 속에 무주고혼(無主孤魂), 형장의 이슬이 되었다. 또 그와 연관된 족속들은 연좌제로 유배살이 보내져 인간 이하의 삶을 하사받고….

 참으로 비참한 인생살이를 경험하게 하였던 유명무명의 남한 출신 위인들의 영정에 소박한 이 글을 빌어 늦게나마 삼가 위로와 영면을 비는 바이다.

이극로(1893~1978년)는 내각무임소상으로 1970년 조국평화통일위원회 위원장까지 치켜세우다가 1970년도 후반에는 함경도 경원군으로 가족(양아들 가족 포함: 본문 제1부 5장 5. 쥐구멍에 든 볕)들과 함께 추방돼 1동 3세대 주택에서 양옆 보위원들의 가운데 가옥에서 결박된 생활 중 뇌출혈로 사망하였다.

평양서 정상 생활을 영위하다가 함께 추방된 맏아들 리억세(약제사)와 그의 처 리원형(의사)에 이어 양아들까지 추방 보내 시골촌의 비난과 조소(嘲笑)거리가 되었다.

후에 1980년도 김일성의 회고록 3권에 수록으로 반(半) 회복돼 리억세는 청진의학대학 약학과 교원으로, 그의 처 리원형은 청진 의사재교육대학 교원으로 되었을 때 양아들은 떨구어 두는 고배를 인근에서 경험하였다.

또한 6.25 전쟁은 본고에서 알 수 있듯이 얼마나 많은 서울과 남한의 청년 학생들을 전쟁의 총알받이로, 전후에는 또 남파간첩으로까지 이용하고 자기 동족의 총칼에 찔려 죽임 당하게 했는지….

그런가 하면 간첩혐의를 받고, 사회와 노동현장에서 죽어 간 남한 출신자들과 국군포로들은 또 그 몇만에 이르던가.

북한의 '김일성 장군의 노래'를 작사한 리찬, 그리고 어문학의 거장 홍명희, 임화, 한설야를 비롯한 대걸작들을 탄생시키고 형장의 이슬로 사라진 수많은 남한 출신의 카프작가들….

또 다른 남한 출신의 리면상, 문예봉, 최승희를 비롯한 수많은 연예인들과 리승기, 계응상, 리병남 등의 유명무명의 과학자들….

동 맥락에서 필자의 5촌 할아버지 ― 어머니의 김씨 가족 4째 삼촌 ― 는 서울운동장의 이름난 권투선수라고 6.25 전쟁 때 인민군이 지프

차에 태워 납치했다. 임신한 처와 2살 된 아들이 있었지만 가족은 무시하고, 대남연락소에서 공작임무 받고 가끔 한국에 드나들며 북한당국에 '충성(?)' 했으나 1970년대 초 숙청(어디서 어떻게 운명한지 모름)되었다. 그의 동생도 연좌제로 처형되고 막냇동생은 없는 죄를 뒤집어쓰고 온 가족 10명과 함께 수용소에 가두어 현재도 인간 이하의 생활을 강요당하고 있다.

하늘 아래 희세의 노예제도를 행하고 있는 저 북한 땅의 김씨 가족 당국자들과 그 추종분자들에 대한 증오와 분노, 통탄을 어이 말과 글로 표현이 성이 찰까.

동족상잔의 골 깊은 서바이벌 게임? 이제 얼마나 더 지속해야 하는가?

그러나 이제는, 이제는 세대가 바뀌어 가고 있다. 나의 자녀 세대에는 이런 증오와 분노에 거리를 두고 싶어 하고 더 아쉬운 것은 알고 싶어 하지도 않는다는 슬픔이다. 이토록 6.25 전쟁 후 세대가 바뀌고 또 다른 3만여 탈북자의 세대가 이산가족으로, 현대판 디아스포라의 설움을 인내해야 한다.

이념은 생명을 이길 수 없다

인류는 살아 숨 쉰다.

사람이 살아가는 데서 이념이 필요할까.

이념 때문에 죽고 산 선자들의 운명들을 돌아보면 왠지 가슴이 저려 온다.

가까운 실례로 전(前) 평양과기대 김진경 총장님은 16세에 집을 나간 자기 형이 공산주의 신봉자가 돼 일본의 조총련 간부가 되었다. 그를 설복하려 나눈 일본서의 대화를 자신의 저서 ― 『사랑주의자』 ― 에서 이렇게 회상하였다.

    김진경 총장님: 이념에 빠져 외롭게 살지 말고 자신의 행복을 위해 살았으면요.
    형님: 인간의 삶에서 이념을 빼면 벌레와 같은 삶이다.
    김진경 총장님: 공산주의에 너무 경직되는 것보다 유연해야지요?
    형님: 공산주의는 유연성이 아니라 철저함과 강한 투쟁성이라고.
    김진경 총장님: 투쟁은 상처만 가져다주고… 그리스도의 사랑만이 인류의 평화를 가져다준다.
    형님: 종교는 인민의 아편이고 투쟁의식을 마비시킨다. 투쟁만이 민족을 구할 수 있다.

    김진경 총장님 ― 개인의 자유와 인간의 존엄을 위한 평화애호주의를 주장.
    형님 ― 자본주의는 개인주의 병폐라 비판하며 공산주의 집단주의를 주장.

  두 형제는 밤중까지 핏대를 돋우며 서로가 등만 바라보는 심정에 비애스러웠다. 정녕 우리가 북한에서 눈 뜨자마자 세뇌받은 공산주의 사상 판박이이다.
  그런 공산주의 주장자 큰아들 맏형이 어머니의 임종도 보지 못하였고, 자신 역시 해외에서 쓸쓸히 홀로 운명하였다. 이념이 가져다준 가족의 분열과 슬픔이 오늘날 우리에게 무엇을 말하여 주는가.

상술된바 이념에 절어 요지부동(搖之不動), 마이동풍(馬耳東風)인 완고한 이데올로기의 박제자들은 가엽게도 운명하는 순간에야 비로소 자기들의 이념이나 주의 주장이 속절없었음을 깨달았을까?

오늘날 세계는 최초 유럽과 미국으로부터 출발해 아시아와 태평양 지역으로 거대한 중심축의 이동이 진행되고 있다. 아시아의 흐름 속에 우리나라는 전통문화와 선진경제와 첨단기술, K-POP, K-디지털산업을 선두에서 주름잡고 내닫고 있다.

빅토르 위고는 이런 명언을 남겼다.

"때를 만난 사상은 침략하는 군대보다 강하다."

빠르게 내닫는 현대 문명 시대를 거슬러 북한 김정은 정권은 굶주린 인민을 밟고 전대미문의 3대 독재와 사회주의 사상을 주창하며 10대 어린 딸을 대동하여 핵과 미사일만이 세계 1위가 된다고 군사기지 캠프를 즐기고 있다.

과연 이 세상에 그 누가 사상과 이념이라는 프레임에 신성한 인간의 생명을 가두고 잔인한 채찍질을 일삼았는가?

하다면 김일성의 사상이념, 그의 최고 소원은 '다 같이 평등하게 잘살고 이밥에 고깃국 먹이는 것'이었으나 그를 실현하지 못하고 죽었다.

이밥에 고깃국!

오늘날. 세계적으로 지극히 보편적인 그 이념도 김부자는 실현하지 못하고 아들에 이어 손자에게까지 이념과 권력이 이양되었다.

거대한 피라미드 노예왕국이 바로 21세기 지구촌의 독재국이며 전대

미문의 3대 세습 왕국 북한이다.

현재 3만 4천여의 탈출자가 오늘날에는 가여운 노예를 추월하여 김정은의 치하와 표창을 받은 유명무명의 외교관들과 최측근들까지 어제 날의 위선과 기만에 탈출로 항거한다.

속 빈 강정의 북한 사회의 남겨진 노예들이 가엽기 그지없어 가슴 먹먹해 온다. 과연 저 노예들을 풀어줄 전장의 수장 — 김정은 위원장이시여!

당신이 결박한 이념의 쇠사슬의 가여운 노예들에게 과연 언제면 이밥에 고깃국, 그리고 자유와 풍요, 인권과 평화를 선물할 것인가?

부디 살아 숨 쉬는 생명!

21세기의 문명과 인류는 자유와 풍요, 인간다운 삶 — 바로 사랑과 열정, 그리고 희망의 상징인 생명 존중을 애타게 갈망한다!

어머니가 돌아가시기 1년 전 2020년 4월 삼성 코엑스에서
영화 한 편 보고 나와서 기념으로 찍은 사진

독자 문의
이하나 odry1216@naver.com

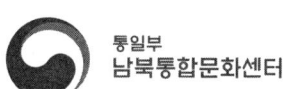

2024년 남북통합문화콘텐츠 창작지원 공모 선정작으로
남북통합문화센터와 남북하나재단의 지원을 받아 제작(발간)되었습니다.